古典文獻研究輯刊

三八編

潘美月・杜潔祥 主編

第30冊

《說文解字》今注
（第五冊）

牛尚鵬 著

國家圖書館出版品預行編目資料

《說文解字》今注（第五冊）／牛尚鵬 著 -- 初版 -- 新北市：
花木蘭文化事業有限公司，2024〔民 113〕
目 4+254 面；19×26 公分
（古典文獻研究輯刊 三八編；第 30 冊）
ISBN 978-626-344-733-2（精裝）
1.CST：說文解字 2.CST：注釋
011.08 112022600

ISBN-978-626-344-733-2

古典文獻研究輯刊
三八編 第三十冊 ISBN：978-626-344-733-2

《說文解字》今注
（第五冊）

作　　者　牛尚鵬
主　　編　潘美月、杜潔祥
總 編 輯　杜潔祥
副總編輯　楊嘉樂
編輯主任　許郁翎
編　　輯　潘玟靜、蔡正宣　美術編輯　陳逸婷
出　　版　花木蘭文化事業有限公司
發 行 人　高小娟
聯絡地址　235 新北市中和區中安街七二號十三樓
　　　　　電話：02-2923-1455／傳真：02-2923-1400
網　　址　http://www.huamulan.tw 信箱 service@huamulans.com
印　　刷　普羅文化出版廣告事業
初　　版　2024 年 3 月
定　　價　三八編 60 冊（精裝）新台幣 156,000 元

《說文解字》今注

（第五冊）

牛尚鵬 著

目次

第五冊

卷七上

五十六部 文七百一十四 重百一十五 凡八千六百四十七字

文四十二新附

日部

日⊖rì 實也，太陽之精不虧。从口、一。象形。凡日之屬皆从日。〔人質切〕古文，象形。

【注釋】

實也，聲訓也。日得名於其永遠都是實的，不會虧缺。段注：「古文，象形，蓋象中有烏。武后乃竟作〇，誤矣。」

旻 mín 秋天也。从日，文聲。《虞書》曰：仁閔覆下，則稱旻天。〔武巾切〕

【注釋】

秋季的天稱為旻天。《爾雅》：「春天謂之蒼天，夏天謂之昊天，秋天謂之旻天，冬天謂之上天。」旻又泛指天空，青旻猶青天也。陶淵明《自祭文》：「茫茫大塊，悠悠高旻。」「旻天」又泛指天。

時 shí（时） 四時也。从日，寺聲。〔市之切〕古文時，从之、日。

【注釋】

四時，四季也。五日為侯，三侯為氣，六氣為時，四時為歲。

段注：「本春秋冬夏之稱，引申之為凡歲月日刻之用。」

早 zǎo　晨也。从日在甲上。〔子浩切〕

【注釋】

段注：「引申為凡爭先之稱。《周禮·大司徒》早物，叚早為草。」

昒 hū　尚冥也。从日，勿聲。〔呼骨切〕

【注釋】

「昒昕」「昒爽」指天快亮時。昒、曶為二字，皆音 hū，曶謂極速，轉眼之間。二者有時為異體字。

昧 mèi　爽，且明也。从日，未聲。一曰：闇也。〔莫佩切〕

【注釋】

昧爽，且明也。昧爽，也叫昧旦、平旦，是古十二時辰之一，相當於今之早上三至五點。

昧者，暗也，引申為愚昧義。冒亦有此二義，今有「冒昧」。「冒死」猶「昧死」也，如「臣昧死以諫」。從昧音之字多有黑義，如黴（物受潮發黴變黑）、煤、寐、眛（目不明也）、塺（塵也）等。

睹 dǔ（曙）　旦明也。从日，者聲。〔當古切〕

【注釋】

今作曙。《說文》原無曙，徐鉉新附之。段注改作「且明也」。

段注：「許書有睹無曙，而《文選·魏都賦》、謝康樂《溪行詩》李注並引作曙，古今字形異耳。許本作睹，後乃變為曙，署亦者聲也。」

晢 zhé　昭晣，明也。从日，折聲。《禮》曰：晣明行事。〔旨熱切〕

【注釋】

或謂此「質明」之本字也，可備一說。俗字作晣，《詩經》「明星晢晢」之本字。

段注：「按昭晢皆从日，本謂日之光，引申之為人之明哲。《口部》曰：哲，知也。晢字日在下，或日在旁作晣，同耳。」

昭 zhāo　日明也。从日，召聲。〔止遙切〕

【注釋】

昭即明也，「昭昭」謂光明也，如「日月昭昭」。引申為明白，如「以己之昏昏，使人昭昭」。梁代蕭統，諡號昭明，俗稱昭明太子，編寫了中國第一部作文選《文選》，世有「《文選》爛，秀才半」之說。劉伯承元帥原名劉明昭。古有「昭穆」制度，昭，明也；穆，暗也。見「穆」字注。

段注：「引申為凡明之稱。廟有昭穆，昭取陽明，穆取陰幽，皆本無正字，叚此二字為之。自晉避司馬昭諱，不敢正讀，一切讀上饒反。」

晤 wù　明也。从日，吾聲。《詩》曰：晤闢有摽。〔五故切〕

【注釋】

晤、寤，同源詞也。今常用義是見面，如「會晤」。從吾之字多有相向、違逆義，見前「齬」字注。

段注：「晤者，啟之明也。《心部》之悟，《㝱部》之寤皆訓覺，覺亦明也。同聲之義必相近。」

旳 dì（的）　明也。从日，勺聲。《易》曰：為旳顙。〔都歷切〕

【注釋】

今作的，俗稱「白勺的」。的之本義是明亮，宋玉《神女賦》：「朱唇的其若丹。」常「的歷」連用。劉備的坐騎叫的盧馬，又作「的顱」，是額上有白色斑點的馬。

常用義有靶心，今有「有的放矢」。又有確實義，今有「的確」。又有正確義，「的詁」謂正確的解釋。段注：「旳者，白之明也，故俗字作的。」

晄 huǎng（晃）　明也。从日，光聲。〔胡廣切〕

【注釋】

變化結構則為晃。晃者，明也，今有「明晃晃」。段注：「《篇》《韻》皆云：晃正，晄同。晃者，動之明也。凡光必動，會意兼形聲字也。」

曠 kuàng　明也。从日，廣聲。〔苦謗切〕

【注釋】

本義是明，今有「心曠神怡」；又有廣大義，今有「曠野」「平曠」；又有歷時久遠義，今有「曠日持久」；又有空缺義，今有「曠課」「曠古未有」。

旭 xù　日旦出貌。从日，九聲。讀若勖。一曰：明也。〔臣鉉等曰：九非聲，未詳。〕〔許玉切〕

【注釋】

「一曰：明也」，「旭旭」謂明亮貌，如「旭旭然如日月之始出也」。

䁈 jìn（晉、晋）　進也。日出萬物進，从日，从臸。《易》曰：明出地上，晉。〔即刃切〕〔臣鉉等案：臸，到也。會意。〕

【注釋】

䁈，隸定字形；晉，隸變字形；晋，晉之草書楷化字形。本義是進，班固《幽通賦》：「盍不孟晉以迨群兮。」孟，勉也。今有「晉見」「晉級」。

暘 yáng　日出也。从日，昜聲。《虞書》曰：暘谷。〔與章切〕

【注釋】

旸，暘之草書楷化字形。本義是日出。太陽出升的地方謂之暘谷。「暘烏」指太陽。暘又有晴朗義，王充《論衡》：「旦雨氣溫，旦暘氣寒。」「暘燥」謂天晴燥熱。「暘旱」謂亢旱。

啓 qǐ　雨而晝晴也。从日，啟省聲。〔康禮切〕

【注釋】

本義是雨過天晴。

段注：「啓之言闓也。晴者，雨而夜除星見也。雨而晝除見日則謂之啓，啓亦謂之晴。」

晹 yì　日覆雲暫見也。从日，易聲。〔羊益切〕

【注釋】

太陽在雲中忽隱忽現。

昫 xū / xù　　日出溫也。从日，句聲。北地有昫衍縣。〔火于切〕，又〔火句切〕

【注釋】

今「和煦」之本字也。「和煦」謂和暖。《說文》：「煦，烝也。」非本字明矣。段注：「昫與《火部》煦義略同。」

晛 xiàn　　日見也。从日，从見，見亦聲。《詩》曰：見晛曰消。〔胡甸切〕

【注釋】

本義是太陽出來，引申為日光，《詩·小雅·角弓》：「雨雪浮浮，見晛曰消。」引申為明亮義，楊基《春風行》：「今朝棠梨開一花，天氣自佳日色晛。」「見晛」，後指天晴日暖。「景」亦有日光、明亮二義，同步引申也。

晏 yàn　　天清也。从日，安聲。〔烏諫切〕

【注釋】

本義是天氣晴朗，如「天清日晏」。

晴朗引申出鮮豔、明亮義，《小爾雅》：「晏、明，陽也。」陽亦明亮義，《詩經》：「我朱孔陽。」明人有王陽明。《詩經》：「羔裘晏兮。」謂鮮豔、華美也。常用安寧義，如「四海晏清」「海晏河清」。又有晚義，《小爾雅》：「旰、晏，晚也。」

曣 yàn　　星無雲也。从日，燕聲。〔於甸切〕

【注釋】

指天氣晴朗。

景 jǐng　　光也。从日，京聲。〔居影切〕

【注釋】

景的本義是日光，今有「春和景明」保留本義。後作為景色字，遂加彡作影字，景即日影也，今河南登封市有「周公測景臺」遺址，測景者，測日影也。常用義大也，「高山景行」者，景行原謂大道也。引申出景仰、佩服義，今有「景仰」「景慕」。

段注：「日光也。日字各本無，依《文選》補。後人名陽曰光，名光中之陰曰影，別製一字，異義異音，斯為過矣。」

晧 hào（皓）　　日出皃。从日，告聲。〔胡老切〕

【注釋】

今作皓。常用義是潔白，明亮也。如「皓齒」「皓首」「皓月當空」。

段注：「謂光明之皃也。天下惟絜白者最光明，故引申為凡白之稱，又改其字从白作皓矣。」

暤 hào（皞）　　皓旰也。从日，皋聲。〔胡老切〕

【注釋】

今作皞。本義是明亮，《廣韻》：「暤，明也。」「皞旰」，潔白光明貌。

曅 yè（曄）　　光也。从日，从𠌶。〔筠輒切〕

【注釋】

今作曄，簡化字作晔，光亮貌。

暉 huī　　光也。从日，軍聲。〔許歸切〕

【注釋】

春暉，春光也。輝、暉異體字。

旰 gàn　　晚也。从日，干聲。《春秋傳》曰：日旰君勞。〔古案切〕

【注釋】

《小爾雅》：「旰、晏，晚也。」今有「宵衣旰食」。「旰旰」盛大貌，如「皓皓旰旰。」

暆 yí　　日行暆暆也。从日，施聲。樂浪有東暆縣。讀若酏。〔弋支切〕

【注釋】

施聲，聲兼義也。「暆暆」謂太陽緩慢移動的樣子。又指太陽西斜，如「坐待日暆」。

晷 guǐ　　日景也。从日，咎聲。〔居洧切〕

【注釋】

本義是日影。《太平御覽》引「景」作「影」。張衡《西京賦》:「白日未及移其晷。」引申為按照日影測定時刻的儀器，也叫日晷，圓盤形之儀器。從規之字、之音多有圓形義，如簋（圓形的食器）、圓規（繪製圓的工具）等。引申為時間亦稱晷，如「寸晷惟寶」。

㫅 zè（昃）　　日在西方時，側也。从日，仄聲。《易》曰：日㫅之離。〔臣鉉等曰：今俗別作昃，非是。〕〔阻力切〕

【注釋】

今作昃。太陽偏西也，引申為泛指傾斜。日昃，十二時辰之一，相當於下午一至三點。「昃食宵衣」，太陽偏西時才吃飯，天未亮就穿衣，稱頌帝王勤於政事。又有中昃、下昃之分，中昃謂未時，一至三點；下昃謂申時，三至五點。

晚 wǎn　　莫也。从日，免聲。〔無遠切〕

【注釋】

段注:「引申為凡後之稱。」

昏 hūn　　日冥也。从日，氐省。氐者，下也。一曰：民聲。〔呼昆切〕

䜌 luán　　日且昏時。从日，䜌聲。讀若新城䜌中。〔洛官切〕

【注釋】

天將黑未黑之時也，泛指黃昏。䜌聲，聲兼義也，從䜌之字多有連義，見「孿」字注。

晻 ǎn　　不明也。从日，奄聲。〔烏感切〕

【注釋】

本義是昏暗，《孔雀東南飛》:「晻晻黃昏後，寂寂人定初。」「晻晻」或作「奄奄」，通假也。

暗 àn　日無光也。从日，音聲。〔烏紺切〕

【注釋】

引申出愚昧義，如「主上暗弱」。

段注：「《集韻》《類篇》皆以晻、暗為一字，依許則義各殊，明之反當用晻，闇主謂日無光。引申為凡深沉不明之稱。」

晦 huì　月盡也。从日，每聲。〔荒內切〕

【注釋】

月初為朔，月末為晦。泛指天黑，今有「風雨如晦」。朱熹字元晦，名字義相反也。見「朏」字注。

段注：「朔、望字皆从月，月盡之字獨从日者，明月盡而日如故也，日如故則月盡而不盡也。引申為凡光盡之稱。晦，冥也。」

𣊭 nài　埃𣊭，日無光也。从日，能聲。〔奴代切〕

曀 yì　陰而風也。从日，壹聲。《詩》曰：終風且曀。〔於計切〕

【注釋】

陰暗、昏暗也。

旱 hàn　不雨也。从日、干聲。〔乎旰切〕

㫖 yǎo　望遠合也。从日、匕。匕，合也。讀若窈窕之窈。〔徐鍇曰：比，相近也，故曰合也。〕〔烏皎切〕

【注釋】

窅從此聲，此窅之初文也。窅，幽深貌。

昴 mǎo　白虎宿星。从日，卯聲。〔莫飽切〕

【注釋】

二十八宿中西方七宿之一，西方屬於四象中的白虎，故稱白虎宿星。「太白食昴」謂金星吞掩了昴宿，將有兵災。《西遊記》有昴日星官，昴宿對應動物雞，故昴日星官的形象是只公雞。唐朝大將薛仁貴是白虎星官下凡，常身穿白袍，又叫薛白袍。

曏 xiàng　　不久也。从日，鄉聲。《春秋傳》曰：曏役之三月。〔許兩切〕

【注釋】

曏者，曩也，過去也。段注：「今人語曰向年、向時，向者即曏字也。又曰一晌、曰半晌皆是曏字之俗。」

該意義常用向、向字，《桃花源記》：「便扶向路，處處志之。」向路者，原來的路。《報任安書》：「向者僕常廁下大夫之列。」向者，過去也，猶曩者也。

曩 nǎng　　曏也。从日，襄聲。〔奴朗切〕

【注釋】

「曩者」「曩日」謂過去也。

昨 zuó　　壘日也。从日，乍聲。〔在各切〕

暇 xiá　　閑也。从日，叚聲。〔胡嫁切〕

【注釋】

本義是空閒。引申出閒散、悠閒義。閒亦有此二義，同步引申也。

段注：「古多借假為暇，《登樓賦》：聊假日以銷憂。李善云：假或為暇，引《楚辭》：聊暇日以消時。可見古假、暇通用。假訓大，故包閒暇之義。」

暫 zàn　　不久也。从日，斬聲。〔藏濫切〕

【注釋】

表示時間短。古代的暫，只表示時間短，沒有與將來對比的意思；現在的暫，指暫時。暫者，乍也，一語之轉也。

故乍之二常用義，暫字也有。乍有突然義，《琵琶行》：「銀瓶乍破水漿迸。」

《史記》:「(李廣)暫騰而上胡兒馬。」乍有初、剛剛義,如「初來乍到」,暫亦有此義,江淹《別賦》:「或春苔兮始生,秋風兮暫起。」

段注:「《左傳》:婦人暫而免諸國。今俗語云霎時間,即此字也。」

昪 biàn(忭)　　喜樂貌。从日,弁聲。〔皮變切〕

【注釋】

今俗作忭。歡喜、快樂也,如「歡忭」。「忭躍」謂歡欣跳躍。

昌 chāng　　美言也。从日,从曰。一曰:日光也。《詩》曰:東方昌矣。〔臣鉉等曰:曰亦言也。〕〔尺良切〕 籀文昌。

【注釋】

本義是正當的、善的,「昌言」猶善言也。《尚書》:「禹拜昌言。」「昌教」謂善美的教化。《詩經》:「猗嗟昌兮,頎而長兮。」謂壯大美好也。

「一曰:日光也」,昌,明也,今有「昌明」。《詩經》:「東方昌矣。」謂東方亮了。「昌暉」謂光明也;「昌華」謂光華也。太平天國有北王韋昌輝,昌輝即「昌暉」。輝、暉異體字。

暀 wàng　　光美也。从日,往聲。〔于放切〕

【注釋】

《爾雅》:「暀暀,美也。」

昄 bǎn　　大也。从日,反聲。〔補綰切〕

【注釋】

《爾雅》:「昄,大也。」

昱 yù(翌)　　明日也。从日,立聲。〔余六切〕

【注釋】

即今翌字,《說文》無翌字。「翌年」者,明年也。「翌晨」,明早也。

段注：「昱之字古多叚借翌字為之，《釋言》曰：翌，明也。凡經傳子史翌日字皆昱日之叚借，翌與昱同立聲，故相叚借。」

㬉 nǎn　　溫溼也。从日，赧省聲。讀與赧同。〔女版切〕

暍 yē　　傷暑也。从日，曷聲。〔於歇切〕

【注釋】

即中暑，又有熱義。

暑 shǔ　　熱也。从日，者聲。〔舒呂切〕

【注釋】

段注：「暑與熱渾言則一，故許以熱訓暑，析言則二。暑之義主謂溼，熱之義主謂燥，故溽暑謂溼暑也。《釋名》曰：暑，煮也。如水煮物也。熱，爇也。如火所燒爇也。」

𣌾 nàn　　安𣌾，溫也。从日，難聲。〔奴案切〕

㬎 è　　眾微杪也。从日中視絲。古文以為顯字。或曰：眾口貌，讀若唫唫。或以為繭，繭者，絮中往往有小繭也。〔五合切〕

【注釋】

此顯之初文、本字也。

段注：「古文以為顯字。顯為頭明飾，㬎為日中見微妙，則經傳顯字皆當作㬎。㬎者本義，顯者叚借。」《說文》：「顯，頭明飾也。」段注：「引申為凡明之稱。按㬎謂眾明，顯本主謂頭明飾，乃顯專行而㬎廢矣。」

暴 bào　　晞也。从日，从出，从廾，从米。〔薄報切〕 古文暴，从日，麃聲。

【注釋】

暴的本義是曝曬，今有「一暴十寒」。假借為殘暴字，故加日作曝。引申有欺凌、損害義，《莊子》:「以眾暴寡。」今有「自暴自棄」。見《夲部》「㬥」字注。

段注:「凡㬥疾、㬥虐、㬥虎皆《夲部》字也，而今隸一之，經典皆作暴，難於諟正。」

曬 shài（晒）　**暴也。从日，麗聲。〔所智切〕**

【注釋】

今簡體字作晒，另造之俗字，《說文》無晒字。

暵 hàn　**乾也，耕暴田曰暵。从日，堇聲。《易》曰：熯萬物者莫暵於離。〔臣鉉等曰：當从漢省，乃得聲。〕〔呼旰切〕**

【注釋】

本義是乾旱，熱也叫暵。暵魃，即旱魃，傳說中謂能造成旱災的怪物。

晞 xī　**乾也。从日，希聲。〔香衣切〕**

【注釋】

曬乾也，如「晨露未晞」「非陽不晞」。天亮也叫晞，如「東方未晞」。

昔 xī（腊）　**乾肉也。从殘肉，日以晞之。與俎同意。〔思積切〕**

籀文，从肉。

【注釋】

今腊之初文、本字也，音 xī，乾肉也。籀文加肉實乃腊字。常用義夜也，通「夕」，《莊子》:「通昔不寐。」又有終了、末了義，如「孟夏之昔」。

段注:「昔者古文，籀文增肉作𦢊，今隸作腊，專用諸脯腊。昔肉必經一夕，故古假昔為夕，《穀梁》:經辛卯昔恒星不見，《左傳》:為一昔之期，皆是。又引申之則假昔為昨，又引申之則以今昔為今古矣，今古之義盛行而其本義遂廢。」

暱 nì（昵）　**日近也。从日，匿聲。《春秋傳》曰：私降昵燕。〔尼質切〕** **昵，或从尼。**

【注釋】

今通行重文昵。日近者，一天天接近也，引申為親近、靠近義。

段注：「日謂日日也，皆日之引申之義也。《釋詁》《小雅》傳皆云：昵，近也。」

暬 xiè　日狎習相慢也。从日，執聲。〔私列切〕

【注釋】

今褻瀆之本字也。《說文》：「褻，私服。」本義是內衣，非本字明矣。今則褻行而暬廢矣。執聲，段注改作「埶聲」，可從。

杳 mì（覓）　不見也。从日，否省聲。〔美畢切〕

【注釋】

《說文》無覓字，此殆即覓字。

昆 kūn　同也。从日，从比。〔徐鍇曰：日日比之，是同也。〕〔古渾切〕

【注釋】

像二人並肩在日下勞作，本義是一起、共同。《太玄·玄錯》：「格也乖而昆也同。」

昆常用義甚多，有兄義，今有「昆弟」「昆仲」；有後代義，今有「後昆」「昆裔」；有眾多義，昆蟲，蟲類之統稱也。有明義，今有「昆明」。見前「㫺」字注。

晐 gāi（賅）　兼晐也。从日，亥聲。〔古哀切〕

【注釋】

今該備之本字。

段注：「按此晐備正字，今字則該、賅行而晐廢矣。《莊子》《淮南》作賅，今多作該。」《說文》無賅。《說文》：「該，軍中約也。」非本字明矣。

普 pǔ　日無色也。从日，从並。〔徐鍇曰：日無光，則遠近皆同，故从並。〕〔滂古切〕

【注釋】

本義典籍罕見。

段注：「普之本義實訓日無色，今字借為溥大字耳，今《詩》『溥天之下』，《孟子》及漢人引《詩》皆作普天。」

曉 xiǎo　明也。从日，堯聲。〔呼鳥切〕

【注釋】

晓乃草書楷化字形。曉有明白義，有告知義。諭亦有此二義，同步引申也。

段注：「此亦謂旦也，俗云天曉是也，引申為凡明之稱。《方言》：黨、曉、哲，知也。楚謂之黨，或曰曉，齊宋之間謂之哲。」

昕 xīn　旦明，日將出也。从日，斤聲。讀若希。〔許斤切〕

【注釋】

昕即太陽剛出來。「昒昕」謂天亮也。

文七十　重六

曈 tóng　曈曨，日欲明也。从日，童聲。〔徒紅切〕

【注釋】

王安石《元日》：「千門萬戶曈曈日，總把新桃換舊符。」曈曈者，日出光亮貌。曈曨，天將亮的樣子。

曨 lóng　曈曨也。从日，龍聲。〔盧紅切〕

昈 hù　明也。从日，戶聲。〔侯古切〕

【注釋】

本義是明。昈昈，文采、光耀之貌。

昉 fǎng　明也。从日，方聲。〔分兩切〕

【注釋】

本義是天亮，引申為開始義，《公羊傳》：「始不迎親，昉於此也。」南朝文學家任昉，作《奏彈劉整》，今人有任繼昉。

晙 jùn　明也。从日，夋聲。〔子峻切〕

晟 shèng　明也。从日，成聲。〔承正切〕

【注釋】

本義是光明，引申有興盛、旺盛義。

昶 chǎng　日長也。从日、永。會意。〔丑兩切〕

【注釋】

本義是白天時間長。永者，水長也，泛指長。又有舒暢、暢通義。詠，長聲也。泳，水下游也。游是在水上，故有「浮游植物」。後蜀皇帝有孟昶。

暈 yùn　日月气也。从日，軍聲。〔王問切〕

【注釋】

本義是日月周圍形成的光圈，引申出昏眩、眼花，姚合《閒居》：「眼暈夜書多。」軍者，環圍也。從軍之字多有包圍義，如暉（光也）、惲（重厚也）。見「暉」字注。

晬 zuì　周年也。从日、卒，卒亦聲。〔子內切〕

【注釋】

本義是嬰兒周歲，今有「周晬」。

映 yìng　明也，隱也。从日，央聲。〔於敬切〕

【注釋】

本義是照。明，照也，今有「映照」「照明」。又有隱藏、遮蔽義，吳均《與朱元思書》：「疏條交映。」如「映掩」，掩映也；「映身」，隱身也；「映蔽」，遮蔽也。

曙 shǔ　曉也。从日，署聲。〔常恕切〕

【注釋】

本義是天亮，詩有「耿耿星河欲曙天」，今有「曙色」「曙光」。

眣 dié　　日昃也。从日，失聲。〔徒結切〕

【注釋】

本義是太陽偏西。「眣（yì）麗」，漂亮、好看，如「形貌眣麗」。眣、眣同形字也。

曇 tán　　雲布也。从日、雲。會意。〔徒含切〕

【注釋】

本義是密布的雲彩。「曇」簡化作「昙」，今花壜（坛）字從曇聲。今有「曇花一現」，「曇花」佛經中指優曇缽花。「曇花一現，只為韋陀」，故曇花又叫韋陀花，皆佛教名詞。

曆 lì（历）　　曆象也。从日，厤聲。《史記》通用歷。〔郎擊切〕

【注釋】

歷、曆古今字，今均簡化作历，历乃另造之俗字也。曆本義是曆法。《爾雅》：「曆，數也。」《管子》：「此其大曆也。」謂大致數目也。又指帝王統治的時間，《漢書》：「周過其曆，秦不及期。」今有「曆數已盡」。

昂 áng　　舉也。从日，卬聲。〔五岡切〕

【注釋】

舉，高也，今有「高昂」。

昇 shēng（升）　　日上也。从日，升聲。古只用升。〔識蒸切〕

【注釋】

昇、陞、升三字有別，容量單位只能作升。升高、升級字三者皆可。陞唐代以後才出現，常作為陞官義。昇常作人名用字，如畢昇，臺灣學者有季旭昇。

文十六 新附

旦部

旦 dàn　　明也。从日見一上。一，地也。凡旦之屬皆从旦。〔得案切〕

【注釋】

本義是天亮，今有「通宵達旦」「枕戈待旦」。「旦日」謂明日也。「城旦」謂刑徒也，白天偵查，晚上築城，故稱。

引申為一天之晨為旦，今有「危在旦夕」。引申一天為一旦，今有「元旦」，一年之第一天也。今「一旦」猶言有一天也。「旦旦」猶天天也，又誠懇貌，今有「信誓旦旦」。

段注：「《衛風》：信誓旦旦。傳曰：信誓旦旦然，謂明明然也。」

暨 jì　　**日頗見也。从旦，既聲。〔其異切〕**

【注釋】

頗，少也，微也。本義典籍不常見，常用義為和、同，此義今仍使用。又有到、至義，如「自古暨今」，《論積粟疏》：「暨乎今歲，天災流行。」這個意義又寫作「洎」。

文二

倝部

倝 gàn　　**日始出，光倝倝也。从旦，㫃聲。凡倝之屬皆从倝。〔古案切〕**

【注釋】

倝倝者，日始出金光燦爛貌。今「旰」之初文也。段注：「晧旰謂絜白光明之皃，旰同日出光倝倝之倝。」

𠦝 gàn　　**闕。**

𦩍 zhāo（朝）　　**旦也。从倝，舟聲。〔陟遙切〕**

【注釋】

隸變作朝。甲文作、，金文作，林義光《文源》：「不从倝，也不从舟，象日在草中旁有水形。」羅振玉《增訂殷墟書契考釋》：「日已出茻中，而月猶未沒，是朝也，後世篆文形失義晦。」

本義是早晨，因為早上拜見君主，故叫上朝。引申出朝廷、朝堂義。

春夏秋冬四季，臣子見天子，分別叫朝、宗、覲、遇。明人有侯朝宗。朝有早晨義，引申出天義，旦同此，同步引申也。引申出一般的拜見也謂之朝，《史記》：「臨邛令繆為恭敬，日往朝相如。」引申出一般官府的大堂也謂之朝，《後漢書》：「山谷鄙生，未嘗識郡朝。」

文三

㫃部

㫃 yǎn　旌旗之游，㫃蹇之貌。从屮，曲而下垂㫃，相出入也。讀若偃。古人名㫃，字子游。凡㫃之屬皆从㫃。〔於𢢽切〕古文㫃字，象形，及象旌旗之游。

【注釋】

此「偃蹇」之本字也。《說文》：「偃，僵也。」本義是倒下，非本字明矣。「讀若偃」，許書有以讀若破假借之例。旌旗之游者，游，旒也，旌旗下面的穗子。㫃蹇，彎曲貌。

段注：「偃蹇，高皃。晉有籍偃、荀偃，鄭有公子偃、駟偃，孔子弟子有言偃，皆字游。今之經傳皆變作偃，偃行而㫃廢矣。」

旐 zhào　龜蛇四游，以象營室，攸攸而長。从㫃，兆聲。《周禮》曰：縣鄙建旐。〔治小切〕

【注釋】

上畫有龜蛇的旗。從兆聲，聲兼義也。又指出喪時在前面為棺柩引路的旗子，也叫魂幡。

旗 qí　熊旗五游，以象罰星，士卒以為期。从㫃，其聲。《周禮》曰：率都建旗。〔渠之切〕

【注釋】

旗本義是上畫有熊的旗幟，後成為旗幟的泛稱。

旆 pèi　繼旐之旗也，沛然而垂。从㫃，宋聲。〔蒲蓋切〕

【注釋】

古代旗末端狀如燕尾的垂旒，《詩經》：「白旆央央。」泛指旌旗，今有「旌旆」即旌旗也。「旆旆」指旗幟飄揚貌。又生長茂盛貌，《詩經》：「荏菽旆旆。」

段注：「《爾雅》：繼旐曰旆。郭云：帛續旐末為燕尾者。又旆為旗幟之總名。」

旌 jīng　游車載旌，析羽注旄首，所以精進士卒。从㫃，生聲。〔子盈切〕

【注釋】

古代用犛牛尾或兼五采羽毛飾竿頭的旗子。又指普通的旗子，旗的總稱。「旌銘」者，舊時喪禮，柩前書死者姓名的旗幡。引申出表揚義，如「旌表」。

旟 yú　錯革畫鳥其上，所以進士眾。旟旟，眾也。从㫃，與聲。《周禮》曰：州里建旟。〔以諸切〕

【注釋】

古代畫著鳥隼的軍旗。用來指揮士卒前進。與，眾也，今有「與論」。與、旟，同源詞也。

旂 qí　旗有眾鈴，以令眾也。从㫃，斤聲。〔渠希切〕

【注釋】

古代指有鈴鐺的旗子。泛指旗幟。

旞 suì　導車所以載全羽，以為允允進也。从㫃，遂聲。〔徐醉切〕

旞，或从遺。

【注釋】

從遂，聲兼義也。古代的一種旗子，繫著完整的五色羽毛，插在導車上。

旝 kuài　建大木，置石其上，發以機，以追敵也。从㫃，會聲。《春秋傳》曰：旝動而鼓。《詩》曰：其旝如林。〔古外切〕

【注釋】

本義是古代作戰時指揮用的旗子，如「旝動而鼓」。又指古代作戰用的發射石塊的器械，即發石車。

旃 zhān　旗曲柄也，所以旃表士眾。从㫃，丹聲。《周禮》曰：通帛為旃。〔諸延切〕旃，或从亶。

【注釋】

紅色的曲柄旗，這個意義後來寫作旜。又作虛詞，「之焉」的合音字。

段注：「叚借為語助，如『尚慎旃哉』，傳曰：旃，之也。」

旃 yóu　旌旗之流也。从㫃，攸聲。〔以周切〕

【注釋】

見「游」字注。

旚 yǎo　旗屬。从㫃，要聲。〔烏皎切〕

施 shī　旗貌。从㫃，也聲。齊欒施，字子旗，知施者旗也。〔式支切〕

【注釋】

本義是旗幟飄動貌。今施行本字作攺，《說文》：「攺，敷也。」常用義設置也，今有「設施」，如「立法施度」。有蔓延義，《詩經》：「葛之覃兮，施于中谷。」

段注：「按經傳假此為敷攺字，攺之形、施之本義俱廢矣。」

施有尾義，《孟子》：「施從良人之所之。」「施從」猶尾隨也。今多訓為斜行，音 yí，未達一間也。施從「也」，「也」本義為女陰。女陰、尾巴義相兼，相鄰引申也。本楊琳先生說。

旖 yǐ　旗旖施也。从㫃，奇聲。〔於離切〕

【注釋】

旖施者，旖旎也，音轉作婀娜。

段注：「許於旗曰旖施，於木曰檹施，於禾曰倚移，皆讀如阿那。《廣韻》《集韻》曰婀娜、曰旖旎、曰裒裵、曰檍椂，皆其俗體耳。本謂旌旗柔順之皃，引申為凡柔順之稱。」

旚 piāo　　旌旗旚繇也。从㫃，票聲。〔匹招切〕

【注釋】

段注：「繇今之搖字，小徐作搖，旚今字作飄。飄搖行而旚繇廢矣。」

旞 biāo　　旌旗飛揚貌。从㫃，猋聲。〔甫遙切〕

【注釋】

段注：「扶搖風曰飆，義略相近。」

游 yóu（遊）　　旌旗之流也。从㫃，汓聲。〔以周切〕 古文遊。

【注釋】

游之本義是旌旗上下垂的穗子。甲骨文作，商承祚《殷虛文字類編》：「从子執旗，全為象形，从水者，後來所加，於是變象形為形聲矣。」汓者，泅之異體字，游泳也。

重文作遊。游、遊稍別，水中活動只能用遊，陸上活動可通用。常用有虛浮義，如「游辭」。游是在水上漂浮，泳是在水下潛行，故引申浮華不實義，今有「浮遊」。引申為流動義，今有「游擊」。引申為放縱義，今有「遊目騁懷」。有交往義，如「交遊」「與某人遊」。

段注：「旗之游如水之流，故得稱流也。引申為凡垂流之稱，如《弁師》說『冕弁之斿』是。又引申為出遊、嬉遊。俗作遊。」

旇 pī　　旌旗披靡也。从㫃，皮聲。〔敷羈切〕

【注釋】

該字後起，從「皮」之字多有分散義，見前「柀」字注。

旋 xuán　　周旋，旌旗之指麾也。从㫃，从疋。疋，足也。〔徐鍇曰：

人足隨旌旗以周旋也。〕〔似沿切〕

【注釋】

常用歸、回義，今有「凱旋」。引申隨即義，如「旋即離去」。又小便謂之旋，《左傳》：「夷射姑旋焉。」蓋小便曲而下，如今人所謂平拋運動也。如「便旋」「便曲」，皆指大小便。

段注：「旗有所鄉，必運轉其杠，是曰周旋。引申為凡轉運之稱。」

旄 máo　幢也。从㫃，从毛，毛亦聲。〔莫袍切〕

【注釋】

古代用犛牛尾裝飾的旗子。泛指大旗。又通「耄」，「旄倪」，老少也。幢、纛一語之轉也。

段注：「其字从㫃、从毛，亦舉一以晐二也。以犛（音 lí）牛尾注旗竿，故謂此旗為旄，因而謂犛牛尾曰旄，謂犛牛曰旄牛，名之相因者也。」

旛 fān　幅胡也。从㫃，番聲。〔臣鉉等曰：胡，幅之下垂者也。〕〔孚袁切〕

【注釋】

長幅下垂的旗幟。同「幡」，挑起來直著掛的長條形旗子。

旅 lǚ　軍之五百人為旅。从㫃，从从。从，俱也。〔力舉切〕古文旅，古文以為魯衛之魯。

【注釋】

本義是軍隊的編制單位。引申出軍隊義，引申出多義，《爾雅》：「旅，眾也。」又引申出共同義，今有「旅進旅退」。又有野生義，通「稆」，《樂府詩集》：「中庭生旅穀，井上生旅葵。」今河南方言仍有此語，如「旅穀」謂野生穀子也。

段注：「《司徒》：五人為伍，五伍為兩，四兩為卒，五卒為旅，五旅為師，五師為軍，以起軍旅。引申為凡眾之稱。《小雅》：旅力方剛。傳云：旅，眾也。又引申之義為陳，《小雅》：殽核維旅。傳云：旅，陳也。又凡言羈旅，義取乎廬，廬，寄也。」

族𣃘zú　矢鋒也，束之族族也。从㫃，从矢。〔昨木切〕

【注釋】

此鏃之初文。本義是箭頭，後借為家族字，加金作鏃。

常用義類也，今有「族類」「萬物百族」。引申出一般的，《庖丁解牛》：「族庖月更刀。」引申出聚集義，《廣雅》：「族，聚也。」《莊子》：「雲氣不待族而雨。」加竹則為簇，同源詞也。

古代以同族為一戰鬥組織單位，㫃為同族所以標眾，矢所以殺敵，故用以為族。古代實行嫡長子繼承制，在貴族中間，嫡長子的眾兄弟稱「公子」，孫子稱「公孫」，仍屬於原有家族。到曾孫的後代，上推其祖已滿五代，「五世而遷」，應從宗子之族分出，別建祖廟，另成一支，這同一個祖廟的一支稱作「一族」。

由此可見，「族」是以血統為標準劃分的，是原始氏族的殘餘。《左傳·昭公三年》：「肸之宗十一族，唯羊舌氏在而已。」意思是叔向（名肸）原是晉的公族，該晉君有十一個庶子，在五代之後，脫離原家族，分立為十一個分支家族。其他支族，漸次凋零，僅剩下叔向所屬的羊舌氏一族了。五代以內是同一族，五代以後才另分出一族。見王鳳陽《古辭辨》。

段注：「今字用鏃，古字用族。《金部》曰：鏃者，利也。則不以為矢族字矣。族族，聚皃。毛傳云：五十矢為束。引申為凡族類之稱。」

文二十三　重五

冥部

冥𡨦míng　幽也。从日，从六，一聲。日數十，十六日而月始虧，幽也。凡冥之屬皆从冥。〔莫經切〕

【注釋】

本義是黑暗。死後進入的世界叫「冥間」，得名於黑暗也。代指陰間，如「幽冥」。「冥器」或作「明器」，陪葬物也。又有海義，《莊子》：「北冥有魚。」北海也。引申為深入義，今有「冥思苦想」。又有夜義，今有「冥火薄天」。又有愚昧義，今有「愚冥」。這些引申義都從黑暗義引申而來。

鼆𪓰méng　冥也。从冥，黽聲。讀若黽蛙之黽。〔武庚切〕

文二

晶部

晶 jīng　　**精光也。从三日。凡晶之屬皆从晶。〔子盈切〕**

【注釋】

晶的本義即星星，乃星之初文。徐灝《說文解字注箋》：「晶即星之象形文，小篆變體有似三日，而非日也。精光之訓即星之引申，因聲轉為子盈切，遂岐而二之爾。」

段注：「凡言物之盛，皆三其文，日可三者，所謂絫日也。」

曐 xīng（星）　　**萬物之精，上為列星。从晶，生聲。一曰：象形。从口，古口復注中，故與日同。〔桑經切〕古文星。曐，或省。**

【注釋】

今通行重文星。

段注：「《管子》云：凡物之精，此則為生，下生五穀，上為列星，流於天地之間謂之鬼神，藏於胸中謂之聖人。星之言散也，引申為碎散之稱。」

曑 shēn（參、参）　　**商，星也。从晶，㐱聲。〔臣鉉等曰：㐱非聲，未詳。〕〔所今切〕參，或省。**

【注釋】

本義是星宿名，即參宿。

《左傳·昭公元年》：「昔高辛氏（帝嚳）有二子，伯曰閼伯，季曰實沈，居於曠林，不相能也，日尋干戈，以相征討。后帝不臧，遷閼伯於商丘，主辰，商人是因，故辰為商星；遷實沈於大夏（晉陽），主參，唐人是因，故參為晉星。」

參是西方七宿之一，商是東方七宿之一，商星也叫心宿，或叫辰星。參和商在天空中恰好遙遙相對，一個升起，另一個就會落到地平線以下。閼伯、實沈各主參商，他倆從此再也不能見面。他們死後，成為參商二神，永遠不能相見。因此後世把兄弟不和睦比喻為「參辰」或「參商」。

現在形容意見不合，叫作「意見參商」。又因為參宿居於西方，商宿居於東方，出沒兩不相見，所以後世把親朋久別不能重逢也比喻為「參辰」或「參商」。杜甫《贈衛八處士》:「人生不相見，動如參與商。」

參之常用義，入也，今有「古木參天」，參天謂高入雲霄也。「參軍」猶入伍也。檢驗也，今有「參考」，同義連文。分也，《方言》:「參，分也。」今有「美惡參半」。彈劾也，今有「參你一本」。

曟 chén（晨）　房星，為民田時者。从晶，辰聲。〔植鄰切〕 晨，或省。

【注釋】

本義是東方七宿之一的房宿。今通行重文晨字。房宿叫晨星，或寫作辰星，則與心宿、水星別名辰星易混。

段注:「曟星字亦徑作辰。《周語》: 辰馬農祥。《周語》曰：農祥晨正。韋云：農祥，房星也。晨正，謂立春之日晨中於午也，農事之候，故曰農祥。」

疊 dié（疊、叠）　楊雄說，以為古理官決罪，三日得其宜，乃行之。从晶，从宜。亡新以為疊从三日太盛，改為三田。〔徒叶切〕

【注釋】

今簡化字作叠，俗字也。本義是重疊，樂曲重複演唱謂之疊，今「陽關三疊」。又有恐懼義，如「震疊」猶震恐也。慴有恐懼義，當是本字。

文五 重四

月部

月 yuè　闕也，大陰之精。象形。凡月之屬皆从月。〔魚厥切〕

【注釋】

此聲訓也，與「日，實也」同。月得名於其形狀時圓時闕。月古謂之大陰，即太陰也。

朔 shuò　月一日始蘇也。从月，屰聲。〔所角切〕

【注釋】

每月的初一叫朔，是日月和朔之日，即月亮運行到日地中間，三者在一條線上。屰者，逆之初文，迎也。屰聲者，聲兼義，迎接一月之到來。朔有開始義，《廣雅》:「朔，始也。」因朔日是一個月的開始。朔方，北方也。朔者，終而有始意，北方終其陰而復始其陽，故曰朔方。

古代朔日非常重要，改朝換代要「改服色」「更正朔」。一個月的第一天定了，則一個月的時日就定了。一個月的日子定了，則一年的日子就定了。朔日帝王要齋戒祭祀。一個月朔、晦二日既記干支又記朔、晦，尋常之日則只記干支。朔又有平朔、定朔之別，平朔誤差較大，今用定朔。

段注:「朔、蘇疊韻。《日部》曰：晦者，月盡也，盡而蘇矣。《樂記》注曰：更息曰蘇。息，止也，生也，止而生矣。引申為凡始之稱。北方曰朔方，亦始之義也，朔方始萬物者也。」

朏 fěi　　月未盛之明。从月、出。《周書》曰：丙午朏。〔普乃切〕，又〔芳尾切〕

【注釋】

每月初三叫朏，月光未盛，所謂「初三新月斗眉彎」也。民間有初三、初四「眉毛月」之說。

古者干支記日，尋常之日只記干支，每月朔、晦、朏三日，既記干支又記朔、晦、朏，《周書》曰「丙午朏」是也。

霸 bà　　月始生，霸然也。承大月，二日；承小月，三日。从月，䨣聲。《周書》曰：哉生霸。〔臣鉉等曰：今欲作必駕切，以為霸王字。〕〔普伯切〕 古文霸。

【注釋】

本義是剛出現的月光，這個意義又寫作「魄」，如「漸吐滿輪魄」。今霸王本字是「伯」,《白虎通》:「霸者，伯也。行方伯之職。」在先秦，霸無蠻橫不講理義。霸道與王道相對而言，霸道是貶義，王道是褒義。

段注:「後代魄行而霸廢矣，俗用為王霸字，實伯之假借字也。」

朗 lǎng　　明也。从月，良聲。〔盧黨切〕

【注釋】

今有「明朗」「天朗氣清」。又有響亮義，今有「朗讀」。

朓 tiǎo　　晦而月見西方謂之朓。从月，兆聲。〔土了切〕

肭 nǜ　　朔而月見東方謂之縮肭。从月，內聲。〔女六切〕

期 qī　　會也。从月，其聲。〔渠之切〕 古文期，从日，丌。

【注釋】

本義是集會。今期年、期月本字作稘。段注：「假借為期年、期月字，其本字作稘，期行而稘廢矣。」《說文》：「稘，復其時也。」段注：「言帀也，十二月帀為期年，一月帀為期月。《左傳》旦至旦亦為期，今皆假期為之，期行而稘廢矣。」

常說「期年」「期月」，無說「期日」者，蓋日短，無需循環則至矣。期常用有要求義，今有「期望」「期待」，《韓非子》：「不期修古，不法常可。」

文八　重二

朦 méng　　月朦朧也。从月，蒙聲。〔莫工切〕

朧 lóng　　朦朧也。从月，龍聲。〔盧紅切〕

文二　新附

有部

有 yǒu　　不宜有也。《春秋傳》曰：日月有食之。从月，又聲。凡有之屬皆从有。〔云九切〕

【注釋】

林義光《文源》：「有非『不宜有』之義，金文从又持肉不从月。」

段注：「謂本是不當有而有之稱，引申遂為凡有之稱。凡《春秋》書有者，皆有字之本義也。日不當見食也，而有食之者。孰食之？月食之也，月食之，故从月。」

小篆理據發生重組，小篆、甲、金文各有其字形理據，古文字學者每以甲、金文律小篆，斥許慎為妄談，實則是缺乏字形變化之歷史觀所致。小篆解說自有其系統性，比甲、金文個別猜字遊戲類解字更契合漢代人當時之認識，此章太炎不屑談甲金之故也。

䞣 yù　　**有文章也。从有，𢦏聲。〔於六切〕**

【注釋】

今鬱鬱（有文采貌）之本字也。《論語・八佾》：「周監於二代，郁郁乎文哉！」

段注：「䞣古多假彧字為之，彧者𢦏之隸變，今本《論語》：郁郁乎文哉。古多作彧彧。是以荀彧字文若，《宋書》王彧字景文。」

𧶭 lǒng　　**兼有也。从有，龍聲。讀若聾。〔盧紅切〕**

【注釋】

段注：「今牢籠字當作此，籠行而𧶭廢矣。」未可信。籠字可自然引申出動詞義，無須假借。

此「厖有」之本字，《爾雅》：「厖，有也。」《說文》：「厖，石大也。」非本字明矣。

文三

朙部

朙 míng（明）　　**照也。从月，从囧。凡朙之屬皆从朙。〔武兵切〕**

古文朙，从日。

【注釋】

囧，窗之形也。今通行重文明，以日月相合會意。《說文》：「照，明也。」互訓也。照有明亮義，今人有楊明照。迷信稱呼神靈曰明，今有「神明」。「明器」，即冥器也，殉葬用的物品。

段注：「照臨四方曰明，凡明之至則曰明明，明明猶昭昭也。」

𦝉 huāng（𥄕、忙）　　**翌也。从明，亡聲。〔呼光切〕**

【注釋】

俗作忙。

段注：「翌也未聞，當作昱。昱，明也。㒳即今之忙字，亦作茫，俗作忙。《玄應書》曰：茫又作㒳，遽也。㒳人晝夜作，無日用月，無月用火，常思明，故从明。或云㒳人思天曉，故字从明也。」

文二 重一

囧部

囧 jiǒng 窗牖麗廔闓明。象形。凡囧之屬皆从囧。讀若獷。賈侍中說，讀與明同。〔俱永切〕

【注釋】

窗戶格子明亮貌。

段注：「麗廔雙聲，讀如離婁，謂交錯、玲瓏也。闓明謂開明也。象形，謂象窗牖玲瓏形。」

盥 méng（盟） 《周禮》曰：「國有疑則盟。」諸侯再相與會，十二歲一盟。北面詔天之司慎、司命。盟，殺牲歃血，朱盤玉敦，以立牛耳。从囧，从血。〔武兵切〕 盟 篆文，从朙。 𥂝 古文，从明。

【注釋】

今通行重文盟字。重文一為小篆，一為古文，則字頭為籀文明矣。以籀文立字頭，乃許書一體例，為統率所繫之字故也。發誓謂之盟，如「盟一個誓」。段注：「明者，朙之古文也，故古文盟作盟。」

文二 重二

夕部

夕 xī 莫也。从月半見。凡夕之屬皆从夕。〔祥易切〕

【注釋】

本義是晚上。夕有夜義，今有「終夕不寐」「前夕」「風雨之夕」。

甲骨文作 、 ，孫海波《甲骨文編》：「月、夕同文，唯以文義別之，蓋月、夕二字之義同取於月初見，故易混。」

這是早期文字裏存在的一形多用現象。同一個字形可以用來代表兩個以上意義都跟這個字形有聯繫，但是彼此的語音並不相近的詞。

沈兼士《早期意符字之特性》:「在形非字書所云重文、或體之類，在義非訓詁家所云引申、假借之謂，在音非古音家所云聲韻通轉之謂，而其形、其音、其義率皆後世認為斷斷乎不相干者。」

夜 yè　舍也，天下休舍也。从夕，亦省聲。〔羊謝切〕

【注釋】

段注:「夜與夕渾言不別，析言則殊。《小雅》：莫肯夙夜，莫肯朝夕。朝夕猶夙夜也。《春秋經》：夏四月辛卯夜。即辛卯夕也。」見上「夕」字注。

夢 méng（梦）　不明也。从夕，瞢省聲。〔莫忠切〕，又〔亡貢切〕

【注釋】

段注:「《小雅》：民今方殆，視天夢夢。傳曰：王者為亂夢夢然。《釋訓》曰：夢夢，亂也。按故訓釋為亂，許云不明者，由不明而亂也。以其字从夕，故釋為不明也。夢之本義為不明，今字假為寢寐字，夢行而寢廢矣。」

《說文》:「寢，寐而有覺也。」段注:「今字假夢為之，夢行而寢廢矣。」

夗 yuàn　轉臥也。从夕，从卩。臥有卩也。〔於阮切〕

【注釋】

從夗之字、之音多有婉轉義，如婉、宛、腕、碗、刓（消方成圓也）、彎、灣、頑（棞頭也）等。段注:「凡夗聲、宛聲字，皆取委曲意。」

夤 yín　敬惕也。从夕，寅聲。《易》曰：夕惕若夤。〔翼真切〕 籀文。

【注釋】

此寅敬之本字。《爾雅》:「恪、寅，敬也。」寅本地支名，非本字明矣。今人有陳寅恪。夤有深義，今有「夤夜」，深夜也。「夤緣」謂攀附向上也。

段注:「《釋詁》云：寅，敬也。凡《尚書》寅字皆叚寅為夤也，漢唐碑多作夤者。凡云夤緣者即延緣，云八夤者即八埏。皆雙聲叚借也。」

姓𡖅qíng（晴）　雨而夜除星見也。从夕，生聲。〔臣鉉等曰：今俗別作晴，非是。〕〔疾盈切〕

【注釋】

今俗作晴。段注：「雨夜止星見謂之姓，姓星疊韻，引申為晝晴之稱。」

外𡖄wài　遠也。卜尚平旦，今夕卜，於事外矣。〔五會切〕𡖄古文外。

【注釋】

本義是遠。今「見外」保留本義，「見外」者，猶被你疏遠了。今有「外甥」「外公」者，外皆遠也。有「表兄」「表親」者，表亦外也，今「外表」連言。皆非同堂親屬。舊時丈夫稱妻子為內子，簡稱內；妻子稱丈夫為外子，簡稱外。

㚢𡖊sù（夙）　早敬也。从丮，持事，雖夕不休，早敬者也。〔臣鉉等曰：今俗書作夙，訛。〕〔息逐切〕𠈇古文夙，从人、囪。𠈇亦古文夙，从人、丙。宿（宿）从此。

【注釋】

隸變作夙。夙者，早也，今有「夙興夜寐」。「夙願」，猶早先之願望。引申平素、過去、舊有也，如「夙願」「夙志」。今「素來」「平素」本字當作夙。

甲骨文作𡖊，商承祚《說文中之古文考》：「象人執事於月下，侵月而起，故義為早。㑊實宿之初文，象人在席旁。」

募𡖋mò（寞）　宗也。从夕，莫聲。〔莫白切〕

【注釋】

宗募，今寂寞之古字。《說文》：「宗，無人聲也。」宗後作寂，《說文》無寂、寞字。寂寞之本義為寂靜無聲，非今之孤單無聊。

段注：「當云：宗募也，轉寫佚字耳。宗募者，夕之靜也。㗋嗼者，口之靜也。宗募者，死之靜也。」

文九 重四

多部

多 duō　　重也。从重夕，夕者，相繹也，故為多。重夕為多，重日為疊（曡）。凡多之屬皆从多。〔得何切〕古文多。

【注釋】

多訓重，即有 chóng 義，又有 zhòng 義。多則重複。多有稱讚義，即 zhòng 義也，《史記》：「反古者不可非，而循禮者不足多也。」

段注：「多者勝少者，故引申為勝之稱。戰功曰多，言勝於人也。有並與重別者，如棘、棗是也。有並與重不別者，夗、多是也。」

夥 huǒ（伙）　　齊謂多為夥。从多，果聲。〔乎果切〕

【注釋】

今有「繁夥」，謂繁多也。又「收益甚夥」。夥、伙有別，在表示多的意思上不能用伙，在表示伙食意思上不能用夥，餘者可通。

䅌 kuī　　大也。从多，圣聲。〔苦回切〕

【注釋】

段注：「與恢音義皆同。」圣，音 kū，非聖簡體。

㸁 zhā　　厚脣貌。从多，从尚。〔徐鍇曰：多即厚也。〕〔陟加切〕

文四 重一

毌部

毌 guàn　　穿物持之也。从一橫貫，象寶貨之形。凡毌之屬皆从毌。讀若冠。〔古丸切〕

【注釋】

今貫穿之本字也，貫行而毌廢矣。

段注：「毌、貫古今字，古形橫直無一定，如目字偏旁皆作罒。患字上从毌，或橫之作申，而又析為二中之形，蓋恐類於申也。後有串字，有弗字，皆毌之變也。毌不見於經傳，惟《田完世家》：宣公取毌丘。索隱曰：毌音貫。」

貫 guàn　　錢貝之貫。从毌、貝。〔古玩切〕

【注釋】

本義是穿錢之繩子，今「惡貫滿盈」保留本義，謂惡劣之事已經穿滿一繩子了。古詩：「腰纏十萬貫，騎鶴下揚州。」

古者一貫錢穿一千個銅錢，一個銅錢謂之一文。一貫錢相當於一兩銀子，以明清時為率，一兩銀子大約相當於現在二百至四百塊錢，一文錢相當於兩三毛錢，乃兒童索要零花錢之數也。所以文是小貨幣單位，故今有「一文不值」「一文不名」，孔乙己買酒排出九文大錢。

段注：「借為宦字，事也，如《毛詩》：三歲貫女，《魯詩》作宦，是也。」

虜 lǔ（虏）　　獲也。从毌，从力，虍聲。〔郎古切〕

【注釋】

古代俘虜多沒為奴，故虜有奴隸義，《韓非子》：「雖臣虜之勞不苦於此也。」又指敵人的蔑稱，《史記》：「虜中我指。」

段注：「《公羊傳》：爾虜焉。故凡虜囚亦曰累臣，謂拘之以索也。於毌義相近，故从毌。」

文三

马部

马 hàn　　嘾也。草木之華未發，函然。象形。凡马之屬皆从马。讀若含。〔乎感切〕

【注釋】

此函之初文也。「讀若含」，許書以讀若破假借也。「马嘾」即菡萏。

函 hán　　舌也。象形，舌體马马。从马，马亦聲。〔胡男切〕 俗圅

从肉、今。

【注釋】

甲文作[?]、[?]，王國維云：「象盛矢之器。」引申出函套義，引申出書信義，今有「信函」「來電來函」。引申出鎧甲義，「函人」謂制作鎧甲之人。《廣雅》：「函，鎧也。」

段注：「舌在口，所以言別味也。函之言含也，含於口中也。按《大雅》毛傳曰：臄者，函也。《通俗文》云：口上曰臄，口下曰函。函借為含，如『席間函丈』『函人為甲』是也。《周頌》：實函斯活。傳曰：函，含也。謂叚借也。」

甹 [?] yóu　　木生條也。从马，由聲。《商書》曰：「若顛木之有甹枿。」古文言由枿。〔徐鍇曰：《說文》無由字，今《尚書》只作由枿，蓋古文省马，而後人因省之，通用為因由等字。从马，上象枝條華函之形。〕〔臣鉉等案：孔安國注《尚書》，直訓由作用也，用枿之語不通。〕〔以州切〕

【注釋】

木生條也者，樹木生新枝條。「由枿」謂新長出的枝芽。今《尚書》作「由蘖」，本字當作甹。

甬 [?] yǒng　　草木華甬甬然也。从马，用聲。〔余隴切〕

【注釋】

甬甬然者，含苞欲放貌。金文作[?]，楊樹達《積微居小學述林》：「甬象鐘形，乃鐘之初文。」金文象桶之形，蓋為桶之初文。《周禮》：「鐘柄謂之甬。」《小爾雅》：「斛謂之甬。」今作為「甬道」「甬路」字。又今寧波別稱。

段注：「凡甬聲之字，皆有興起之義。」湧、甬、踴，同源詞也。

㔾 [?] xián　　草木马盛也。从二马。〔胡先切〕

【注釋】

銜、㔾同源詞。

文五　重一

東部

東 hàn　　**木垂華實。从木、马，马亦聲。凡東之屬皆从東。〔胡感切〕**

韡 wéi　　**束也。从東，韋聲。〔徐鍇曰：言東之象木華實相累也。〕〔于非切〕**

文二

卣部

卣 tiáo（卣）　　**草木實垂卣卣然。象形。凡卣之屬皆从卣。讀若調。〔徒遼切〕** **籀文三卣為卣。**

【注釋】

卣卣然，下垂貌。髫謂下垂之髮，同源詞也。

段注：「卣卣，垂皃。卣之隸變為卣。」

㮚 lì（栗）　　**木也。从木，其實下垂，故从卣。〔力質切〕** **古文栗，从西，从二卣。徐巡說：木至西方戰慄。**

【注釋】

隸變作栗。本義是木名，栗木堅硬，故引申出堅硬義，如「玉栗而理」。

㮚 sù（粟）　　**嘉穀實也。从卣，从米。孔子曰：粟之為言續也。〔相玉切〕** **籀文粟。**

【注釋】

粟在先秦是糧食的總稱，漢代指穀子。明李時珍《本草綱目・穀二・粟》：「古者以粟為黍、稷、粱、秫之總稱。而今之粟，在古但呼為粱。後人乃專以粱之細者名粟。」許書之「嘉穀實也」乃漢代義，先秦五穀、六穀及九穀中皆無粟名，詳見程瑤田《九穀考》。見後「米」字注。

隸變作粟。穀子叫粟，穀粒也叫粟。《說文》：「禾，嘉穀也。」「穀，百穀之總名也。」農作物名稱古今內涵多有變化。禾即今之穀子也，穀子是莊稼中的好吃者，故稱嘉穀，又叫稷，今「社稷」者，稷為穀神也。社神和穀神最為重要，故「社稷」作為國家的代稱。

去皮即小米，即今之粟也，故《說文》云：「粟，嘉穀實也。」古之粟乃糧食之泛稱，如「書中自有千鍾粟」，沿用古義也。禾在古代專指穀子，今則為莊稼的泛稱，詩有「鋤禾日當午」；今之穀乃小米之未去皮者，古者乃莊稼糧食之統稱，如「五穀」「百穀」。

文三 重三

齊部

齊𪗉 qí（齐） **禾麥吐穗上平也。象形。凡齊之屬皆从齊。〔徐鍇曰：生而齊者莫若禾麥。二，地也，兩傍在低處也。〕〔徂兮切〕**

【注釋】

簡化字齐乃齊之草書楷化字形，參「乔—喬」。

本義是禾麥吐穗上平整齊。《禮記》：「若夫坐如尸，立如齊。」常用全義，如「應是人參五葉齊」，今有「齊全」。又有敏捷義，《爾雅》：「齊，疾也。」《商君書》：「齊疾而均，速若飄風。」

段注：「引申為凡齊等之義，古叚為臍字，亦叚為齋字。」

𪗔 qí **等也。从齊，妻聲。〔徂兮切〕**

【注釋】

今整齊之本字。段注：「齊等字當作此，齊行而𪗔廢矣。」

文二

朿部

朿 cì **木芒也。象形。凡朿之屬皆从朿。讀若刺。〔七賜切〕**

【注釋】

樹木的刺，今刺之初文也。「讀若刺」者，許書有以讀若破假借之例。見前「辜」字注。

段注：「芒者，艸端也。引申為凡鐵銳之稱，今俗用鋒鋩字古只作芒。朿今字作刺，刺行而朿廢矣。」

棗 zǎo（枣）　　羊棗也。从重朿。〔子皓切〕

【注釋】

枣乃重文符號替換形成之俗字。羊棗亦稱「羊矢棗」，初生色黃，熟則黑，似羊矢，故稱。

段注：「《釋木》曰：槐、棘醜，喬。棘即棗也，析言則分棗、棘，統言則曰棘。《周禮》：外朝九棘三槐。棘正謂棗，故注云：取其赤心而外刺。」

棘 jí　　小棗叢生者。从並朿。〔己力切〕

【注釋】

本義是酸棗樹，《詩經》：「凱風自南，吹彼棘心。」

古者朝廷之大院，中間植三棵槐樹，代表三公；兩邊各植九棵棗樹，代表九卿之位。今用「槐棘」喻指高位。見「槐」字注。常用義戟也，《小爾雅》：「棘，戟也。」《左傳》：「子都拔棘以逐之。」又通「急」，急躁也。又針形刺謂之棘，今有「棘皮動物」。

段注：「此言小棗則上文謂常棗可知，小棗樹叢生，今亦隨在有之，未成則為棘而不實，已成則為棗。从並朿，棘庳於棗而朿尤多，故从並朿會意。」

文三

片部

片 piàn　　判木也。从半木。凡片之屬皆从片。〔匹見切〕

【注釋】

劈開的木頭。本義是木片。《甲骨文編》：「《說文》有片無爿，唐本有爿部，古文一字可以反正互寫，片、爿當是一字。」

木字小篆字形從中分開，左為爿，右為片字。今爿、片為二字。爿作為量詞，如「一爿店」。片引申出少、小、零星義，今有「片刻」「隻言片語」。

段注：「謂一分為二之木，片、判以疊韻為訓。判者，分也。」

版 bǎn　　判也。从片，反聲。〔布綰切〕

【注釋】

版、板原為異體字，後分別異用。「版本」即「板本」，原義是雕版印刷的本子，以區別於寫本，後泛指所有的本子。版的很多意義都可通板。常用義有築牆用的木板，如「版築」；寫字用的木片；大臣手裏的手板。名冊和戶籍亦謂之版，「版圖」謂戶籍和地圖也。

段注：「凡施於宮室器用者皆曰版，今字作板。古叚為反字，《大雅》：上帝板板。傳云：板板，反也。謂版即反之叚借也。」

腷 bì　判也。从片，畐聲。〔芳逼切〕

牘 dú　書版也。从片，賣聲。〔徒谷切〕

【注釋】

本義是寫字用的長木板。既書曰牘，未書寫的叫槧，也叫版。一尺見方的叫方，古代百字以內寫到方上，百字以上寫到編連在一起的簡上。代指書籍，《陋室銘》：「無案牘之勞形。」

「尺牘」謂書信，古代書信寫在一尺長的木板上，故稱。法律條文寫在三尺長的長簡上，故叫「三尺法。」王國維說牘是一尺見方，但今出土的多是長方形，鮮見正方形。見王國維《簡牘檢署考》。

段注：「《木部》云：槧，牘樸也。然則粗者為槧，精者為牘。顏師古曰：形若今之木笏，但不挫其角耳。」

牒 dié　札也。从片，枼聲。〔徒叶切〕

【注釋】

從枼之字多有薄片義，見前「葉」字注。本義是寫字用的小而薄的木片，牒薄而牘厚。代指書籍，又指文書，今有「通關文牒」「通牒」。

段注：「牒，小木札也。按厚者為牘，薄者為牒。牒之言枼也，葉也。」

牑 biān　牀版也。从片，扁聲。讀若邊。〔方田切〕

牖 yǒu　穿壁以木為交窗也。从片、戶、甫。譚長以為甫上日也，非

戶也。牖，所以見日。〔與久切〕

【注釋】

古者天窗謂之窗，牆壁之窗謂之牖，往北開的窗戶謂之向。古者堂、室用牆隔開，牆東邊開一戶，西邊開一窗即牖。戶牖之間謂之扆，即施屏風處也。

段注：「交窗者，以木橫直為之。即今之窗也。在牆曰牖，在屋曰窗。此則互明之。必言以木者，字从片也。古者室必有戶，有牖。牖東戶西（今按：當作戶東牖西），皆南鄉。《毛詩》曰：向，北出牖也。北或有穴通明，至冬塞之。」

牏 牏 yú / tóu　　築牆短版也。从片，俞聲。讀若俞。一曰：若紐。〔度侯切〕

【注釋】

見前「栽」字注。本義是築牆時用於兩端的短板，又指木製的水槽。

段注：「《木部》栽下曰：築牆長版也。長版用於兩邊，短版用於兩端，一縮一橫也，此牏之本義。」

文八

鼎部

鼎 鼎 dǐng　　三足兩耳，和五味之寶器也。昔禹收九牧之金，鑄鼎荊山之下，入山林川澤，螭魅蝄蜽，莫能逢之，以協承天休。《易》卦：巽木於下者為鼎，象析木以炊也。籀文以鼎為貞字。凡鼎之屬皆从鼎。〔都挺切〕

【注釋】

禹平九州，故製九鼎，上刻地理山川形貌及物產，九鼎震九州，故鼎代指政權。引申為王位、帝業，今有「問鼎中原」；引申為大，今有「鼎力相助」；引申為顯赫，如「高門鼎貴」；又假借為「正」，正、正要也，今有「春秋鼎盛」。

八卦與五行相配，坎為水，離為火，乾兌屬金，坤艮屬土，震巽屬木。鼎卦上離下巽，故云「巽木於下者為鼎」。

段注：「古叚鼎為丁，如《賈誼傳》：春秋鼎盛，《匡衡傳》：匡鼎來。鼎之言當也。古文以貝為鼎，籀文以鼎為貝。」見「貞」字注。

鼒 [seal] zī（鎡）　　鼎之圜掩上者。从鼎，才聲。《詩》曰：鼐鼎及鼒。〔子之切〕[seal]俗鼒，从金，从茲。

【注釋】

小口鼎也。毛傳：「大鼎謂之鼐，小鼎謂之鼒。」

從才之字多有小義，才，草木之初生也；材，木梃也，即小木棒。重文鎡，今作為「鎡錤」字，又作「鎡基」或「茲基」，鋤頭也，《孟子》：「雖有智慧，不如乘勢；雖有鎡錤，不如待時。」

段注：「《周頌》：鼐鼎及鼒。《釋器》曰：圜弇上謂之鼒。《手部》曰：掩，斂也。小上曰掩。《廾部》曰：弇，蓋也。然則此依許作掩為正字。」小徐本作「俗鼒，从金，茲聲」。

鼐 [seal] nài　　鼎之絕大者。从鼎，乃聲。《魯詩》說：鼐，小鼎。〔奴代切〕

【注釋】

大鼎也。近人有蔣光鼐。

段注：「《釋器》曰：鼎絕大謂之鼐。《周頌》傳曰：大鼎謂之鼐，小鼎謂之鼒。絕大謂函牛之鼎也。乃者，詞之難也，故从乃為大。才者，艸木之初也，故从才為小。」

鼏 [seal] mì　　以木橫貫鼎耳而舉之。从鼎，冖聲。《周禮》：廟門容大鼏七個。即《易》「玉鉉，大吉」也。〔莫狄切〕

【注釋】

橫貫鼎兩耳以舉鼎的木棍，即鉉也。

段注辨析精深。鼏音 mì，鼎蓋也。鼏音 jiōng，橫貫鼎兩耳以舉鼎的木棍。[seal]篆乃鼏字，「以木橫貫鼎耳而舉之」乃鼏解，《說文》漏掉鼏字，故把鼏篆、鼏解雜糅成了一條。冂（jiōng）、冖（mì）小篆有別，隸變後無別，都可作冂、冖，如內、冘本從冂；冠、冃本從冖。

段注：「以木橫貫鼎耳是曰鼏，兩手舉其木之端是曰扛鼎，鼏橫於鼎蓋之上。故《禮經》必先言抽扃，乃後取鼏。猶扃為戶外閉之關，故或以扃代之也。」

文四　重一

克部

克 kè　　肩也。象屋下刻木之形。凡克之屬皆从克。〔徐鍇曰：肩，任也，負何之名也。與人肩膊之義通，能勝此物謂之克。〕〔苦得切〕 古文克。 亦古文克。

【注釋】

肩，承擔也。故克有能夠義，《爾雅》：「克，能也。」《詩經》：「伐薪若之何，非斧不克。」今有「克勤克儉」，今人有李克強。有戰勝義，《爾雅》：「克，勝也。」

今有「攻克」「攻無不克」「婦女克夫」「以柔克剛」。引申有克制義，今有「克己奉公」。引申有約定或嚴格限定義，如「剋期」「剋日完成」。引申有消化義，如「克食」「克化」。

文一　重二

彔部

彔 lù（录）　　刻木彔彔也。象形。凡彔之屬皆从彔。〔盧谷切〕

【注釋】

彔，隸定字形；录，隸變字形。录录，猶歷歷也，今有「歷歷在目」。甲骨文作，象轆轤汲水之形，當為轆之初文，汲水灌溉可保豐收，故彔有福澤義，後加示旁，專為福祿字。後加金作錄，為常用字。

錄常用義甚多，有記載義，今有「記錄」；有採取、任用義，今有「錄用」；有抄寫義，今有「過錄本」「謄錄」「抄錄」；有逮捕犯人義，今有「收錄」。「收」亦有逮捕義，同步引申也；有總領義，今有「目錄」，《三國志》：「亮以丞相錄尚書事。」

文一

禾部

禾 hé　　嘉穀也。二月始生，八月而孰，得時之中，故謂之禾。禾，木也。木王而生，金王而死。从木，从𠂹省。𠂹象其穗。凡禾之屬皆从禾。〔戶戈切〕

【注釋】

嘉穀者，好的穀物。禾即穀子，也叫稷。見上「粟」字注。古代「苗」有禾即穀子義，《春秋·莊公七年》:「秋，大水，無麥苗。」杜預注:「今五月，周之秋。」見前「苗」字注。

段注:「民食莫重於禾，故謂之嘉穀。嘉穀之連稿者曰禾，實曰粟，粟之人曰米，米曰梁，今俗云小米是也。」

秀 xiù　上諱，漢光武帝名也。〔徐鍇曰：禾實也。有實之象，下垂也。〕〔息救切〕

【注釋】

本義是植物抽穗開花。秀有花義，見上「英」字注。光武帝出生時，莊稼「一禾九秀」，謂一根莖上有九個穗，乃天降異兆，故取名劉秀。劉秀字文叔，秀乃繡之初文，名字相關也。

段注:「秀與禿古音皆在三部，故云禿取秀之聲為聲也。其實秀與禿古無二字，殆小篆始分之。今人禿頂亦曰秀頂，是古遺語。」

稼 jià　禾之秀實為稼，莖節為禾。从禾，家聲。一曰：稼，家事也。一曰：在野曰稼。〔古訝切〕

【注釋】

本義是種莊稼。段注:「毛傳曰：種之曰稼。《周禮·司稼》注曰：種穀曰稼，如嫁女以有所生。」

穡 sè　穀可收曰穡。从禾，嗇聲。〔所力切〕

【注釋】

本義是收割莊稼。《詩經》:「不稼不穡。」稼穡析言有別，渾言不分。一種一收，今統指農事。古多叚嗇為穡。

穜 zhòng　埶也。从禾，童聲。〔之用切〕

【注釋】

埶者，後加艸、加云作藝，種植也。

段注：「《丮部》曰：埶，穜也。小篆埶為穜，之用切。種為先穜後孰，直容切。而隸書互易之。種者以穀播於土，因之名穀可種者曰種，凡物可種者皆曰種，別其音之隴切。」

據段注，種植字篆書本作穜，至隸書已經改為種。今沿用，簡化字作种。動作為種，所種之物亦謂種，音變為上聲。

稙 zhí　　早穜也。从禾，直聲。《詩》曰：稙稚尗麥。〔常職切〕

【注釋】

莊稼種得較早或熟得較早，如「稙穀子」。「白玉米稙」謂白玉米熟得早。

段注：「此謂凡穀皆有早種者。《魯頌》傳曰：先種曰稙。謂先種先孰也。《釋名》曰：青徐人謂長婦曰稙長，禾苗先生者曰稙，取名於此也。」

種 chóng　　先穜後孰也。从禾，重聲。〔直容切〕

【注釋】

先種後孰者，早種晚熟的穀物，穀物有此種類也。「種」「穜」字形互訛，見上「穜」字注。

稑 lù（穋）　　疾孰也。从禾，坴聲。《詩》曰：黍稷穜稑。〔力竹切〕

穋稑，或从翏。

【注釋】

本義是後種先熟的穀，泛指成熟。「穜稑」指先種後熟的穀類和後種先熟的穀類。重文「穋」亦通行。

稺 zhì（稚）　　幼禾也。从禾，屖聲。〔直利切〕

【注釋】

今作稚，本義是幼禾苗。

段注：「引申為凡幼之稱，今字作稚。郭景純注《方言》曰：稺，古稚字。是則晉人皆作稚，故稺、稚為古今字。」

稹 zhěn　　穜概也。从禾，真聲。《周禮》曰：稹理而堅。〔之忍切〕

【注釋】

種植稠密。唐代詩人有元稹。

從真之字、之音多有稠密義，如縝、㐱（稠髮也）、慎、鬒（稠髮也。《詩經》：鬒髮如雲，不屑髢也。）等。段注：「此與鬒為稠髮同也，引申為凡密緻之稱。」

稠 chóu　　多也。从禾，周聲。〔直由切〕

【注釋】

指農作物密植。泛指多，「憶往昔崢嶸歲月稠」，稠，多也。段注：「本謂禾也，引申為凡多之稱。《小雅》：綢直如髮。叚綢為稠也。」

概 jì　　稠也。从禾，既聲。〔几利切〕

【注釋】

指農作物密植。段注：「《漢書》劉章言耕田曰：深耕概種，立苗欲疏，非其種者，鉏而去之。引申為凡稠之稱。」

稀 xī　　疏也。从禾，希聲。〔徐鍇曰：當言从爻，从巾，無聲字。爻者，稀疏之義，與爽同意。巾象禾之根莖。至於莃、晞，皆當从稀省。何以知之？《說文》無希字故也。〕〔香依切〕

【注釋】

本義是禾種得稀疏。

段注：「疏，通也。稀與概為反對之辭，所謂立苗欲疏也，引申為凡疏之稱。許書無希字，而希聲字多有，與由聲字正同，不得云無希字、由字也。許時奪之，今不得其說解耳。」

穖 miè　　禾也。从禾，蔑聲。〔莫結切〕

【注釋】

段注：「禾有名穖者也。」

穆[seal] mù　　禾也。从禾，㣎聲。〔莫卜切〕

【注釋】

金文作[glyph]，象向日葵形狀。穆者，和也，敬也。穆之常用義，和暢也，《詩經》:「穆如清風。」和睦也，《三國志》:「荀彧與夏侯尚不穆。」又敬也，《尚書》:「我其為王穆卜。」今有「肅穆」,「穆穆」謂嚴肅貌。

段注 :「蓋禾有名穆者也。凡經傳所用穆字，皆叚穆為㣎。㣎者，細文也。凡言穆穆、於穆、昭穆皆取幽微之義。《釋訓》曰：穆穆，敬也。《大雅・文王》傳曰：穆穆，美也。」

私[seal] sī　　禾也。从禾，厶聲。北道名禾主人曰私主人。〔息夷切〕

【注釋】

禾名也。禾有名私者。

常用有偏愛義，《戰國策》:「我妻之美我者，私我也。」今有「偏私」。又指不正當的男女關係，今「二人有私」「其妻私人」。又謙稱，我也，《晉書》:「私謂九寺可並於尚書。」今日語仍用私（わたし）為男女通用的第一人稱代詞。

段注 :「蓋禾有名私者也，今則叚私為公厶。倉頡作字，自營為厶，背厶為公。然則古只作厶，不作私。」

穳[seal] fèi　　稻紫莖不黏也。从禾，糞聲。讀若靡。〔扶沸切〕

稷[seal] jì　　齋也，五穀之長。从禾，畟聲。〔子力切〕[glyph] 古文稷省。

【注釋】

稷，先秦是指高粱。漢代以後才指穀子，與粟同。

邵晉涵《爾雅正義》:「即北方之稷米，北方呼稷為穀子，其米為小米。《說文》所謂五穀之長，以先種為長也。」或認為就其重要程度而言，非首種也。《說文》之「稷」實乃高粱，湯可敬《今釋》:「稷，粟米。」不妥。《廣雅・釋草》王念孫疏證：「稷，今人謂之高粱。」程瑤田《九穀考》:「稷，北方謂之高粱，或謂之紅粱。」

高粱脫殼後即為高粱米，俗稱蜀黍、蘆稷、茭草、茭子、蘆穄、蘆粟等，古稱蜀秫。過去高粱米是一種常見的主食，現代食用高粱米的人很少，今東北地區食用者較多。

高粱有粳性和糯性兩種，有紅、白之分。紅者又稱為酒高粱，主要用於釀酒，白者用於食用，中國的名酒如茅臺、五糧液、瀘州老窖、汾酒等都以紅高粱為主要原料。莫言《紅高粱》中的名酒三十里紅也是由高粱釀造。高粱是釀酒、製醋、提取澱粉、加工飴糖的原料。

段注：「程氏瑤田《九穀考》曰：稷，齋大名也。黏者為秫，北方謂之高粱，通謂之秫秫，又謂之蜀黍，高大似蘆。《月令》：首種不入。鄭云：首種謂稷。今以北方諸穀播種先後考之，高粱最先。《管子書》：日至七十日，陰凍釋而蓺稷，百日不蓺稷。日至七十日，今之正月也。今南北皆以正月蓺高粱是也。

凡經言疏食者，稷食也。稷形大，故得疏稱。按程氏《九穀考》至為精析。學者必讀此而後能正名其言。漢人皆冒粱為稷，而稷為秫秫。

五穀之長，謂首種也。《月令》注：稷，五穀之長。按稷長五穀，故田正之官曰稷。《五經異義》：今《孝經》說，稷者，五穀之長。穀眾多不可遍敬，故立稷而祭之。《古左氏》說：列山氏之子曰柱，死祀以為稷。稷是田正，周棄亦為稷，自商以來祀之。」

齋 zī（粢、秶）　稷也。从禾，齊聲。〔即夷切〕齋，或从次。

【注釋】

今通行重文粢，或作秶。《爾雅．釋草》：「粢，稷也。」

秫 shú（术）　稷之黏者。从禾。术，象形。〔食聿切〕秫，或省禾。

【注釋】

即黏高粱。金兀朮者，乃此字。術，從朮聲。

穄 jì　䵚也。从禾，祭聲。〔子例切〕

【注釋】

穄子，不黏的黍類，亦稱「穈子」。

段注：「此謂黍之不黏者也。《黍部》曰：䵚者，穄也。《九穀考》曰：禾屬而黏者黍，則禾屬而不黏者䵚。對文異，散文則通偁黍。」

稻 dào　**稌也。从禾，舀聲。〔徒晧切〕**

【注釋】

古以黏者為稻，不黏者為粳，與今相反。

段注：「今俗概謂黏者不黏者。未去穅曰稻。稬稻、秈稻、秔稻皆未去穅之稱也，既去穅則曰稬米、曰秈米、曰秔米。古謂黏者為稻，謂黏米為稻，稉其不黏者也。孔子曰：食夫稻。亦不必專指黏者言。」

稌 tú　**稻也。从禾，余聲。《周禮》曰：牛宜稌。〔徒古切〕**

【注釋】

特指糯稻。

稬 nuò（糯）　**沛國謂稻曰稬。从禾，耎聲。〔奴亂切〕**

【注釋】

今作糯字。有黏性的稻。稻的一種，米黏性大，如「稬稻」，「稬米」河南亦稱「江米」。

稴 lián　**稻不黏者。从禾，兼聲。讀若風廉之廉。〔力兼切〕**

【注釋】

即秈（籼）字，不黏的稻米。秈稻，米粒細而長，無黏性。

段注：「凡穀皆有黏者有不黏者。秫則稷之黏者也，穄則黍之不黏者也。稻有不黏者，則稴是也。今俗通謂不黏者為秈米。」

秔 jīng　**稻屬。从禾，亢聲。〔古行切〕稉 秔，或从更聲。**

【注釋】

黏稻米。河南方言謂黏米為江米，即秔之語轉。

段注：「凡言屬者，以屬見別也。言別者，以別見屬也。重其同則言屬，秔為稻屬是也。重其異則言別，稗為禾別是也。

稻有至黏者，稬是也。有次黏者，稉是也。有不黏者，稴是也。稉與稴為飯，稬以釀酒，為餌餈。今與古同矣。散文稉亦偁稻，對文則別。陸德明曰：稉與粳皆俗秔字。」

秏 hào（耗）　稻屬。从禾，毛聲。伊尹曰：飯之美者，玄山之禾，南海之秏。〔呼到切〕

【注釋】

今俗作耗。常用有消息、音信義，今有「噩耗」；又有盡、完義，《漢書》：「靡有子遺，耗矣。」息亦有消、盡、信息義，同步引申也。伊尹乃廚師出身，被譽為「中華廚祖」。

穬 kuàng　芒粟也。从禾，廣聲。〔古猛切〕

秜 lí　稻今年落，來年自生，謂之秜。从禾，尼聲。〔里之切〕

【注釋】

今旅生之本字也。「旅」「秜」一聲之轉也，很多方言 i、y 不分，n、l 不分。也寫作穭、稆，《埤蒼》：「穭，自生也。」常用旅字，野生也，如「旅穀」「旅麥」等。

段注：「野生曰旅，今之饑民采旅生。按離、秜、旅一聲之轉，皆謂不種而自生者也。」

稗 bài　禾別也。从禾，卑聲。琅邪有稗縣。〔旁卦切〕

【注釋】

即今之狗尾草。引申為瑣碎、微小義，故小官稱為稗官，後來用作小說或小說家的代稱。雜史謂之稗史，謂其瑣碎，區別於正史也。

段注：「謂禾類而別於禾也。稗，草之似穀者。稗有米似禾，可食，故亦種之。如淳曰：細米為稗。故小說謂之稗官，小販謂之稗販。」

移 yí　禾相倚移也。从禾，多聲。一曰：禾名。〔臣鉉等曰：多與移聲不相近，蓋古有此音。〕〔弋支切〕

【注釋】

移本義是禾苗隨風搖動的樣子。倚移，猶旖旎、委蛇也，音轉為婀娜。今移動之本字當作迻，《說文》：「迻，遷徙也。」清孫詒讓有《札迻》一書，仍用本字。

段注：「《說文》於禾曰倚移，於旗曰旖施，於木曰檹施，皆謂阿那也，今人但讀為遷移，據《說文》則自此之彼字當作迻。」

常用有傳遞文書義，《漢書》：「歆因移書太常博書。」後成為一種文體，孔稚圭有《北山移文》。移文分文移、武移兩種，文移是譴責性公文，唐代後成為官府平行機關相互交涉的文書；武移是聲討性公文，跟檄文相似。

穎 yǐng　　禾末也。从禾，頃聲。《詩》曰：禾穎穟穟。〔余頃切〕

【注釋】

禾穗之末稍，引申為末端，今有「脫穎而出」。又有聰明義，今有「聰穎」「穎悟」。又指穀穗，《小爾雅》：「禾穗謂之穎。」《尚書・歸禾序》：「異畝同穎。」形聲字聲旁位置多歧多變，穎乃一例也。

秾 lái　　齊謂麥秾也。从禾，來聲。〔洛哀切〕

【注釋】

齊謂麥為秾也。小徐本作「齊謂麥為秾」。秾即來之後起字，《詩經》：「貽我來牟。」來謂小麥，牟謂大麥。

段注：「來之本義訓麥，然則加禾旁作，來俗字而已，蓋齊字也。據《廣韻》則《埤蒼》來麰字作秾。」

采 suì（穗）　　禾成秀也，人所以收。从爪、禾。〔徐醉切〕穗采，或从禾，惠聲。

【注釋】

今通行重文穗字。褎（袖）字從采聲。

杓 diǎo　　禾危穗也。从禾，勺聲。〔都了切〕

【注釋】

禾穗下垂的樣子。

穟 suì　禾穗之貌。从禾，遂聲。《詩》曰：禾穎穟穟。〔徐醉切〕穟，或从艸。

【注釋】

禾穗成熟貌。從遂聲，聲兼義也。

穑 duǒ　禾垂貌。从禾，耑聲。讀若端。〔丁果切〕

【注釋】

禾垂曰穑，樹木垂曰朵，身垂曰𨊛，同源詞也。

稭 jié　禾舉出苗也。从禾，曷聲。〔居謁切〕

【注釋】

揭，高舉也，今有「揭竿而起」。同源詞也。

秒 miǎo　禾芒也。从禾，少聲。〔亡沼切〕

【注釋】

本義是禾穗之芒末。引申為尖端、小義，從少之字多有小義，見前「眇」「杪」字注。

穖 jǐ　禾穖也。从禾，幾聲。〔居狶切〕

秠 pī　一稃二米。从禾，丕聲。《詩》曰：誕降嘉穀，惟秬惟秠。天賜后稷之嘉穀也。〔敷悲切〕

【注釋】

一種黑黍，一殼二米。又指穀皮。

秨 zuó　禾搖貌。从禾，乍聲。讀若昨。〔在各切〕

【注釋】

禾苗擺動的樣子。段注：「䌛今搖字。今俗語說動搖之皃曰秨，即此字也。」

穮 biāo　耕禾閒也。从禾，麃聲。《春秋傳》曰：是穮是衮。〔甫嬌切〕

【注釋】

鋤地或者耘田除草。《爾雅》:「綿綿，穮也。」《左傳・昭公元年》:「是穮是蔉。」穮，翻地；蔉，培土。皆為耕作之事。後因以「穮蔉」泛指辛勤勞作。張舜徽《約注》:「農事以耕為大，古人言耕，即可該耘。」

案 àn　轢禾也。从禾，安聲。〔烏旰切〕

【注釋】

碾軋稻穗取穀。《正字通》:「案，農家取穀法也。」

秄 zǐ　壅禾本。从禾，子聲。〔即里切〕

【注釋】

給禾苗的根部培土。段注:「《小雅》: 或耘或秄。毛曰：耘，除艸也。秄，雝本也。」

穧 jì　穫刈也。一曰：撮也。从禾，齊聲。〔在詣切〕

【注釋】

本義是收割，又指割下來沒有捆的農作物，《詩經》:「彼有不穫穉，此有不斂穧。」孔穎達疏:「穧者，禾之鋪而未束者。」又指刈禾的把數，《廣韻》:「刈禾把數。」四把為穧。「一曰：撮也」，指古代容量單位，即「撮」，一升的千分之一，常「圭撮」連用，四圭為撮。

穫 huò（獲）　刈穀也。从禾，蒦聲。〔胡郭切〕

【注釋】

段注:「穫之言獲也。」穫、獲同源詞。今均簡化作获，乃獲之草書楷化字形。

穦 zī　積禾也。从禾，資聲。《詩》曰：穦之秩秩。〔即夷切〕

【注釋】

積聚穀物。

積 jī（积）　聚也。从禾，責聲。〔則歷切〕

【注釋】

今簡化作积，另造之俗字。

秩 zhì　積也。从禾，失聲。《詩》曰：稽之秩秩。〔直質切〕

【注釋】

本義是積聚。引申出次序，今有「秩序」，積聚必有序也。引申出官吏的俸祿，今有「厚秩」，俸祿亦有等序也。十年為一秩者，如「七秩壽辰」，亦順序之引申，數極於十，過十則回轉，有序也。又有常規、常態義，《爾雅》：「秩，常也。」《詩經》：「是曰既醉，不知其秩。」稟既有積聚義，又有官俸義，同步引申也。

段注：「積之必有次敘成文理，是曰秩。」

稛 kǔn（捆）　絭束也。从禾，囷聲。〔苦本切〕

【注釋】

今捆綁之古字也，《說文》無捆字。

稞 huà　穀之善者。从禾，果聲。一曰：無皮穀。〔胡瓦切〕

【注釋】

今作為青稞字。

秳 huó　舂粟不漬也。从禾，昏聲。〔戶括切〕

釳 jì　秳也。从禾，气聲。〔居氣切〕

稃 fū　穭也。从禾，孚聲。〔芳無切〕 或从米，付聲。

【注釋】

包裹植物顆粒的外殼。從孚之字、之音多有外表義，如浮（漂浮）、麩（小麥皮屑）、附（附著、沾著）、拂（輕輕擦過）、副（二把手）、凫水（水上游）、郛（外城）、孵（臥在上面）、桴（木筏子）等。

穭 kuài　　穅也。从禾，會聲。〔苦會切〕

【注釋】

穀皮也。

穅 kāng（康、糠）　　穀皮也。从禾，从米，庚聲。〔苦岡切〕 穅，或省。

【注釋】

今作糠，即包裹植物顆粒的外殼。李富孫《說文辨字正俗》：「康、穅本一字，今以穅為穀皮字，而以康為康寧字，劃然為二。」

康、穅本一字之異體，後分別異用。穅又作糠，如「糟糠之妻」「吃糠咽菜」。有空義，如「蘿蔔糠了」，或寫作康。康常用義空也，又有平安、安樂義，今有「安康」「太康人壽」；引申富裕豐盛義，如「小康」。「康莊大道」者，五達謂之康，六達謂之莊，本義乃兩種道路名，後泛指大路。

段注：「云穀者，晐黍、稷、稻、粱、麥而言，穀猶粟也。今人謂已脫於米者為穅，古人不爾。穅之言空也，空其中以含米也。凡康寧、康樂皆本義空中之引申，今字分別，乃以本義从禾，引申義不从禾。」

䅵 zhuó　　禾皮也。从禾，羔聲。〔臣鉉等曰：羔聲不相近，未詳。〕〔之若切〕

稭 jiē（秸）　　禾稿去其皮，祭天以為席。从禾，皆聲。〔古黠切〕

【注釋】

今作秸。植物之稈莖，今有「秸稈」。

稈 gǎn（秆）　　禾莖也。从禾，旱聲。《春秋傳》曰：或投一秉稈。

〔古旱切〕𥝌稈，或从干。

【注釋】

今簡化字作秆，源自重文。段注：「謂自根之上至貫於穗者是也。」

稾𥡴gǎo（稿）　　稈也。从禾，高聲。〔古老切〕

【注釋】

今簡化字作稿，結構變化之俗字。又指詩文的草稿。

段注：「《廣雅》《左傳注》皆云：稈，稿也。叚借為矢榦之稿，『屈平屬草稿』之稿。」

秕𥝖bǐ　　不成粟也。从禾，比聲。〔卑履切〕

【注釋】

穀子之不飽滿者，今河南方言仍有此語。

段注：「今俗呼穀之不充者曰癟，補結切，即秕之俗音俗字也。引申之凡敗者曰秕。《漢書》曰：秕我王度。」

稍𥞏juān　　麥莖也。从禾，肙聲。〔古玄切〕

【注釋】

段注：「麥莖光澤娟好，故曰稍。」麥莖多用來造紙。

秎𥟒liè　　黍穰也。从禾，列聲。〔良薛切〕

【注釋】

黍稈也。泛指植物的莖稈類。

穰𥣬ráng　　黍秎已治者。从禾，襄聲。〔汝羊切〕

【注釋】

植物的莖稈類。瓜穰者，瓜蔓之類。

段注：「已治謂已治去其若皮也。謂之穰者，莖在皮中如瓜瓤在瓜皮中也。《周頌》傳曰：穰穰，眾也。此叚借也。」

秧 yāng　　禾若秧穰也。从禾，央聲。〔於良切〕

【注釋】

禾若謂禾皮，竹若謂竹皮也。秧者，穰也。本義是植物的莖，如「瓜穰」「豆穰」。今幼苗也叫秧，今有「秧苗」「插秧」。

段注：「若者，擇菜也。擇菜者必去其邊皮，因之凡可去之皮曰若，竹皮亦曰若。今俗謂稻之初生者曰秧，凡艸木之幼可移栽者皆曰秧，此與古義別。」

段注「䅵」字下謂「䅵」乃禾皮「若」之本字，與此矛盾。

䅊 páng　　䅊程，穀名。从禾，旁聲。〔蒲庚切〕

【注釋】

段注：「《廣雅》曰：䅊程，穄也。按許但云穀名，不與穄篆為伍，則與張說異。」穄子，似黍而不黏。

程 huáng　　䅊程也。从禾，皇聲。〔戶光切〕

秊 nián（年）　　穀孰也。从禾，千聲。《春秋傳》曰：大有年。〔奴顛切〕

【注釋】

小徐本「孰」作「熟」，小徐多用俗字。秊，隸定字形；年，隸變字形。

年的本義是禾穀成熟。甲文作，像人負禾苗之形，禾穀成熟了，背著回家。于省吾《甲骨文字釋林》：「年乃就一切穀類全年的成熟而言，甲文年為熟稔，金文始用作年歲字。」

不同時代，年有不同的叫法，《爾雅》：「夏曰歲，商曰祀，周曰年，唐虞曰載。」常用義有收成、年景，如「大有年」謂豐年也。《論語》：「年饑，用不足。」又指年號，如「改年」，謂更改年號。

段注：「年者，取禾一孰也。《穀梁傳》曰：五穀皆孰為有年，五穀皆大孰為大有年。」

穀𥢽gǔ（谷）　續也，百穀之總名。从禾，𣪊聲。〔古祿切〕

【注釋】

今簡化字作谷，古谷、穀二字不能相混。谷是山谷字，《說文》：「谷，泉出通川為谷。」穀是糧食。今簡化漢字歸併為一。《天龍八部》鍾萬仇所居之地名「萬劫谷」，林志穎版電視劇，匾額上赫然作「萬劫穀」，失之矣。

古者以穀物多少作為官爵的高低，如漢代有兩千石、萬石，故「穀」引申出俸祿義，常「穀祿」連用，《爾雅》：「穀、履，祿也。」又引申出養活、活著義，《爾雅》：「穀、鞠，生也。」《詩經》：「穀則異室，死則同穴。」「以穀我士女」。

又引申出善義，帝王自稱「不穀」，謂不善也，與寡人、孤同類。又有小孩義，《莊子》：「臧與穀，二人相與牧羊。」穀作小孩、養活義當是𪇗之假借。𪇗為須母鳥哺食的小鳥，故有此引申義。

段注：「穀與粟同義，引申為善也。又《大雅》傳曰：穀，祿也。《周禮・太宰》言九穀，鄭云：黍、稷、稻、粱、麻、大小豆、小麥、苽也。《膳夫》：食用六穀。先鄭云：稌、黍、稷、粱、麥、苽也。《疾醫》言五穀，鄭曰：麻、黍、稷、麥、豆也。《詩》《書》言百穀，種類繁多，約舉兼晐之詞也，惟禾黍為嘉穀。李善引薛君《韓詩章句》曰：穀類非一，故言百也。」

今按：先秦穀與粟皆百穀之總稱，漢以後又皆指今之穀子，見「粟」字注，段注：「穀與粟同義。」甚是。上文段注所引「九穀」「六穀」「五穀」皆無「粟」「穀」，總稱故也。見「米」字注。

稔𥟍rěn　穀孰也。从禾，念聲。《春秋傳》曰：鮮不五稔。〔而甚切〕

【注釋】

本義是禾穀成熟，引申出熟悉，今有「稔知」「熟稔」。引申出年，《廣雅》：「稔，年也。」稔之言飪也。

租𥝤zū　田賦也。从禾，且聲。〔則吾切〕

稅𥡤shuì　租也。从禾，兌聲。〔輸芮切〕

䆃𥢶dào　禾也。从禾，道聲。司馬相如曰：䆃，一莖六穗。〔徒到切〕

【注釋】

一種嘉禾，一莖六穗。又指挑選米。

穅 huāng　虛無食也。从禾，荒聲。〔呼光切〕

【注釋】

今饑荒本字。段注：「《爾雅》：果不孰為荒。《周禮》疏曰：疏、穀皆不孰為大荒。荒年字當作穅，荒行而穅廢矣。」

穌 sū　把取禾若也。从禾，魚聲。〔素孤切〕

【注釋】

今蘇取之本字也。竹若者，竹皮也。禾若者，禾皮也。謂杷取禾稈之皮也。

段注：「《離騷》：蘇糞壤以充幃兮，謂申椒其不芳。王逸曰：蘇，取也。此皆假蘇為穌也。蘇，桂荏也。蘇行而穌廢矣。」

稍 shāo　出物有漸也。从禾，肖聲。〔所教切〕

【注釋】

穀物長出而漸進。古之稍是時間副詞，漸漸也，《項羽本紀》：「項羽稍奪之權。」謂項羽漸漸奪去范增之權利。後變為程度副詞，略微也。從肖之字多有小義，見前「肖」「哨」字注。

稍有小義，《周禮》：「王之稍事。」又有俸祿義，今有「廩稍」。又頗也，深也。甚詞，表程度深，江淹《恨賦》：「紫臺稍遠，關山無極。」五臣注：「稍遠，極窮也。」詳見張相《詩詞曲語辭彙釋》。

段注：「稍之言小也、少也。凡古言稍稍者皆漸進之謂。《周禮》：稍食，祿稟也。云稍者，謂祿之小者也。」

秋 qiū　禾穀孰也。从禾，𤎅省聲。〔七由切〕 籒文不省。

【注釋】

本義是禾穀成熟。《尚書》：「若農服田力穡，亦乃有秋。」今有「麥秋」。引申為年，今有「千秋萬代」，見「春」字注。引申為時候，今有「多事之秋」，《出師表》：

「此誠危急存亡之秋也。」又有飛舞、騰躍義，《漢書》:「飛龍秋，遊上天。」「秋秋」謂飛舞貌，如「鳳凰秋秋」。

秋，甲骨文作、，從蟋蟀從火，蟋蟀是秋蟲，大火是秋天之星宿，合二字會意。《禮記》:「西方者秋，秋之為言揫也。」

郭沫若《殷契粹編考釋》:「字形實象昆蟲之有觸角者，即蟋蟀之類。以秋季鳴，其聲啾啾然。故古人造字，文以象其形，聲以肖其音，更藉以名其所鳴之節季曰秋。蟋蟀，古幽州人謂之趨織，今北平人謂之趨趨，蟋蟀、趨織、趨趨均啾啾之轉變也。而其實即𪚰字。」

秦 qín　伯益之後所封國，地宜禾。从禾，舂省。一曰：秦，禾名。〔匠鄰切〕 籒文秦，从秝。

【注釋】

伯益，據說是堯臣皋陶之子，乃秦之鼻祖。

段注:「秦者，隴西谷名。堯時有伯翳者，實皋陶之子，佐禹治水，水土既平，舜命作虞官，掌上下草木鳥獸，賜姓曰嬴。歷夏商興衰，亦世有人焉。周孝王使其末孫非子養馬於汧渭之間（按:《大秦賦》中周天子稱秦的祖先是其馬奴），孝王封非子為附庸，邑之於秦谷。至曾孫秦仲，宣王又命作大夫，始有車馬禮樂侍御之好。國人美之，秦之變風始作。按伯益、伯翳實一人，皋陶之子也。

今甘肅秦州清水縣有故秦城。《漢・地理志》之隴西秦亭，秦谷也。《職方氏》曰:雍州谷，宜黍稷。豈秦谷獨宜禾與？按此字不以舂禾會意為本義，以地名為本義者，通人所傳如是也。」

稱 chēng（称）　銓也。从禾，爯聲。春分而禾生，日夏至，晷景可度。禾有秒，秋分而秒定。律數：十二秒而當一分，十分而寸。其以為重：十二粟為一分，十二分為一銖。故諸程品皆从禾。〔處陵切〕

【注釋】

銓，衡量物體的輕重。

今稱舉、稱讚本字當作「爯」,《說文》:「並舉也。」「稱兵」猶舉兵也，又有推舉義，又有贊許義，今有「稱讚」「稱道」「稱許」。段注:「稱俗作秤。按爯，並舉也。偁，揚也。今皆用稱，稱行而爯、偁廢矣。」

科kē　　程也。从禾，从斗。斗者，量也。〔苦禾切〕

【注釋】

程者，等級也。生物界有「界門綱目科屬種」，科，類也。引申為法律條文，今有「作奸犯科」。「科取」謂依法徵收。又有判定義，今有「科以重稅」「科以罰金」。

近代漢語中「科」有砍義，一聲之轉也，今陝西話中仍有遺留，薛能《寄終南隱者》：「掃壇花入篲，科竹露沾衣。」

段注：「《廣韻》曰：程也，條也，本也，品也，斷也。按實一義之引申耳。」

程chéng　　品也。从禾，呈聲。十髮為程，十程為分，十分為寸。〔直貞切〕

【注釋】

度量衡之總名也。引申有法度法規義，今有「章程」。有估量、計算義，如「計日程功」。有定量完成義，今有「課程」，同義連文。課亦有此定量、章程二義，同步引申也。有表現義，通「呈」，如「程勇力與我競雌雄」。

稯zōng　　布之八十縷為稯。从禾，㚇聲。〔子紅切〕 籀文稯，省。

【注釋】

八十縷為稯，即一升也。古布匹有固定的寬度，即二尺二寸，線越多，布就越細密。區別布匹粗細之單位即是升，類似今天計算紗線的「支」，八十縷為一升。又指古代計算禾束的單位，四十把為一稯。

秭zǐ　　五稯為秭。从禾，𠂔聲。一曰：數億至萬曰秭。〔將几切〕

【注釋】

古代數目字有萬、億、兆、京、垓、秭，皆十進位。《詩經》：「萬億及秭。」即一萬億為一秭。也指十億或千億等。又指古代計算禾束的單位，二百把為一秭。

秅chá　　二秭為秅。从禾，乇聲。《周禮》曰：二百四十斤為秉，四秉曰筥，十筥曰稯，十稯曰秅，四百秉為一秅。〔宅加切〕

【注釋】

古代計算禾束的單位，四百把為一秅。

秙𥝩shí（石）　　百二十斤也。稻一秙，為粟二十斗；禾黍一秙，為粟十六斗大半斗。从禾，石聲。〔常只切〕

【注釋】

今省作石。石最初是重量單位，即一百二十斤。古代三十斤為鈞，四鈞為石；古代糧食的常用單位一般是論斗，不論斤，《白鹿原》中政府收租就是論斗。因為十斗糧食的重量大致相當於一石（一百二十斤），所以糧食後來也論石，一石等於十斗，石又成了容量單位（至今有的方言裏糧食還是論石的）。後來（約唐宋時代）又因為一石糧食恰好是一個人所能挑擔的重量，於是一石又稱為一擔，可是仍然寫作「石」。

於是「石」在 shí 之外又添了 dàn 這個讀音，而且 dàn 代替 shí 成了表容量的常用讀音。這種現象就是訓讀，日本漢字音有訓讀，中國古代讀音包括現代一些方言中都有訓讀音。參呂叔湘《語文常談》。解放前的農村常用升、斗、石（dàn）作為買賣糧食的常用容量單位，後來桿秤廣泛使用後，買賣糧食用斤、兩等重量單位代替了容量單位，蓋稱重量比量體積方便故也。

漢代郡國守相（即省部級幹部）的職官級別叫兩千石，月俸祿一百二十斛米；宰相級別是萬石，月俸祿三百五十斛米；大縣的縣令官級是六百石，小縣的縣長三百石，另外還有中兩千石、比兩千石等等。《漢書·百官公卿表》唐顏師古題解：「漢制：三公號稱萬石，其俸月各三百五十斛穀。其稱中二千石者月各百八十斛，二千石者百二十斛，比二千石者百斛，千石者九十斛。」

這裡的「石」僅僅是官俸的計量單位，即官職級別，相當於現在的職稱××級，跟容量單位或重量單位的「石」無關。或認為「兩千石」的月俸祿就是兩千石米，大謬，實則才一百二十石。所以「兩千石」從根源上說不能讀 dàn。今有讀兩千 dàn 者，習非成是，視為新舊讀音可也。如葉公好龍、呆板，舊讀 shè 公、āi 板，今讀 yè 公、dāi 板。

稘𥞫jī　　復其時也。从禾，其聲。《虞書》曰：稘三百有六旬。〔居之切〕

【注釋】

時間周而復始。此「期年」「期月」之本字也，見前「期」字注。

段注：「言帀也。十二月帀為期年，《中庸》一月帀為期月，《左傳》旦至旦亦為期。今皆假期為之，期行而稘廢矣。今《堯典》作期，蓋壁中古文作稘，孔安國以今字讀之，易為期也。」

文八十七 重十三

穩 wěn　　踩穀聚也。一曰：安也。从禾，隱省。古通用安隱。〔烏本切〕

【注釋】

本義是踩踏聚集的穀粒，使穀殼和米分開。《廣韻》：「穩，持穀聚。」周祖謨校勘記：「持」為「治」。民國《續修鹽城縣志》：「稻秕稃聚者謂之穩。《玉篇》『穩』字訓『踩穀聚』。今謂稻中秕稃揚之使聚者曰穩子，又曰偃子。」

今簡化字稳乃穩之草書楷化字形。隐字亦草書楷化字形。「安穩」也寫作「安隱」，平安也，妥帖也。

稕 zhùn　　束稈也。从禾，臺聲。〔之閏切〕

【注釋】

用秸稈紮成的靶子。

文二 新附

秝部

秝 lì　　稀疏適也。从二禾。凡秝之屬皆从秝。讀若歷。〔郎擊切〕

【注釋】

適者，宜也。稀疏適宜也。此「歷歷在目」之本字、初文。歷歷，清晰貌。《說文》：「歷，過也。」非本字明矣。「讀若歷」，許書以讀若破假借。

段注：「《玉篇》曰：稀疏歷歷然。蓋凡言歷歷可數、歷錄束文皆當作秝，歷行而秝廢矣。稀疏得所，名為適歷也。凡均調謂之適歷。」

兼 jiān　　並也。从又持秝。兼持二禾，秉持一禾。〔古甜切〕

【注釋】

手持一禾為秉，手持二禾為兼。

文二

黍部

黍 shǔ　　**禾屬而黏者也。以大暑而種，故謂之黍。从禾，雨省聲。孔子曰：黍可為酒，禾入水也。凡黍之屬皆从黍。〔舒呂切〕**

【注釋】

即黏黃米。古者雞黍常配套食用，乃古之美食，待客所用。《論語》：「殺雞為黍而食之。」《過故人莊》：「故人具雞黍，邀我至田家。」猶今之黃燜雞米飯。

䵋 méi　　**穄也。从黍，麻聲。〔靡為切〕**

【注釋】

黍之不黏者。又寫作「糜」，亦稱「穄」「糜子」。

段注：「䵋，黍之不黏者。如穅為稻之不黏者，稷為秫之不黏者也。」

䵗 bǐ　　**黍屬。从黍，卑聲。〔并弭切〕**

【注釋】

段注：「禾之別為稗，黍之屬為䵗，言別而屬見，言屬而別亦見。䵗之於黍猶稗之於禾也。《九穀考》曰：余目驗之，穗與穀皆如黍。農人謂之野稗，亦曰水稗。」

黏 nián（粘）　　**相箸也。从黍，占聲。〔女廉切〕**

【注釋】

簡化作粘。《說文》無粘字，後起俗字。

黏 hú（糊）　　**黏也。从黍，古聲。〔戶吳切〕𥻆黏，或从米。**

【注釋】

今作糊。《說文》無糊字。

暱 nì　黏也。从黍，日聲。《春秋傳》曰：不義不暱。〔尼質切〕 䵒，或从刃。

【注釋】

昵、暱，同源詞也。

段注：「《左傳》作暱。昵或暱字，日近也。按許所據《左傳》作暱為長，暱與暱音義皆相近。」

黎 lí　履黏也。从黍，㓞省聲。㓞，古文利。作履，黏以黍米。〔郎奚切〕

【注釋】

黏鞋子的黍米糊糊。黎明之本字當作邌，《說文》：「邌，徐也。」黎明者，徐徐而明也。今有「黎民」者，《爾雅》：「黎，眾也。」黎、梨，同源詞，黎是黑中帶黃色，梨凍則黑。

段注：「《釋詁》曰：黎，眾也。眾之義行而履黏之義廢矣，古亦以為黧黑字。」

䵴 bó　治黍、禾、豆下潰葉。从黍，畐聲。〔蒲北切〕

文八　重二

香部

香 xiāng　芳也。从黍，从甘。《春秋傳》曰：黍稷馨香。凡香之屬皆从香。〔許良切〕

馨 xīn　香之遠聞者。从香，殸聲。殸，籀文磬。〔呼形切〕

【注釋】

遠處都可以聞到的香氣。泛指香味。「寧馨」猶這樣，「寧馨兒」原義是這樣的孩子，後來用來讚美孩子。馨，語助詞，無義。唐宋時又寫作「生」，如「作麼生」謂做什麼。李白《戲杜甫》：「借問別來太瘦生，總為從前作詩苦。」

「阿堵」猶這個，「阿堵物」原指這個東西，今代指錢。皆中古時產生的新詞。或以為「寧馨」「如馨」「爾馨」謂那樣，可備一說。本高名凱先生說。

文二

馥 fū　　香氣芬馥也。从香，复聲。〔房六切〕

【注釋】

「馥郁」謂香氣濃鬱。

文一 新附

米部

米 mǐ　　粟實也。象禾實之形。凡米之屬皆从米。〔莫禮切〕

【注釋】

本義是小米。粟，穀物名，北方通稱穀子。穀子叫粟，穀粒也叫粟。未去皮殼者為粟，已舂去糠則為米。

米泛指去皮的穀實。《周禮·地官·舍人》：「掌米粟之出入，辨其物。」賈公彥疏：「九穀之中，黍、稷、稻、粱、苽、大豆，六者皆有米，麻與小豆、小麥，三者無米，故云九穀六米。」孫詒讓正義：「已舂者為米，未舂者為粟。」

特指去皮的稻米，此今之常用義也，又叫大米，如「去買米」。又指去皮殼的某些植物的子實，如「花生米」。北魏賈思勰《齊民要術·養魚附種芰法》：「《本草》云：蓮、菱、芡中米，上品藥。食之，安中補藏，養神強志。」

段注：「禾者，民食之大同。黍者，食之所貴。故皆曰嘉穀。其去秠存人曰米，因以為凡穀人之名。是故禾黍曰米，稻稷麥苽亦曰米。」

明李時珍《本草綱目·穀二·粟》：「古者以粟為黍、稷、粱、秫之總稱。而今之粟，在古但呼為粱，後人乃專以粱之細者名粟。大抵黏者為秫，不黏者為粟。故呼此為秈粟，以別秫而配秈。北人謂之小米也。」

李時珍「古者以粟為黍、稷、粱、秫之總稱。而今之粟，在古但呼為粱」的觀點至為精到。見下「粱」字注。鄭注《冢宰》「職九穀」，不言粟。程瑤田《九穀考》「粱（小米）、黍（黏黃米）、稷（高粱）、稻、麥、苽（菰米）、麻、大豆、小豆」中亦無粟，最常食用的是「黍、粱、稻、稷」，即黏黃米、小米、大米、高粱。

殆小麥蒸煮味道不佳，早期古人不知磨成麵粉食用，故常食不及他穀。《三字經》：「稻粱菽，麥黍稷，此六穀，人所食。」此並稱六穀，不言粟。或謂「六穀」為稻、粱、苽、麥、黍、稷，亦不言粟。要之，粟上古是糧食之總稱，漢代以後才指穀子。

粱 liáng　米名也。从米，梁省聲。〔呂張切〕

【注釋】

本義是小米中的上等品，非高粱也。小米黃色，故稱「黃粱一夢」。粱是米中精品，油膏也是肉中的上品，故貴族子弟稱為「膏粱子弟」。

《本草綱目·穀部·粱》：「粱即今之粟也。考之《周禮》，九穀、六穀之名，有粱無粟可知矣。自漢以後，始以大而毛長者為粱，細而毛短者為粟。今則通呼為粟，而粱之名反隱矣。今世俗稱粟中之大穗長芒，粗粒而有紅毛、白毛、黃毛之品者，即粱也。」見上「米」字注。

粟通稱「穀子」，去殼後稱「小米」。古稱其優良品種為粱，今無別。《詩·唐風·鴇羽》：「王事靡盬，不能蓺稻粱，父母何嘗。」特指精細的小米。《禮記·曲禮下》：「歲凶，年穀不登，君膳不祭肺……大夫不食粱，士飲酒不樂。」鄭玄注：「粱，加食也。」孔穎達疏：「大夫不食粱者，大夫食黍稷，以粱為加，故凶年去之也。」

穛 zhuō　早取穀也。从米，焦聲。一曰：小。〔側角切〕

粲 càn　稻重一秳為粟二十斗，為米十斗曰毇；為米六斗太半斗曰粲。从米，𣦼聲。〔倉案切〕

【注釋】

「稻重一秳為粟二十斗」，為，猶今折合也。「為米十斗」，為，舂也。

本義是米中的精品，引申為明亮義。王粲，字仲宣，名字相關也。「粲然」明亮貌，又笑的樣子，如「粲然啟玉齒」「粲然一笑」。今「燦爛」或作「粲爛」，同義連文，爛亦有明亮義，如「明星有爛」。也作「燦爛」。

段注：「稻米至於粲，皆精之至矣。粲米最白，故為鮮好之稱。《穀梁》：粲然皆笑。謂見齒也。」

糲 lì（糲）　粟重一秳，為十六斗太半斗，舂為米一斛曰糲。从米，萬聲。〔洛帶切〕

【注釋】

今作糲，粗糙的米。「糲食」謂粗米飯也。

精 jīng　擇也。从米，青聲。〔子盈切〕

【注釋】

本義是米中的上品。簡米為精。簡，擇也。常用義誠也，如「精誠所至，金石為開」，「精誠」同義連文，誠心也。又明亮也，如「日月光精」。今有「精明」，同義連文。「精光」，光亦明也。又鬼怪義，今有「妖精」。又有很、極義，今有「精瘦」。

段注：「簡米曰精。簡即柬，俗作揀者是也。引申為凡最好之稱。撥雲霧而見青天亦曰精，《韓詩》於《定之方中》云：星，精也。」

粺 bài　毇也。从米，卑聲。〔旁卦切〕

【注釋】

一種精米，又通「稗」。

粗 cū　疏也。从米，且聲。〔徂古切〕

【注釋】

本義是粗米。今有「粗疏」，引申有大概、大致義，如「綱紀粗定」，今有「粗略」。古代「疏食」即粗糧，謂高粱飯也。

段注：「《大雅》：彼疏斯粺。箋云：疏，麤也。謂糲米也，麤即粗，正與許書互相證。疏者，通也。引申之猶大也，故粗米曰疏。糲米與粺米較，則糲為粗。稷（高粱）與黍稻粱較，則稷為粗。

《九穀考》云：凡經言疏食者，稷食也。《論語》：疏食菜羹。即《玉藻》之稷食菜羹。《左傳》：粱則無矣，麤則有之。麤對粱而言，稷之謂也。《儀禮·昏禮》：婦饋舅姑，有黍無稷。特著其文，蓋婦道成以孝養，不進疏食也。按引申叚借之凡物不精者皆謂之粗。」

粊 bì　惡米也。从米，北聲。《周書》有《粊誓》。〔兵媚切〕

【注釋】

段注：「粟之不成者曰秕，米之惡者曰粊，其音同也。」

糱 niè　牙米也。从米，辥聲。〔魚列切〕

【注釋】

生芽的米，熬糖用。木生芽為櫱，米生芽為糱，庶出謂之孽，同源詞也。段注：「芽米謂之糱，猶伐木余謂之櫱，庶子謂之孽也。」

粒 lì　　糂也。从米，立聲。〔力入切〕 古文粒。

【注釋】

本義是米粒。

釋 shì　　漬米也。从米，睪聲。〔施只切〕

【注釋】

段注：「《大雅》曰：釋之叟叟。傳曰：釋，淅米也。叟叟，聲也。按漬米，淅米也。漬者初湛諸水，淅則淘汰之。」

糂 sǎn（糝）　　以米和羹也。一曰：粒也。从米，甚聲。〔桑感切〕 籀文糂，从朁。 古文糂，从參。

【注釋】

今通行重文糝，指煮熟的米粒。又音「shēn」，指穀類植物製成的小渣，如「玉米糝」。

段注：「古之羹必和以米。《墨子》：藜羹不糂十日，《呂覽》作「藜羹不斟，七日不粒」，不斟正不糂之誤。」

糪 bò　　炊米者謂之糪。从米，辟聲。〔博厄切〕

【注釋】

半生半熟的飯。段注：「《釋器》曰：米者謂之糪。米者謂飯之米性未孰者也。李巡云：飯米半腥半孰曰糪。」

糜 mí　　糝也。从米，麻聲。〔糜為切〕

【注釋】

本義是稠粥。又有爛義，今有「糜爛」。又有浪費義，今有「糜財」。

段注：「糜亦謂之鬻，亦謂之饘。《食部》曰：饘，糜也。《釋名》曰：『糜，煮米使糜爛也。粥淖於糜，粥粥然也。』引申為糜爛字。」

糟 tán　　糜和也。从米，覃聲。讀若鄿。〔徒感切〕

【注釋】

以菜和羹。段注：「糜和謂菜屬也。凡羹以米和之曰糝糜，或以菜和之曰糟。」

䊳 mí　　潰米也。从米，尼聲。交址有䊳泠縣。〔武夷切〕

䊭 qū（麴）　　酒母也。从米，䈞省聲。〔馳六切〕䴹，或从麥，鞠省聲。

【注釋】

今作麴字。

糟 zāo　　酒滓也。从米，曹聲。〔作曹切〕䊕 籀文，从酉。

【注釋】

造酒時過濾後的糧食渣滓。窮人所食，今有「糟糠之妻」。

段注：「按今之酒但用泲（過濾）者，直謂已漉之粕為糟。古則未泲帶滓之酒謂之糟。《莊子音義》曰：粕，已漉粗糟也。然則糟謂未漉者。」

糒 bèi　　乾也。从米，𤰈聲。〔平秘切〕

【注釋】

段注作「乾食也」。炒熟的米或麥。

段注：「《周禮・廩人》注曰：『行道曰糧，謂糒也。止居曰食，謂米也。』按乾飯，今多為之者。」焙、糒同源詞也，今河南方言仍有此語。

糗 qiǔ　　熬米麥也。从米，臭聲。〔去九切〕

【注釋】

炒熟的米或麥。「糗餌」指將米麥炒熟，搗粉製成的食品。又指飯或麵食黏連成塊狀或糊狀，今河南方言仍有此語，如「粥糗到一塊了」。

段注：「熬者，乾煎也。乾煎者，炒也。炒米豆舂為粉，以坋餌餈之上，故曰糗餌粉餈。」

臼 𥸨 jiù　　舂糗也。从臼、米。〔其九切〕

糈 糈 xǔ　　糧也。从米，胥聲。〔私呂切〕

【注釋】

糧食也。又指精米。段注：「凡糧皆曰糈。《離騷》王注曰：『糈，精米，所以享神。』其一端耳。」

糧 糧 liáng（粮）　　穀也。从米，量聲。〔呂張切〕

【注釋】

本義是乾糧，《莊子》：「適千里者三月聚糧。」製作乾糧費時費工，故得提前三個月準備。後來才泛稱糧食。粮乃糧之另造俗字。

段注：「《周禮·廩人》：凡邦有會同師役之事，則治其糧與其食。鄭云：行道曰糧。按《詩》云：乃裹餱糧。《莊子》云：適百里者宿舂糧，適千里者三月聚糧。皆謂行道也。」

粈 粈 róu（糅）　　雜飯也。从米，丑聲。〔女久切〕

【注釋】

今「雜糅」之古字也。《說文》無糅字。

段注：「《食部》曰：鈕，雜飯也。《廣韻》曰：鈕亦作粈。然則鈕、粈一字，今之糅雜字也。」

糶 糶 tiào　　穀也。从米，翟聲。〔他弔切〕

【注釋】

今糶（簡化作粜，賣米也）、糴（簡化作籴，買米也）皆從此字。段注：「糶者，穀也，故糴字从入、糶會意。」糶、糴一聲之轉，後分化為二字。

穖 穖 mò　　麩也。从米，蔑聲。〔莫撥切〕

【注釋】

同「麩」。糧食磨成的粉。《玉篇・麥部》:「麩，麪也。今呼米屑也。」從蔑之字多有小義，如篾、蠛等。

粹 粹 cuì　　**不雜也。从米，卒聲。〔雖遂切〕**

【注釋】

本義是米不雜。引申為純、不雜。引申為精華，今有「國粹」。段注:「不變曰醇，不雜曰粹。按粹本是精米之稱，引申為凡純美之稱。」

氣 氣 xì（气、餼）　　**饋客芻米也。从米，气聲。《春秋傳》曰：齊人來氣諸侯。〔許既切〕** 槩 **氣，或从既。** 餼 **氣，或从食。**

【注釋】

本義是贈送給客人草和米。芻，草也，牲口所食。典籍借為氣體字，故又加食作餼，即第二個重文。

氣體字本作气，《說文》有之，云:「气，雲气也。」氣行而气廢矣。餼今簡化作饩，音 xì，常用義是饋贈，《小爾雅》:「餼，贈也。」古代祭祀或饋贈用的牲畜亦謂之餼，《周禮》:「掌四方賓客之牢禮餼獻。」

段注:「今字叚氣為云气字，而饔餼乃無作氣者。按从食而氣為聲，蓋晚出俗字，在假氣為气之後。」

粠 粠 hóng　　**陳臭米。从米，工聲。〔戶工切〕**

【注釋】

變質發紅的陳米。

段注:「《賈捐之傳》: 太倉之粟，紅腐而不可食。師古曰：粟久腐壞，則色紅赤也。按紅即粠之叚借字。」

粉 粉 fěn　　**傅面者也。从米，分聲。〔方吻切〕**

【注釋】

本義是擦臉粉。段注:「古傅面亦用米粉，引申為凡細末之稱。」

䊎 quǎn　**粉也。从米，卷聲。〔去阮切〕**

䊝 xiè　**䊣也。从米，悉聲。〔私列切〕**

【注釋】

本義是散米。從悉之字多有小義，如𪕋（小老鼠）、窸窣（細碎的聲音）、蟋。

䊣 sà　**䊝䊣，散之也。从米，殺聲。〔桑割切〕**

【注釋】

本義是散米，引申之，拋散、流放謂之䊝䊣。

段注：「䊣本謂散米，引申之凡放散皆曰䊣，字訛作蔡耳，亦省作殺。《齊民要術》凡云殺米者皆䊣米也。《孟子》曰：殺三苗於三危。即䊣三苗也。」

䊳 mí　**碎也。从米，靡聲。〔摸臥切〕**

【注釋】

此「䊳爛」之本字。糜的本義是稠粥，見「糜」字注。

竊 qiè（窃）　**盜自中出曰竊。从穴，从米，禼、廿皆聲。廿，古文疾。禼，古文偰。〔千結切〕**

【注釋】

窃乃另造之俗字。引申出副詞義，偷偷地。偷亦有此義，同步引申也。

段注：「禼、廿皆聲也，一字有以二字形聲者。」即所謂「二聲字」。

文三十六　重七

粻 zhāng　**食米也。从米，長聲。〔陟良切〕**

【注釋】

乾糧也。

粕 pò　**糟粕，酒滓也。从米，白聲。〔匹各切〕**

【注釋】

本義是米渣滓。

粔 jù　粔籹，膏環也。从米，巨聲。〔其呂切〕

籹 nǔ　粔籹也。从米，女聲。〔人渚切〕

糉 zòng（粽）　蘆葉裹米也。从米，㚇聲。〔作弄切〕

【注釋】

今作粽。《說文》無粽字。

糖 táng　飴也。从米，唐聲。〔徒郎切〕

【注釋】

古之糖皆麥芽糖，不溶於水，無法調製，稱為飴，膠狀。加上米粉使之略硬，就叫糖。溶於水的砂糖乃舶來品，大約唐代由外國進貢。

文六新附

毇部

毇 huǐ　米一斛舂為八斗也。从臼，从殳。凡毇之屬皆从毇。〔許委切〕

【注釋】

精米也。又指舂或碾米使精，如「太羹不和，粢食不毇」。

糳 zuò　糲米一斛舂為九斗曰糳。从毇，丵聲。〔則各切〕

【注釋】

精米也。粗米經舂後而得的精米，又指動詞舂。鑿從此聲。經傳多假鑿為糳。

文二

臼部

臼jiù　春也。古者掘地為臼，其後穿木石。象形。中，米也。凡臼之屬皆从臼。〔其九切〕

【注釋】

臼，坑也。「臼齒」即磨牙，帶坑的牙齒。今河南有「蒜臼」，天津謂之「蒜鑿子」，搗蒜成泥的小罐。「窠臼」者，窠為鳥獸之巢，喻俗套也。

段注改作「舂臼也」，云：「各本無臼字，今補。杵下云：舂杵也。則此當云『舂臼也』明矣。引申凡凹者曰臼。」

舂chōng　搗粟也。从廾持杵臨臼上。午，杵省也。古者雍父初作舂。〔書容切〕

䑐pò　齊謂舂曰䑐。从臼，屰聲。讀若膊。〔匹各切〕

臿chā　舂去麥皮也。从臼，干所以臿之。〔楚洽切〕

【注釋】

臿又作為鍤的異體字，鐵鍬也。

舀yǎo　抒臼也。从爪、臼。《詩》曰：或簸或舀。〔以沼切〕抭舀，或从手，从宂。𦥷舀，或从臼、宂。

【注釋】

從臼裏舀出。抒，舀也。

臽xiàn　小阱也。从人在臼上。〔戶猎切〕

【注釋】

今「陷阱」字之初文。《說文》：「陷，高下也。一曰：隊也。」臽謂阱之小者。

文二　重六

凶部

凶 xiōng　**惡也。象地穿交陷其中也。凡凶之屬皆从凶。〔許容切〕**

【注釋】

本義是不吉祥，是事情不好，不是人兇惡。引申為不幸，多指喪事，《陳情表》：「夙遭閔凶。」「凶訊」「凶服」皆指喪事。莊稼收成不好謂之「凶歲」「凶年」。殺人亦謂之凶，今有「行兇」「兇手」「凶惡」「行凶」「凶得很」常寫成「兇」。

兇 xiōng（凶）　**擾恐也。从人在凶下。《春秋傳》曰：曹人兇懼。〔許拱切〕**

【注釋】

今簡化作凶。擾恐，喧擾恐懼也。本義是因恐懼而喧擾騷動。凶懼，同義連文，恐懼也。見「凶」字注。

文二

卷七下

朩部

朩 pìn　　**分枲莖皮也。从屮，八象枲之皮莖也。凡朩之屬皆从朩。讀若髕。〔匹刃切〕**

【注釋】

剝去麻杆的皮。剝麻是漚麻的前期工作，把麻皮從麻杆上剝下來，打成捆放水池中漚。也有不剝皮，直接把整捆麻放水裏漚。

枲 xǐ　　**麻也。从朩，台聲。〔胥里切〕籀文枲，从𣏟，从辝。**

【注釋】

大麻的雄株，只開花不結果，即公麻也。苴為母麻。

段注：「《玉篇》云：有子曰苴，無子曰枲。以今日北方種麻事目驗之，牡麻俗呼花麻，夏至開花，所謂榮而不實謂之英者。花落即拔而漚之，剝取其皮，是為夏麻，夏麻之色白。苴麻俗呼子麻，夏至不作花而放勃，勃即麻實，所謂不榮而實謂之秀者。八九月間子熟則落，搖而取之，子盡乃刈，漚其皮而剝之，是為秋麻。色青而黯，不潔白。」

文二　重一

𣏟部

𣏟 pài　　葩之總名也。𣏟之為言微也，微纖為功。象形。凡𣏟之屬皆从𣏟。〔匹卦切〕

【注釋】

紵麻，又指加工麻。葩本義是麻子，又指麻。此指麻。

檾 qǐng（苘）　　枲屬。从𣏟，熒省。《詩》曰：衣錦檾衣。〔去穎切〕

【注釋】

今作苘。檾麻，莖皮的纖維可以做繩，種子可入藥。

段注：「今之檾麻《本草》作莔麻，其皮不及枲麻之堅韌，今俗為麤繩索多用之。」

㪔 sàn　　分離也。从攴，从𣏟。𣏟，分㪔之意也。〔穌旰切〕

【注釋】

分散之本字也。見「散（散）」字注。段注：「散（散）、潸字以為聲，散（散）行而㪔廢矣。」

文三

麻部

麻 má　　與𣏟同。人所治，在屋下。从广，从𣏟。凡麻之屬皆从麻。〔莫遐切〕

【注釋】

段注：「𣏟必於屋下績之，故从广。然則未治謂之枲，治之謂之麻，以已治之稱加諸未治，則統謂之麻。」

朱駿聲《說文通訓定聲》：「古無木棉，凡言布，皆麻為之。」上古無棉花，古書中之棉皆指絲綿。布皆麻布，無棉布。

䊵 kù　　未練治纑也。从麻，後聲。〔臣鉉等曰：後非聲，疑復字訛，當从復省，乃得聲。〕〔空谷切〕

【注釋】

未經練治的麻縷。

段注：「練絲謂取所緝之縷湅治之也。練者，湅也。湅者，瀟也。汏諸水漂潎之也。已湅曰纑，未湅曰䋯。」

黀 zōu　　麻藍也。从麻，取聲。〔側鳩切〕

【注釋】

藍，秸之俗字。

䴢 tóu　　䋯屬。从麻，俞聲。〔度侯切〕

文四

尗部

尗 shú　　豆也。象尗豆生之形也。凡尗之屬皆从尗。〔式竹切〕

【注釋】

此菽之初文也。

段注：「尗、豆古今語，亦古今字，此以漢時語釋古語也，今字作菽。」徐灝《注箋》：「古食肉器謂之豆，無以尗為豆者，自戰國以後乃有此稱。」

枝 chǐ（豉）　　配鹽幽尗也。从尗，支聲。〔是義切〕 豉俗枝，从豆。

【注釋】

今通行重文豉字。今有「豆豉」。「配鹽幽尗」謂用酒、鹽之類醃藏東西。

《齊東野語·配鹽幽菽》：「昔傳江西一士求見楊誠齋，頗以該洽自負，越數日，誠齋簡之曰：『聞公自江西來，配鹽幽菽，欲求少許。』士人茫然莫曉，亟往謝曰：『某讀書不多，實不知為何物。』誠齋徐檢《禮部韻略》豉字示之，注云：『配鹽幽菽也。』」

文二　重一

耑部

耑 duān　　**物初生之題也。上象生形，下象其根也。凡耑之屬皆从耑。〔臣鉉等曰：中一，地也。〕〔多官切〕**

【注釋】

此開端之本字也。《說文》：「端，直也。」非本字明矣。又通「專」，「耑心」，專心也。古尺牘用語有「耑此奉達」「耑此奉覆」。段注：「古發端字作此，今則端行而耑廢，乃多用耑為專矣。」

文一

韭部

韭 jiǔ　　**菜名。一種而久者，故謂之韭。象形。在一之上，一，地也。此與耑同意。凡韭之屬皆从韭。〔舉友切〕**

【注釋】

韭者，久也，一種而久生。此乃韭之得名也。後加「艸」作「韮」，後起俗字。凡許書云「同意」者，非謂意義相同，乃謂造字之理據相同。

䪢 duì　　**齏也。从韭，隊聲。〔徒對切〕**

䪡 jī（齏）　　**䪢也。从韭，次、𠂔皆聲。〔祖雞切〕䪡，或从齊。**

【注釋】

今通行重文齏，簡化作齑。指搗碎的薑、蒜、韭菜等。又細碎義，如「齏粉」，「齏音」謂細碎的聲音。

韰 xiè（薤）　　**菜也，葉似韭。从韭，㕡聲。〔胡戒切〕**

【注釋】

俗作薤。多年生草本植物，地下有鱗莖，鱗莖和嫩葉可食，類似小蔥，根白色，又名薤白。俗名藠頭，是佛教五葷之一，其他四葷是蒜、韭、蔥、胡荽。豬八戒因受觀音點化戒了「五葷三厭」，故取名「八戒」。薤露，古代挽歌名。

韱 xiān　　山韭也。从韭，𢦔聲。〔息廉切〕

【注釋】

纖、懺、讖字從此聲。段注：「山韭謂山中自生者。」山，野也。

䪤 fán　　小蒜也。从韭，番聲。〔附袁切〕

【注釋】

段注：「《玉篇》《廣韻》皆云：百合蒜也。按即《齊民要術》所云百子蒜。」徐鍇《繫傳》：「中國蒜也。今之大蒜，胡蒜也。」

文六　重一

瓜部

瓜 guā　　蓏也。象形。凡瓜之屬皆从瓜。〔古華切〕

【注釋】

依附象形字。瓜類植物的果實謂之蓏，木本類植物的果實謂之果。在木曰果，在地曰蓏。

瓝 bó　　小瓜也。从瓜，交聲。〔臣鉉等曰：交非聲，未詳。〕〔蒲角切〕

【注釋】

段注：「謂有一種小瓜名瓝，一名瓞。」瓝又是一種草，即九葉草。《爾雅》：「瓝，九葉。」邢昺疏：「此草九葉叢生一莖。」見下「瓞」字注。

瓞 dié　　瓝也。从瓜，失聲。《詩》曰：緜緜瓜瓞。〔徒結切〕瓞，或从弗。

【注釋】

本義是一種小瓜。今有「綿綿瓜瓞」，比喻子孫繁衍。

𤬪 xíng　　小瓜也。从瓜，熒省聲。〔戶扃切〕

【注釋】

本義是一種小瓜。從熒得聲之字多有小義，見「熒」字注。

䌛 yáo　瓜也。从瓜，䌛省聲。〔余昭切〕

【注釋】

段注：「有瓜名䌛也。」

瓣 bàn　瓜中實。从瓜，辡聲。〔蒲莧切〕

【注釋】

本義是瓜果中的子實。又指瓣狀的果瓤，如「橘子瓣」。花瓣義乃後起。

段注：「《衛風》：齒如瓠棲。《釋草》及毛傳曰：瓠棲，瓠瓣也。瓜中之實曰瓣，實中之可食者當曰人，如桃杏之人。」

㼌 yǔ　本不勝末，微弱也。从二瓜。讀若庾。〔以主切〕

【注釋】

藤蔓不能勝任瓜果，藤蔓微弱。今「苦窳」之本字也。窳者，粗劣也，如「陶器不窳」。

段注：「本者，蔓也。末者，瓜也。蔓一而瓜多，則本微弱矣，故污窬之窳，惰懶之窳皆从此。」

文七　重一

瓠部

瓠 hù　匏也。从瓜，夸聲。凡瓠之屬皆从瓠。〔胡誤切〕

【注釋】

葫蘆也。匏者，亦葫蘆也。古八音有匏，葫蘆絲乃用匏製作。段注：「《七月》傳曰：壺，瓠也。此謂叚借也。」

瓢 piáo　蠡也。从瓠省，票聲。〔符宵切〕

【注釋】

蠡，瓢也，今有「管窺蠡測」。段注：「蠡者，蒸也。《豆部》曰：蒸者，蠡也。以一瓠劙為二，曰瓢，亦曰蠡，亦曰蒸。蠡一作蠡，一作盠。」

文二

宀部

宀 mián　交覆深屋也。象形。凡宀之屬皆从宀。〔武延切〕

【注釋】

甲骨文作、，象房子的側面形，故從宀之字多與房子相關。

段注：「古者屋四注（四面屋簷滴水），東西與南北皆交覆也，有堂有室是為深屋。《自部》𦤎下曰：宀宀，不見也。是則宀宀謂深也。」

家 jiā　居也。从宀，豭省聲。〔古牙切〕古文家。

【注釋】

諸侯的封地曰國，大夫的封地曰家。今「國家」，偏義複詞。段注對許書省聲提出了質疑。

段注：「《釋宮》：牖戶之間謂之扆，其內謂之家。引申之天子諸侯曰國，大夫曰家。凡古曰家人者，猶今曰人家也。家、居疊韻。

按此字為一大疑案。豭省聲讀家，學者但見從豕而已。從豕之字多矣，安見其為豭省耶？何以不云叚聲，而紆回至此耶。竊謂此篆本義乃豕之居也，引申叚藉以為人之居，字義之轉移多如此。牢，牛之居也。引申為所以拘罪之陛牢，庸有異乎？

豢豕之生子最多，故人居聚處借用其字，久而忘其字之本義，使引申之義得冒據之，蓋自古而然。許書之作也，盡正其失，而猶未免此，且曲為之說。家篆當入《豕部》。」

宅 zhái　所託也。从宀，乇聲。〔場伯切〕古文宅。亦古文宅。

【注釋】

託者，寄也。本義是住宅。

宅，居也。有動詞義，又有名詞義，今有「宅心仁厚」「居心不良」。宅、居義同。《尚書》：「使宅百揆。」謂使居宰相之位。又墓穴謂之宅，引申之義也。室亦有墓穴義，《詩經》:「百歲之後，歸于其室。」同步引申也。

室𡧪shì　　實也。从宀，从至。至，所止也。〔式質切〕

【注釋】

此聲訓也。

本義是房子，引申為家，今有「十室九空」。又家族，如「皇室」。代指妻，今有「妻室」。又有墓穴義，《詩經》:「百歲之後，歸于其室。」宮、室有別，先秦的宮、室是同義詞，後來宮指宮殿，室指房子。

段注:「古者前堂後室。《釋名》曰：室，實也。人物實滿其中也。引申之則凡所居皆曰室。《釋宮》曰：宮謂之室，室謂之宮。」

宣𡨦xuān　　天子宣室也。从宀，亘聲。〔須緣切〕

【注釋】

宣室，大室也。郭沫若《兩周金文辭大系考釋》:「以宣名宮室，因其本義也。」

段注:「蓋謂大室，如璧大謂之瑄也。《賈誼傳》：孝文受釐坐宣室。蘇林曰：宣室，未央前正室也。天子宣室，蓋禮家相傳古語。」

引申為大，歷史上以宣為謚、廟號的君主皆中興之君，如周宣王、漢宣帝、明宣宗。引申為普遍義，《爾雅》:「宣，遍也。」如《說文》:「歲，木星也。越歷二十八宿，宣遍陰陽。」「不宣」，古代書信的客套話，表示不一一述說。引申為公開義，《左傳》:「君臣宣淫。」又有洩露義，今有「宣洩」；又散佈也，今有「宣布」「宣揚」「宣傳」。

向𡧁xiàng　　北出牖也。从宀，从口。《詩》曰：塞向墐戶。〔徐鍇曰：牖所以通人氣，故从口。〕〔許諒切〕

【注釋】

本義是向北開的窗戶。徐灝《說文解字注箋》:「室之前為牖，後為向。」見前「牖」字注。

常用義接近，李商隱《登樂遊原》:「向晚意不適，驅車登古原」。「向晚」猶傍晚也。又過去的、原來的，今有「向者」，謂過去也。《桃花源記》:「便扶向路，處處志之。」蘇軾《定風波》:「回首向來蕭瑟處。」謂剛才也。又表示假設，《捕蛇者說》：「向吾不為斯役，則久已病矣。」又對待也，如「世人向我如眾人」。「向風」謂仰慕也。

段注：「《豳風》：塞向墐戶。毛曰：向，北出牖也。按《士虞禮》：祝啟牖鄉。注云：鄉，牖一名。《明堂位》：達鄉。注云：鄉，牖屬。是渾言不別。毛公以在冬日可塞，故定為北出者，引申為向背字。經傳皆假鄉為之。」

宧 yí　　養也。室之東北隅，食所居。从宀，𦣝聲。〔與之切〕

【注釋】

室內四角各有專名，《爾雅．釋宮》：「西南隅謂之奧，西北隅謂之屋漏，東南隅謂之窔，東北隅謂之宧。」

西南角乃最尊位，位置隱蔽，故稱奧；西北角開天窗，故稱屋漏；東北角乃廚房所在，故謂之宧，宧者，養也。東南角乃門戶所在，門後放笤帚拖把之類，也比較隱蔽，故稱窔。窔者，深暗也。

段注：「邵氏晉涵云：君子之居恒當戶，戶在東南則東北隅為當戶，飲食之處在焉，此許意也。舍人云：東北陽氣始起，育養萬物，故曰宧。宧，養也。《釋名》與舍人略同。」

㝔 yǎo（窔）　　戶樞聲也。室之東南隅。从宀，皀聲。〔烏皎切〕

【注釋】

今作窔。見上「宧」字注。

段注：「二句一義。古者戶東牖西，故以戶樞聲名東南隅也。《釋宮》曰：東南隅謂之㝔。」

奧 ào　　宛也。室之西南隅。从宀，𢍏聲。〔臣鉉等曰：𢍏非聲，未詳。〕〔烏到切〕

【注釋】

見上「宧」字注。本義是室之西南角。引申為深，如「結根奧且堅」，今有「深奧」，同義連文。

宛 wǎn（惋）　　屈草自覆也。从宀，夗聲。〔於阮切〕 或从心。

【注釋】

把草彎曲用以覆蓋自身。本義是彎曲、曲折，今有「宛轉」。

引申有好像義，今有「宛如」「宛若」「音容宛在」。曲則鬱結，引申為鬱結義。又有小貌，《詩經》：「宛彼鳴鳩。」秦淮八豔有董小宛，此取名之妙也。從宛之字多有彎曲義，見前「夗」字注。重文今惋字。惋有歎息、遺憾義，如「哀惋」「歎惋」。

宸 chén　　**屋宇也。从宀，辰聲。〔植鄰切〕**

【注釋】

本義是屋簷。又指帝王的宮殿，代指帝位，今有「登宸」「宸旨」「宸輿」。段注：「屋者，以宮室上覆言之。宸謂屋邊。」屋的本義是屋頂，後指整個房子。

宇 yǔ　　**屋邊也。从宀，于聲。《易》曰：上棟下宇。〔王榘切〕 籀文宇，从禹。**

【注釋】

本義是屋簷。《詩經》：「七月在野，八月在宇，九月在戶，十月蟋蟀入我床下。」古往今來曰宙，上下四方曰宇者，本義之引申也。代指國土國家，「故宇」猶故國也。常用義房屋，如「各安其宇」。又有風度、儀容義，今有「器宇軒昂」。

段注：「《豳風》：八月在宇。陸德明曰：屋四垂為宇。引《韓詩》：宇，屋霤也。高誘注《淮南》曰：宇，屋簷也。引申之凡邊謂之宇。宇者，言其邊，故引申之義又為大。

《文子》及《三蒼》云：上下四方謂之宇，往古來今謂之宙。上下四方者，大之所際也。《莊子》云：有實而無乎處者，宇也；有長而無本剽者，宙也。有實而無乎處，謂四方上下實有所際，而所際之處不可得到。」

寷 fēng　　**大屋也。从宀，豐聲。《易》曰：寷其屋。〔敷戎切〕**

【注釋】

從豐之字多有大義。

寏 huàn / yuàn（院）　　**周垣也。从宀，奐聲。〔胡官切〕 寏，或从𨸏。又〔爰眷切〕**

【注釋】

今通行重文院。本義是圍牆。後引申為院子，即圍牆圍起來的地方，相鄰引申也。城本義是城牆，後引申出城市義，機軸一也。

段注：「《廣雅．釋室》云：院，垣也。」

宏 hóng　屋深響也。从宀，厷聲。〔戶萌切〕

弘 hóng　屋響也。从宀，弘聲。〔戶萌切〕

寪 wéi　屋貌。从宀，為聲。〔韋委切〕

康 kāng　屋康㝗也。从宀，康聲。〔苦岡切〕

【注釋】

康㝗，寬闊貌。

㝗 liáng / láng　康也。从宀，良聲。〔音良，又力康切〕

宬 chéng　屋所容受也。从宀，成聲。〔氏征切〕

【注釋】

房屋所容納的東西。常用義是皇帝的藏書室。皇史宬，明清兩代之皇家檔案館。

寍 níng　安也。从宀，心在皿上。人之飲食器也，所以安人。〔奴丁切〕

【注釋】

此「安寧」之本字也。見「寧」字注。段注：「此安寧正字，今則寧行而寍廢矣。」

定 dìng　安也。从宀，从正。〔徒徑切〕

【注釋】

本義是安定，虛化為確實、一定義，杜甫《寄高適》：「定知相見日，爛熳倒芳樽。」又到底、究竟義，如「舉世未見之，其名定誰傳」。段注：「古亦叚奠字為之。」

寔𡨦shí　止也。从宀，是聲。〔常只切〕

【注釋】

段注改作「正也」，云：「正各本作止，今正。」

常用實在義，意義同「實」，《尚書》：「寔繁有徒。」「寔命不同」謂確實命不同。「事寔」謂事實也。又此也，通「是」，張衡《西京賦》：「寔為咸陽。」

安𡧋ān　靜也。从女在宀下。〔烏寒切〕

宓𡧐mì　安也。从宀，必聲。〔美畢切〕

【注釋】

此精密之本字也。常用義是安也，靜也。近人有吳宓。

段注：「此字經典作密，密行而宓廢矣。孔子弟子子賤姓宓。」《說文》：「密，山如堂者。」非本字明矣。段注：「假為精密字而本義廢矣。」

㝢𡪂yì　靜也。从宀，契聲。〔於計切〕

宴𡨜yàn　安也。从宀，晏聲。〔於甸切〕

【注釋】

常用義是安樂、安寧，今「四海晏清」之本字也。《說文》：「晏，天清也。」本義是天氣晴朗，非本字明矣。段注：「引申為宴饗，經典多叚燕為之。」

宗𡧤jì（寂）　無人聲。从宀，尗聲。〔前歷切〕𧧒宗，或从言。

【注釋】

今「寂寞」之古字。《說文》無寂字。段注：「宗今字作寂。《方言》作家，云：靜也，江湘九嶷之郊謂之家。」

察𡪇chá　覆也。从宀、祭。〔臣鉉等曰：祭祀必天質明。明，察也，故从祭。〕〔初八切〕

【注釋】

本義是仔細觀察，引申清楚義。察則明也，《爾雅》:「明明、斤斤，察也。」《商君書》:「上別飛鳥，下察秋毫。」今有「明察秋毫」。

䞋 chèn　至也。从宀，親聲。〔初僅切〕

【注釋】

《說文》:「親，至也。」同源詞也。

完 wán　全也。从宀，元聲。古文以為寬字。〔胡官切〕

【注釋】

本義是完整。引申出修理義，《左傳》:「太叔完聚。」《史記》:「父母使舜完稟。」完又有交納義，今有「完糧」「完稅」。完在古代無完了、完畢義。完、全有別，全側重應有盡有，完側重完整不缺。

富 fù　備也。一曰：厚也。从宀，畐聲。〔方副切〕

【注釋】

本義是財富多，引申為多，今有「年富力強」。段注：「富與福音義皆同。《釋名》曰：福，富也。」

實 shí（实）　富也。从宀，从貫。貫，貨貝也。〔神質切〕

【注釋】

貨貝，即貨幣。本義是財物充實、多，引申有財物義，「軍實」謂軍需也。实乃草書楷化字形，參賣、買草書。

寚 bǎo　藏也。从宀，𤓽聲。𤓽，古文保。《周書》曰：陳寚赤刀。〔博抱切〕

【注釋】

今保藏之本字。《說文》:「保，養也。」非本字明矣。段注：「寚與保音同義近。」

容 róng　盛也。从宀、谷。〔臣鉉等曰：屋與谷皆所以盛受也。〕

〔余封切〕古文容，从公。

【注釋】

本義是容納。段注：「今字叚借為頌皃之頌。」

常用有或許義，如「容或有之」。「容與」猶猶豫也，有徘徊不進義，又有逍遙自在義，《九歌》：「聊逍遙以容與。」「容容」，動也，本字當作搈，《說文》：「搈，動也。」今有「為之動容」。「雲容容而在下」謂變化不定。「容容之計」謂變化無主見也。

宂 rǒng（冗）　散也。从宀，人在屋下無田事。《周書》曰：宮中之宂食。〔而隴切〕

【注釋】

本義是閒散，閒散則引申出多餘義，今有「冗餘」；又有繁忙義，今有「冗務纏身」。今簡化字作冗。漢字簡化失當者所在多有，如決、沖、廈、宂、廳皆是，一筆之省，導致漢字的理據無從說解。

𡪞 mián　𡪞𡪞不見也。一曰：𡪞𡪞，不見省人。从宀，㝵聲。〔武延切〕

寶 bǎo（宝）　珍也。从宀，从玉，从貝，缶聲。〔博皓切〕古文寶，省貝。

【注釋】

宝乃寶之省簡俗字。甲文作，金文作，商承祚《殷虛文字類編》：「貝玉在宀內，寶之義已明，金文與篆又增缶。」

與皇帝相關的多稱寶，如「身登大寶」「寶位」「寶駕」。皇帝的印謂之寶，如「太上皇帝之寶」。《舊唐書》：「至武后，改諸璽為寶。」寶有貨幣義，如「康熙通寶」謂通行之貨幣。

宭 qún　群居也。从宀，君聲。〔渠云切〕

【注釋】

居，處也。本義是成群地聚在一起，引申為某種事物薈萃之處，如「學宭」，謂莘莘學子薈萃的地方。今人音韻學家有嚴學宭。

宦 huàn　　仕也。从宀，从臣。〔胡慣切〕

【注釋】

本義是學做官。「仕也」之訓，非本義也。仕也有學做官、做官二義，同步引申也。又有奴僕義，《左傳》:「宦三年矣。」閹宦其實也是一種奴僕。

段注:「《人部》曰:仕者，學也。《左傳》:宦三年矣。服虔云:宦，學也。《曲禮》:宦學事師。注云:宦，仕也。熊氏云:宦謂學官事，學謂習六藝，二者俱是事師。」

宰 zǎi　　罪人在屋下執事者。从宀，从辛。辛，罪也。〔作亥切〕

【注釋】

本義是充當家奴的罪人。常用義有邑宰，某一邑的長官。泛指地方官吏，王勃《滕王閣序》:「家君作宰，路出名區。」又家臣義，《左傳》:「子路為季氏宰。」又主也，今有「主宰」，同義連文，如「北斗者，眾星之宰也」。

守 shǒu　　守官也。从宀，从寸。寺府之事者，从寸，寸，法度也。〔書九切〕

【注釋】

即官守，官吏的職守。常用義是掌管、管理，《說文》:「麓，守山林吏也。」引申出職責，今有「官守」連文，官亦職責。官亦有管理義，今有「官能團」。守有節操義，今有「操守」，同義連文。操亦有掌管義，同步引申也。

寵 chǒng　　尊居也。从宀，龍聲。〔丑壟切〕

【注釋】

本義是崇高的位置，《左傳》:「親以寵逼。」常用榮耀義，今有「寵辱不驚」。又動詞尊也，今有「尊崇」。引申出恩寵、寵愛義。

段注:「引申為榮寵。」張舜徽《約注》:「古人言居，猶今人言坐，尊居猶云尊坐，謂其位之尊也。」

宥 yòu　寬也。从宀，有聲。〔于救切〕

【注釋】

本義是原諒，今有「原宥」。又有幫助義。

段注：「《周頌》：夙夜基命宥密。叔向、毛公皆曰：宥，寬也。宥為寬，故貰罪曰宥。」

宐 yí（宜）　所安也。从宀之下，一之上，多省聲。〔魚羈切〕 古文宜。 亦古文宜。

【注釋】

宐，隸定字形。宜，隸變字形。

宜者，應該也。常用大概、或許義，當為「抑」之通假。《孟子》：「聞王命而遂不果，宜與夫禮若不相似也。」又有當然、無怪乎的語氣，如「宜其無往而不利也」。

寫 xiě（写）　置物也。从宀，舄聲。〔悉也切〕

【注釋】

寫乃瀉之初文。「寫憂」即瀉憂愁，後加水做瀉。常用義畫也，今有「寫生」。又抄寫，「寫本」即手抄本，區別於刻本。

在書寫意義上，唐代以前用書不用寫，古人之「作書」即寫字。「寫」上古常表鑄刻義，《國語・越語下》：「王命工以良金寫范蠡之狀，而朝禮之。」韋昭注：「謂以善金鑄其形狀而自朝禮之。」

段注：「凡傾吐曰寫，故作字作畫皆曰寫，俗作瀉者，寫之俗字。」写乃寫之草書楷化字形。

宵 xiāo　夜也。从宀，宀，下冥也。肖聲。〔相邀切〕

【注釋】

本義是夜。又有小義，「宵小」謂小人也。析言之，前半夜叫宵，《周禮・秋官》：「禁宵行者，夜遊者。」

段注：「《釋言》、毛傳皆曰：宵，夜也。《周禮・司寤》：禁宵行夜遊者。鄭云：

宵，定昏也。按此因經文以宵別於夜為言。若渾言則宵即夜也。有假宵為小者，《學記》之『宵雅』是也。」

宿 sù　止也。从宀，佰聲。佰，古文夙。〔息逐切〕

【注釋】

本義是停止，二十八星宿皆恒星，止於一處不動，故謂之宿。宿有從來義，義同素、夙。引申有老義，「宿將」謂老將也。「宿根」謂老根也。

甲文作，羅振玉《增訂殷虛書契考釋》：「从人在席上，表示止於屋下。」容庚《金文編》：「許書从佰，乃由席子之訛。」

段注：「凡止曰宿。夜止，其一端也。毛傳：一宿曰宿，再宿曰信。止之義引申之則為素，如《史記》云『宿將』『宿學』是也。」

寑 qǐn　臥也。从宀，侵聲。〔七荏切〕 籀文寑，省。

【注釋】

本義是睡覺。見前「睡」字注。

引申息、止義，如「事寑」「寑兵」。相貌醜陋謂之寑，如「貌寑」。「寑廟」，古代宗廟分兩部分，後面停放牌位和先人的遺物謂之寑，前面祭祀的地方才叫廟。《爾雅·釋宮》：「室有東西箱曰廟，無東西箱有室曰寑。」皇宮前半部分為朝，故宮前三殿是也；後半部分為寑，後三宮是也。「寑」「寢」乃異部重文，見後「寢」「庭」字注。

段注：「臥必於室，故其字从宀，引申為宮室之稱。《周禮·宮人》：掌王之六寢之修。又引申之凡事止亦曰寑，今人皆作寢。」

宧 miàn　冥合也。从宀，丏聲。讀若《周書》：若藥不眄眩。〔莫甸切〕

【注釋】

今吻合本字也。段注：「冥合者，合之泯然無跡，今俗云吻合者當用此字。」

金文作，《金文編》：「古卩、人、元、兀四字俱通，象室下來人，賓客之義，《說文》从丏聲，非，孳乳為賓。」宧實為賓之初文。

寬 kuān　屋寬大也。从宀，萈聲。〔苦官切〕

【注釋】

本義是寬闊，引申出鬆緩義，今有「寬衣解帶。」緩亦有此二義，如「衣帶日已緩」，今有「寬緩」。

段注：「《廣韻》曰：裕也，緩也。其引申之義也。」

寤 wù　寤也。从宀，吾聲。〔五故切〕

【注釋】

段注：「寐覺而有言曰寤，寤之音義皆同也。許書有異部重文之例。」

寁 zǎn　居之速也。从宀，疌聲。〔子感切〕

【注釋】

《爾雅》：「寁，速也。」《說文釋例》：「重速不重居也。」常用邀請義。

寡 guǎ　少也。从宀，从頒。頒，分賦也，故為少。〔古瓦切〕

【注釋】

今有「優柔寡斷」「寡廉鮮恥」。「寡人」謂寡德之人，又君王自稱，如「稱孤道寡」。鰥者，老而無妻之謂也，如「鰥夫」。寡者，老而無夫也。孤者，少而無父也，故有「孤兒」。獨者，老而無子也。

段注：「引申之凡倮然、單獨皆曰寡。」

客 kè　寄也。从宀，各聲。〔苦格切〕

【注釋】

本義是寄託。

周代金文多「賓客」連用，賓客當是其本義。各，甲文作，像人進屋之形，後作佫。佫、客同源詞。客從各，故是外來者。「客卿」「客將軍」謂別國人在本國為卿、為將者。「客歲」謂去年也。見「賓」字注。古代的「賓」與「客」有別，「賓」多指貴賓；「客」為一般的客人，或指門客、食客等。

段注：「字从各。各，異詞也。故自此託彼曰客，引申之曰賓客。賓，所敬也。

客，寄也。故《周禮·大行人》大賓、大客別其辭，諸侯謂之大賓，其孤卿謂之大客。」

寄 jì　託也。从宀，奇聲。〔居義切〕

【注釋】

本義是託付。今有「寄託」。「寄信」原謂託人送信，謂把信託付給別人也。

寓 yù　寄也。从宀，禺聲。〔牛具切〕 寓，或从广。

【注釋】

本義是寄託。「寓言」者，有所寄託的話。「公寓」者，大伙寄身之所。「寓目」謂親眼看，猶謂把東西寄託給目。從禺之字多有相對、對偶義，如偶、遇、藕、耦等，見前「藕」字注。

窶 jù（窶）　無禮居也。从宀，婁聲。〔其榘切〕

【注釋】

今作窶，貧窮也，今有「貧窶」。無禮居者，宮室不中禮，謂狹窄簡陋也。

穴 jiù（疚）　貧病也。从宀，久聲。《詩》曰：煢煢在穴。〔居又切〕

【注釋】

今作疚，疚者，久病也。本義是長時間生病。內心痛苦亦謂之疚，今有「內疚」「負疚」。

寒 hán　凍也。从人在宀下，以茻薦覆之，下有仌。〔胡安切〕

【注釋】

本義是冷，引申為貧困義，今有「貧寒」「寒士」。又害怕，如「膽寒」。今「寒心」者原謂心裏害怕，今指痛心失望。段注：「《釋名》曰：寒，捍也。捍，格也。」

害 hài　傷也。从宀，从口。宀、口，言从家起也。丯聲。〔胡蓋切〕

【注釋】

本義是傷害。引申出殺死義，今有「被人所害」。傷也有殺死義，如「老虎傷人」。又有妒忌義，《史記》：「上官大夫與之同列，爭寵而心害其能。」

段注：「《詩》《書》多假害為曷，故《周南》毛傳曰：害，何也。俗本改為『曷，何也』，非是。」

索 suǒ　**入家搜也。从宀，索聲。**〔所責切〕

【注釋】

今搜索之本字。《說文》：「索，艸有莖葉，可作繩索。」本義是繩索，非本字明矣。

段注：「搜，求也。《通俗文》云：入室求曰搜。按當作入室求曰索，今俗語云搜索是也。索，經典多假索為之，如『探嘖索隱』是。」

窾 jū　**窮也。从宀，簐聲。簐與籟同。**〔居六切〕**窾，或从穴。**

【注釋】

窮者，窮困也。今鞠窮之本字。《詩經》：「鞫哉庶正。」今有「進退維谷」，「谷」本字亦當為窾，謂進退都困苦。

段注：「窾、窮雙聲。毛傳於《谷風》《南山》《小弁》皆曰：鞫，窮也。鞫皆窾之叚借也。」

宄 guǐ　**奸也。外為盜，內為宄。从宀，九聲。讀若軌。**〔居洧切〕**古文宄。亦古文宄。**

【注釋】

本義是犯法作亂的人。今常「奸宄」連文。

段注：「奸宄者，通稱。內外者，析言之也。凡盜起外為奸，中出為宄。成十七年《左傳》曰：亂在外為奸，在內為宄。」

䆝 cuì　**塞也。从宀，䂓聲。讀若《虞書》曰「䆝三苗」之「䆝」。**〔粗最切〕

【注釋】

常用義是放逐。

宕 dàng　過也。一曰：洞屋。从宀，碭省聲。汝南項有宕鄉。〔徒浪切〕

【注釋】

過者，放蕩不羈。常用義即放蕩，常通「蕩」。今有推遲義，如「延宕」。「一曰：洞屋」者，蓋空蕩蕩之本字。

宋 sòng　居也。从宀，从木。讀若送。〔臣鉉等曰：木者所以成事以居人也。〕〔蘇統切〕

【注釋】

林義光《文源》：「木者，床几之屬，人所以居也。」

段注：「此義未見，經傳名字者不以國，而魯定公名宋，則必取其本義也。」宋國乃殷人後裔，周人鄙之，故先秦時不好的典故多與宋人有關，如「守株待兔」「拔苗助長」「智子疑鄰」等。

㝝 diàn　屋傾下也。从宀，執聲。〔都念切〕

【注釋】

墊者，下也，同源詞也。段注：「謂屋欹傾下陷也，與墊音義同。」

宗 zōng　尊祖廟也。从宀，从示。〔作冬切〕

【注釋】

本義是祖廟。祖的本義亦是祖廟。示象神主，即祖先的牌位，宗象屋中立神主形。

常用有尊奉、嚮往義，今有「宗仰」。又本也，主旨也，今有「開宗明義」「萬變不離其宗」。引申出派別義，如「南宗」「北宗」。又有量詞件、批義，如「一宗事」「大宗貨物」。見「廟」「謚」「祖」字注。

籠統地說，祭祀歷代先人的建築都可以稱為「宗」。分別而言，始祖廟稱為「祖」，始祖之後歷代先人的廟稱為「宗」。始祖之後歷代先人的廟就是支族之祖的廟，在地位上低於始祖的廟。宗廟和祖廟是相對的概念。宗本指始祖之後的歷代先人的宗廟，借代引申為始祖之後的歷代祖先。參王鳳陽《古辭辨》。見「族」字注。

段注：「宗、尊雙聲。《大雅》：公尸來燕來宗。傳曰：宗，尊也。凡尊者謂之宗，尊之則曰宗之。《大雅》：君之宗之。箋云：宗，尊也。」

宔 zhǔ　宗廟宔祏。从宀，主聲。〔之庾切〕

【注釋】

神主之後起本字。祏，古代宗廟裏藏神主的石匣。宔本義是神主，也指古代宗廟藏神主的石函。見前「主」字注。徐鍇《繫傳》：「以石為藏主之櫝。」

段注：「經典作主，小篆作宔。主者古文也，祏猶主也。鄭說卿大夫無宔，許說大夫以石為宔。」

宙 zhòu　舟輿所極覆也。从宀，由聲。〔直又切〕

【注釋】

段注：「舟輿所極覆者，謂舟車自此至彼而復還此如循環然。故其字从由，如軸字从由也。訓詁家皆言上下四方曰宇，往古來今曰宙。由今溯古，復由古沿今，此正如舟車自此至彼，復自彼至此皆如循環然。

《淮南·覽冥訓》：燕雀以為鳳皇不能與爭於宇宙之間。高注：宇，屋簷也。宙，棟樑也。引《易》『上棟下宇』，然則宙之本義謂棟，一演之為舟輿所極復，再演之為往古來今，則从宀為天地矣。」

湯可敬《今釋》：「許以譬況方式釋字，本體棟樑未出現，只出現喻體。」可備一說。

文七十一　重十六

寘 zhì（置）　置也。从宀，真聲。〔支義切〕

【注釋】

置之異體字。見「置」字注。孫詒讓《名原》：「古音奠在庚耕清青部，真在真臻先部，置在之咍部，三部字音多相通轉。」

寰 huán　王者封畿內，縣也。从宀，睘聲。〔戶關切〕

【注釋】

本義是京都周圍千里以內的土地，即王畿。引申為宇內、天下，今有「寰球」「寰宇」，謂全世界也。

鄭珍《說文新附考》：「縣是古寰字。夏時謂邦畿千里之地為縣，此本義也。厥後，王畿內都邑亦名為縣。春秋時，諸侯之地亦稱之。漢時字別作寰，亦謂之宇寰。王畿謂之縣者，取四垂周繞之義，與邊陲同意。」

寀 cǎi　　同地為寀。从宀，采聲。〔倉宰切〕

【注釋】

古籍常作采，采邑也。指古代卿大夫的封地。「僚寀」謂同僚也。《公羊傳》：「所謂采者，不得有其土地、人民，採取其租稅耳。」

文三　新附

宮部

宮 gōng　　室也。从宀，躳省聲。凡宮之屬皆从宮。〔居戎切〕

【注釋】

先秦的宮是一般的房子，宮和室意思略同。《詩經》：「我稼既同，上入執宮功。」執宮功，謂給公侯蓋房子。後來專指宮殿。甲骨文宮作，古人穴居，像洞窟相連之形。「中宮」猶中央、中間，字結構鬆散叫中宮不緊。五音有宮音，亦得名於中。皇后居住的宮殿叫中宮，因以借指皇后。

段注：「《釋宮》曰：宮謂之室，室謂之宮。郭云：皆所以通古今之異語，明同實而兩名。按宮言其外之圍繞，室言其內。析言則殊，統言不別也。《毛詩》：作于楚宮，作于楚室。傳曰：室猶宮也，此統言也。宮自其圍繞言之，則居中謂之宮。五音宮商角徵羽，劉歆云：宮，中也，居中央，唱四方，唱始施生，為四聲綱也。」

營 yíng　　市居也。从宮，熒省聲。〔余傾切〕

【注釋】

小徐本「市」作「帀」，今據改。帀居者，圍繞而居也。簡體字营，乃草書楷化字形。

常用義甚多，有經營、管理義，今有「營業」「經營」，經亦從事義；謀也，今有

「營救」「營生」；建也，今有「營建」，定星古謂之營室星，《詩經》：「定之方中，作于楚宮。」定星出現於十月，農事已畢，該蓋房子了。

有環繞義，營即環也。營為喻母三等，古歸匣母。《韓非子》：「自營者謂之私。」又有軍營義，今有「營壘」；又有迷惑義，通「熒」也，火星謂之熒惑星。

段注：「帀居謂圍繞而居，如市營曰闤、軍壘曰營皆是也。《諸葛孔明表》云：營中之事。謂軍壘也。引申之為經營、營治，凡有所規度皆謂之營。」

文二

呂部

呂 吕 lǚ（膂）　**脊骨也。象形。昔太嶽為禹心呂之臣，故封呂侯。凡呂之屬皆从呂。〔力舉切〕** 膂 **篆文呂，从肉，从旅。**

【注釋】

呂、膂今分別異用。呂作姓氏字，膂作膂力字。膂力者，體力也。呂者，本義是脊梁骨，乃脊梁骨之象形。所以山西呂梁山也作脊骨山，今菜有紅燒里脊，里脊者，呂脊也，乃脊梁骨兩邊之肉，至鮮嫩。

古者里、呂音同，今仍有個別方言〔i〕〔y〕不分者。據傳，八仙之一的呂洞賓乃李氏皇族宗親，武后大肆屠殺李氏宗族，故改姓呂，亦可證李、呂音近也。

段注：「項大椎之下二十一椎通曰脊骨、曰脊椎、曰膂骨，或以上七節曰背骨，第八節以下乃曰膂骨。」

躳 躳 gōng（躬）　**身也。从身，从呂。〔居戎切〕** 躬 **躳，或从弓。**

【注釋】

今通行重文躬，今有「鞠躬」，猶彎身也，保留本義。引申為親身，詩有「絕知此事要躬行」。引申為自身，《詩經》：「靜言思之，躬自悼矣。」

文二　重二

穴部

穴 穴 xué　**土室也。从宀，八聲。凡穴之屬皆从穴。〔胡決切〕**

【注釋】

本義是地窨。先民有穴居之俗，故跟住舍有關的字多從穴。後易之以房屋，則跟房舍有關的字多從宀。「穴」有洞穿義，《漢書》:「今日斬頭穴胸。」洞亦有此動詞義，毛澤東詞:「彈洞前村壁。」同步引申也。

穴有墓穴義，如「墳裏有五個穴」,《詩經》:「穀則異室，死則同穴。」室亦有墓穴義，《詩經》:「百歲之後，歸于其室。」亦同步引申也。

窊 mǐng　　**北方謂地空，因以為土穴，為窊戶。从穴，皿聲。讀若猛。〔武永切〕**

【注釋】

空，孔也。古今字也。段注:「因地之孔為土屋也。《廣雅》: 窊，窟也。」

窨 yìn　　**地室也。从穴，音聲。〔於禁切〕**

【注釋】

今河南方言仍有此語，如「紅薯窨」。段注:「今俗語以酒水等埋藏地下曰窨。」

窯 yáo（窑）　　**燒瓦灶也。从穴，羔聲。〔余招切〕**

【注釋】

簡化字作窑。

復 fū　　**地室也。从穴，復聲。《詩》曰:陶復陶穴。〔芳福切〕**

【注釋】

典籍常用復字，半穴居式房屋也。

竈 zào（灶）　　**炊竈也。从穴，鼀省聲。〔則到切〕 竈，或不省。**

【注釋】

今簡化字作灶，另造之俗字。竈之特點為大肚子，從鼀，鼀，蟾蜍也，特點亦大肚子。黽，蛙黽也，亦蛤蟆也。蒼蠅字亦從黽，蠅亦大腹之蟲，音義相關。

典故有「與其媚於奧，寧媚於灶」，奧謂屋內西南角，指家神方位，灶指灶神。

謂與其供奉家神，不如供奉灶神。比喻與其敬奉空有身份、地位的人，不如敬奉地位低卻有實權的人，猶今之「縣官不如現管」也。

《論語·八佾》:「王孫賈問曰：與其媚於奧，寧媚於灶，何謂也？子曰：不然，獲罪於天，無所禱也。」據說灶神是火神祝融，死後託祀於灶。

窐 wā　**甑空也。从穴，圭聲。〔烏瓜切〕**

【注釋】

窪為凹陷，即洼。窐、窪同源詞也。《集韻》把窐、窪均作為洼之異體。段注：「凡空穴皆謂之窐。」

罙 shēn　**深也。一曰：竈突。从穴，从火，从求省。〔式針切〕**

【注釋】

此「深淺」之本字。《說文》:「深，水出桂陽南平。」本義是水名，非本字明矣。段注:「深也。此以今字釋古字也。罙、深古今字。」

穿 chuān　**通也。从牙在穴中。〔昌緣切〕**

【注釋】

《詩經》:「誰謂鼠無牙，何以穿我屋。」又有洞穴義，如「牆壁上有一穿」。洞、穴、穿、竇，皆有小孔、穿透二義，同步引申也。

寮 liáo（**寮、僚**）　**穿也。从穴，尞聲。《論語》有公伯寮。〔洛蕭切〕**

【注釋】

今同僚之本字。《說文》:「僚，好貌。」非本字明矣。俗省作寮，小窗戶也。引申為房子義，今有「茶寮」。

段注:「《倉頡篇》云：寮，小窗。《大雅》：及爾同寮。《左傳》曰：同官為寮。毛傳曰：寮，官也。蓋同官者同居一域，如俗云同學一處為同窗也，亦假僚字為之。」

窫 yuè　**穿也。从穴，決省聲。〔於決切〕**

窦 yuè　**深抉也。从穴，从抉。〔於決切〕**

竇 dòu　空也。从穴，瀆省聲。〔徒奏切〕

【注釋】

本義是空穴。今「疑竇」謂可疑的地方，如「頓生疑竇」。竇有動詞穿通義，見前「穿」字注。

段注：「空、孔古今語。凡孔皆謂之竇，古亦借瀆為之，如《周禮》注四竇即四瀆。」

窩 xuè　空貌。从穴，矞聲。〔呼決切〕

窠 kē　空也。穴中曰窠，樹上曰巢。从穴，果聲。〔苦禾切〕

【注釋】

音轉則為窾，空也，典籍常作款。禽獸的穴為窠，今有「窠臼」，謂俗套也。

段注：「雙聲為訓，其字亦作窾，高誘曰：窾，空也。或借科為之，《孟子》：盈科而後進。或借薖為之，如《衛風》：碩人之薖。」

窻 chuāng（窗）　通孔也。从穴，悤聲。〔楚江切〕

【注釋】

俗字作窗，本義是天窗。見前「牖」字注。從悤之字多有通義，見前「蔥」字注。

窊 wā　污衺，下也。从穴，瓜聲。〔烏瓜切〕

【注釋】

本義是地勢低窪。

段注：「《史記》：甌窶滿篝，污邪滿車。司馬彪曰：污邪，下地田也。按凡下皆得謂之窊。」

竅 qiào（窍）　空也。从穴，敫聲。〔牽料切〕

【注釋】

今簡化字作窍，另造之俗字。空者，孔也，今有「七竅出血」。後竅，肛門也。引申出關鍵義，今有「訣竅」「竅門」。

空𥦗kōng　　竅也。从穴，工聲。〔苦紅切〕

【注釋】

空、孔古今字。

段注：「今俗語所謂孔也。天地之間亦一孔耳，古者司空主土。司馬彪曰：『司空公一人，掌水土事，凡營城、起邑、濬溝洫、修墳防之事，則議其利，建其功。』是則司空以治水土為職。禹作司空，治水而後晉百揆也。治水者必通其瀆，故曰司空猶司孔也。」

窒qìng　　空也。从穴，巠聲。《詩》曰：瓶之窒矣。〔去徑切〕

【注釋】

《說文》：「罄，器中空也。」同源詞也。今《詩》作罄。

空yà　　空大也。从穴，乙聲。〔烏黠切〕

窳yǔ　　污窬也。从穴，瓜聲。朔方有窳渾縣。〔以主切〕

【注釋】

常用義有二：一、粗劣，常「苦窳」連用；二、懶惰，常「窳惰」連用。《經典釋文》引《說文》：「㼌，懶也。」

窞dàn　　坎中小坎也。从穴，从臽，臽亦聲。《易》曰：入於坎窞。一曰：旁入也。〔徒感切〕

窌jiào　　窖也。从穴，卯聲。〔匹貌切〕

窖jiào　　地藏也。从穴，告聲。〔古孝切〕

【注釋】

段注：「《月令》：穿竇窖。注曰：入地隋（橢）曰竇，方曰窖。《通俗文》曰：藏穀麥曰窖。」

窬yú　　穿木戶也。从穴，俞聲。一曰：空中也。〔羊朱切〕

【注釋】

穿木戶者，大門旁穿透木壁做的小門，即門旁的小門洞。引申出洞穴義，今有「穿窬之盜」，謂穿牆或爬牆的賊。引申有中空義，《淮南子》:「乃為窬木方板，以為舟航。」俞聲者，聲兼義也。《說文》:「俞，空中木為舟也。」

段注：「窬，門旁小竇也。是則於門旁穿壁，以木邪直居之，令如圭形，謂之圭窬。若《論語》本作穿踰，釋為穿壁踰牆，似無煩與此牽混。」

窵 diào　　窵窅，深也。从穴，鳥聲。〔多嘯切〕

【注釋】

深遠貌。

窺 kuī　　小視也。从穴，規聲。〔去隓切〕

【注釋】

從小孔中視。

竀 chēng　　正視也。从穴中正見也，正亦聲。〔敕貞切〕

窡 zhuó　　穴中見也。从穴，叕聲。〔丁滑切〕

窋 duó　　物在穴中貌。从穴中出。〔丁滑切〕

【注釋】

后稷之子名不窋。

窴 tián　　塞也。从穴，真聲。〔待年切〕

【注釋】

段注：「《玉篇》曰：窴，今作填。按窴、填同義，填行而窴廢矣。」

窒 zhì　　塞也。从穴，至聲。〔陟栗切〕

【注釋】

段注：「塞於義不為窒，邊塞其本義也，自用塞為填寒字，而寒廢矣。」

突 tū　　犬从穴中暫出也。从犬在穴中。一曰：滑也。〔徒骨切〕

【注釋】

暫，突然也。引申急速義，今有「突然」「突如其來」。「突如」者，突然也。突即衝也，今有「衝突」，引申出碰觸義，如「干突」。沖亦有此義，命相學有「年沖」「對沖」「偏沖」「沖太歲」。

古時竈旁的出煙口名突，類今之煙囪，因突出於竈而得名，如「竈突」「曲突徙薪」。突有穿掘義，《左傳》：「宵突陳城，遂入之。」

竄 cuàn（窜）　　匿也。从鼠在穴中。〔七亂切〕

【注釋】

簡體字作窜，新造之形聲字。本義是隱藏，《楚辭》：「鸞鳳伏竄兮，鴟鴞翱翔。」引申為逃跑，引申貶官放逐義。引申為改動，今有「竄改」「點竄」。

段注：「《堯典》：竄三苗於三危。與言流、言放、言極一例，謂放之令自匿。故《孟子》作『殺三苗』，即《左傳》『𥻘蔡叔』之𥻘，𥻘（流放也）為正字，竄、殺為同音叚借。」

窣 sū　　从穴中卒出。从穴，卒聲。〔蘇骨切〕

【注釋】

「窸窣」謂細小的摩擦聲，擬聲詞。

窘 jiǒng　　迫也。从穴，君聲。〔渠隕切〕

窕 tiǎo　　深肆極也。从穴，兆聲。讀若挑。〔徒了切〕

【注釋】

深肆，同義連文，深邃之極也。常用義空隙、不窘迫，《爾雅》：「窕，間也。」《荀子》：「充盈大宇而不窕。」「窈窕」謂深遠也，又崎嶇貌，《歸去來兮辭》：「既窈窕以尋壑，又崎嶇以經丘。」又美好也，如「窈窕淑女」。

段注：「窕與窘為反對之辭。《釋言》曰：窕，肆也。《毛詩》傳曰：窈窕，幽閒也。幽訓窈，閒訓窕。《方言》：美狀為窕，言外之寬綽也。美心為窈，言中之幽靜也。

郭注《爾雅》云：輕窕者多放肆。《左傳》曰：楚師輕窕。此窕義之引申，寬然無患謂之輕窕。」

穹 qióng　　窮也。从穴，弓聲。〔去弓切〕

【注釋】

窮，極也。極則深，引申出深義，如「幽林穹谷」。又大也，《爾雅》：「穹，大也。」穹石謂大石。又隆起義，穹蒼、蒼穹謂蒼天。「穹蒼」者，謂蒼天難窮極也。今人謂高為「穹隆」。

究 jiū　　窮也。从穴，九聲。〔居又切〕

【注釋】

本義是到底、終極。今有「究竟」，同義連文。《韓非子》：「有擅主之臣，則君令不下究。」從九之字、之音多有窮極義，見前「艽」字注。

段注：「《小雅·常棣》傳曰：究，深也。《釋詁》及《大雅·皇矣》傳曰：究，謀也。皆窮義之引申也。」

竆 qióng（窮、穷）　　極也。从穴，躳聲。〔渠弓切〕

【注釋】

今常作窮字，簡化作穷者，乃窮之草書楷化字形。窮與貧之別，見前「貧」字注。

窅 yǎo　　冥也。从穴，皀聲。〔烏皎切〕

【注釋】

深遠、幽暗貌。

窔 yào　　窅窔，深也。从穴，交聲。〔烏叫切〕

【注釋】

深暗貌。室之東南角謂之窔，得名於幽深、黑暗，見「奧」字注。

邃 suì　　深遠也。从穴，遂聲。〔雖遂切〕

【注釋】

本義是深遠，引申出精深義，《唐書》:「少邃於學。」今有「精邃」「深邃」。又指時代深遠，如「邃古」。

窈 yǎo　深遠也。从穴，幼聲。〔烏皎切〕

【注釋】

本義是深遠貌，又有美好貌，見「窕」字注。

段注:「《周南》毛傳曰：窈窕，幽閒也。以幽釋窈，以閒釋窕。《方言》曰：美心為窈，美狀為窕。《陳風》傳又曰：窈糾，舒之姿也。舒，遲也。」

窱 diào　杳窱也。从穴，條聲。〔徒弔切〕

【注釋】

深遠也。《廣雅》:「窈窱，深也。」

竁 cuì　穿地也。从穴，毳聲。一曰：小鼠。《周禮》曰：大喪，甫竁。〔充芮切〕

【注釋】

本義是掘地為墓穴，泛指掘地。又指墓穴、洞穴。

窆 biǎn　葬下棺也。从穴，乏聲。《周禮》曰：及窆執斧。〔方驗切〕

【注釋】

埋葬也。

窀 zhūn　葬之厚夕。从穴，屯聲。《春秋傳》曰：窀穸从先君於地下。〔陟倫切〕

【注釋】

葬之厚夕者，葬在長夜也。

穸 xī　窀穸也。从穴，夕聲。〔詞亦切〕

【注釋】

窀穸，墳墓也。清袁枚《祭妹文》：「惟汝之窀穸，尚未謀耳。」又埋葬，謝惠連《祭古冢文》：「輪移北隍，窀穸東麓。」

窅 yā　入脈刺穴謂之窅。从穴，甲聲。〔烏狎切〕

文五十一 重一

㝱部

㝱 mèng（夢、梦）　寐而有覺也。从宀，从疒，夢聲。《周禮》：以日月星辰占六㝱之吉凶：一曰正㝱，二曰㖆㝱，三曰思㝱，四曰悟㝱，五曰喜㝱，六曰懼㝱。凡㝱之屬皆从㝱。〔莫鳳切〕

【注釋】

此夢之本字。段注：「今字假夢為之，夢行而㝱廢矣。」見前「夢」字注。

寑 qǐn　病臥也。从㝱省，寑省聲。〔七荏切〕

【注釋】

躺下睡，不一定睡著，今有「就寢」。見「睡」「寑」字注。

寐 mèi　臥也。从㝱省，未聲。〔蜜二切〕

【注釋】

睡著也，今有「久不能寐」。寑、寐、眠、臥之別，見前「睡」字注。

寤 wù　寐覺而有言曰寤。从㝱省，吾聲。一曰：晝見而夜㝱也。〔五故切〕 籀文寤。

【注釋】

睡醒也。《詩經》：「寤寐思服。」從吾之字、之音多有明義，如「醒悟」，見前「晤」字注。

段注：「《倉頡篇》：覺而有言曰寤。《左傳》季寤，字子言，是其證。古書多叚寤為悟。」

寢𡪢 rǔ　楚人謂寐曰寢。从㝱省，女聲。〔依倨切〕

寐𡪢 mí　寐而未厭。从㝱省，米聲。〔莫禮切〕

【注釋】

做惡夢。

寢𡪢 jì　孰寐也。从㝱省，水聲。讀若悸。〔求癸切〕

病𡪢 bìng　臥驚病也。从㝱省，丙聲。〔皮命切〕

【注釋】

段注：「以疊韻為訓。《爾雅》：三月為寎月。」

寱𡪢 yì（囈）　瞑言也。从㝱省，臬聲。〔牛例切〕

【注釋】

說夢話。今作囈語字。

寣𡪢 huá　臥驚也。一曰：小兒號寣寣。一曰：河內相呼也。从㝱省，从言。〔火滑切〕

文十 重一

疒部

疒𡪢 nè　倚也。人有疾病，象倚箸之形。凡疒之屬皆从疒。〔女厄切〕

【注釋】

甲骨文作𡪢、𡪢，于省吾《甲骨文字釋林》：「象人臥牀之形。」古人一般睡席不睡牀，而臥牀者，是病篤矣。見「牀」字注。

段注：「或謂即牀、狀、牆、戕之左旁，不知其音迥不相同也。」

疾𡪢 jí　病也。从疒，矢聲。〔秦悉切〕𡪢古文疾。𡪢籀文疾。

【注釋】

甲骨文作𤕫，王國維《觀堂集林》:「古多戰事，人著矢則疾矣。」古者疾病有別，疾者，小病也；病者，疾加也，乃重病，且範圍寬，一切困頓不堪的狀態皆可謂病，典故拔苗助長，「今日余病矣」，謂拔了一天的禾苗累壞了。

疾則痛，故有痛義，如「痛心疾首」。又引申出缺點、毛病義，《孟子》:「寡人有疾，寡人好貨。」又有厭惡、憎恨義，今有「疾惡如仇」。又有妒忌義。忌亦有妒忌、憎恨義，同步引申也。

段注:「析言之則病為疾加，渾言之則疾亦病也。按經傳多訓為急也、速也，此引申之義。」

痛𤺺 tòng　　**病也。从疒，甬聲。〔他貢切〕**

【注釋】

本義是疼痛，引申為恨義，如「水不痛寒」，今有「痛恨」，同義連文。又有徹底、盡情義，如「痛飲」「痛改前非」。

病𤶊 bìng　　**疾加也。从疒，丙聲。〔皮命切〕**

【注釋】

本義是重病，見上「疾」字注。引申為擔心、憂慮義，《論語》:「君子病無能焉，不病人之不知己也。」

瘣𤸰 huì　　**病也。从疒，鬼聲。《詩》曰：譬彼瘣木。一曰：腫旁出也。〔胡罪切〕**

疴𤵸 kē　　**病也。从疒，可聲。《五行傳》曰：時即有口痾。〔烏何切〕**

【注釋】

疴謂一般的疾病，久病謂之「沉疴」。從可之字、之音多有小義，如顆（小頭）、苛（小草）、柯（小枝也）、克（小的重量單位）、坷（小土塊）等。

痡𤷀 pū　　**病也。从疒，甫聲。《詩》曰：我僕痡矣。〔普胡切〕**

【注釋】

人疲憊不能行走。

瘽 qín　　病也。从疒，堇聲。〔巨斤切〕

瘵 zhài　　病也。从疒，祭聲。〔側介切〕

【注釋】

瘵，多指癆病。「瘵疾」，疫病，亦指癆病。

瘨 diān　　病也。从疒，真聲。一曰：腹張。〔都年切〕

【注釋】

癲狂之古字。段注：「按今之顛狂字也。《廣雅》：瘨，狂也。《急就篇》作顛疾。」

瘼 mò　　病也。从疒，莫聲。〔慕各切〕

【注釋】

泛指疾病、困苦，如「求民之瘼」。

疝 jiǎo　　腹中急也。从疒，丩聲。〔古巧切〕

【注釋】

猶今腸絞痛。從丩之字多有纏繞義，見前「觓」字注。

段注：「腹中急痛也。痛字依小徐及《廣韻》補。今吳俗語云：絞腸刮肚痛。其字當作疝也，古音讀如糾。《釋詁》云：咎，病也。咎蓋疝之古文叚借字。」

瘨 yùn　　病也。从疒，員聲。〔王問切〕

癇 xián　　病也。从疒，閒聲。〔戶閒切〕

【注釋】

今簡化字作痫。《聲類》：「今謂小兒瘨曰癇也。」

䘵 wù　　病也。从疒，出聲。〔五忽切〕

疵 cī　　病也。从疒，此聲。〔疾咨切〕

【注釋】

小毛病，今有「吹毛求疵」。從此之字多有小義，見「柴」字注。

癈 fèi　　固病也。从疒，發聲。〔方肺切〕

【注釋】

頑固不治的病。痼疾，病長期不愈。又指殘廢，「癈疾」謂殘疾也。

瘏 tú　　病也。从疒，者聲。《詩》曰：我馬瘏矣。〔同都切〕

【注釋】

馬疲憊不能前。

瘲 zōng　　病也。从疒，從聲。〔即容切〕

瘽 shēn　　寒病也。从疒，辛聲。〔所臻切〕

𤸷 xù　　頭痛也。从疒，或聲。讀若溝洫之洫。〔吁逼切〕

痟 xiāo　　酸痟，頭痛。从疒，肖聲。《周禮》曰：春時有痟首疾。〔相邀切〕

疕 bǐ　　頭瘍也。从疒，匕聲。〔卑履切〕

【注釋】

頭瘡；頭痛。段注：「亦謂禿也。」

瘍 yáng　　頭創也。从疒，昜聲。〔與章切〕

【注釋】

小徐本「創」作「瘡」，小徐多用俗字。瘡、癰、疽、癤等的通稱。又有潰爛義，今有「潰瘍」。

痒 yáng　　**瘍也。从疒，羊聲。**〔似陽切〕

【注釋】

癰瘡也。今作為「癢」之簡化字，如「撓癢」。「技癢」謂極想把自己的技能顯示出來。

段注：「《釋詁》亦曰：痒，病也。按今字以痒為癢字，非也。癢之正字《說文》作蛘。」

瘍 mà　　**目病。一曰：惡气箸身也。一曰：蝕創。从疒，馬聲。**〔莫駕切〕

㾷 xī　　**散聲。从疒，斯聲。**〔先稽切〕

【注釋】

散聲者，破散之聲。此「馬嘶牛鳴」之本字。

段注：「《方言》：『東齊聲散曰㾷，秦晉聲變曰㾷。』器破而不殊，其音亦謂之㾷。按與斯、澌字義相通。馬嘶字亦當作此。」

𤸇 wěi　　**口咼也。从疒，為聲。**〔韋委切〕

疦 jué　　**𤸇也。从疒，決省聲。**〔古穴切〕

瘖 yīn　　**不能言也。从疒，音聲。**〔於今切〕

【注釋】

今喑啞之本字。《說文》：「喑，宋齊謂兒泣不止曰喑。」段注：「按喑之言瘖也，謂啼極無聲。」

癭 yǐng　　**頸瘤也。从疒，嬰聲。**〔於郢切〕

【注釋】

嬰，頸飾也。同源詞也。從嬰之字、之音多有環繞義，如縈、營等。

瘻 lòu　　**頸腫也。从疒，婁聲。**〔力豆切〕

【注釋】

頸部生瘡，久而不愈，常出濃水，農村俗稱「老鼠瘡」。今瘻管謂身體內因發生病變而向外潰破所形成的管道。從婁之字多有空義，見前「簍」字注。

疚 yòu　顫也。从疒，又聲。〔于救切〕

瘀 yū　積血也。从疒，於聲。〔依倨切〕

疝 shàn　腹痛也。从疒，山聲。〔所晏切〕

【注釋】

《素問》:「腹痛不得大小便，病名曰疝。」今作疝氣字，民間俗稱「大氣蛋」。

疛 zhǒu　小腹病。从疒，肘省聲。〔陟柳切〕

【注釋】

段注:「《小雅》曰：我心憂傷，惄焉如擣。傳曰：擣，心疾也。《釋文》：擣，本或作𤺄，《韓詩》作疛，義同。按疛其正字，𤺄其或體，擣其訛字也。」

𤻰 bèi　滿也。从疒，㶣聲。〔平秘切〕

府 fǔ　俛病也。从疒，付聲。〔方矩切〕

【注釋】

段注:「《方言》曰：短，東陽之間謂之府。按俛者多庳，《方言》與許義相近。」

痀 qú　曲脊也。从疒，句聲。〔其俱切〕

【注釋】

佝僂之古字，俗作佝。《說文》:「佝，務也。」非本字明矣。從句之字多有彎曲義，見前「句」字注。

瘚 jué　屰氣也。从疒，从屰，从欠。〔居月切〕欮 瘚，或省疒。

【注釋】

昏厥之古字，俗作厥。《說文》：「厥，發石也。」非本字明矣。屰者，逆之初文。

瘁 jì　　氣不定也。从疒，季聲。〔其季切〕

【注釋】

《說文》：「悸，心動也。」同源詞也。

痱 fèi　　風病也。从疒，非聲。〔蒲罪切〕

【注釋】

《詩經》「秋日淒淒，百卉俱腓」之本字。腓，病也，枯萎也。腓本義是小腿肚，非本字明矣。

段注：「《釋詁》曰：痱，病也。按《小雅》：百卉具腓。李善注《文選》云：『《韓詩》云：百卉具腓。薛君曰：腓，變也。毛萇曰：痱，病也。今本作腓。』據李則《毛詩》本作痱，與《釋詁》合。」

瘤 liú　　腫也。从疒，留聲。〔力求切〕

【注釋】

段注：「《釋名》曰：瘤，流也。流聚而生腫也。」

痤 cuó　　小腫也。从疒，坐聲。一曰：族絫。〔臣鉉等曰：今別作瘯蠡，非是。〕〔昨禾切〕

【注釋】

今之痤瘡，粉刺也。從坐之字多有小義，如「叢脞」，繁細也；矬，個子矮，今有「窮矮矬」；睉，目小也。銼，小鍋也。

段注：「《春秋經》：宋公殺其世子痤。是此字，三傳同，以隱疾名子也。」戰國有公叔痤，商鞅之師。

疽 jū　　癰也。从疒，且聲。〔七余切〕

【注釋】

癰疽謂毒瘡。

癘𤺅lì　　癰也。从疒，麗聲。一曰：瘦黑。讀若隸。〔郎計切〕

癰𤸨yōng　　腫也。从疒，雝聲。〔於容切〕

【注釋】

今簡化字作痈，另造之俗字。

段注：「《肉部》曰：腫，癰也。按腫之本義謂癰，引申之為凡墳起之名，如上文瘤，腫也。痤，小腫也。則非謂癰也。《釋名》曰：癰，壅也。氣壅否結裏而潰也。」

瘜𤹴xī　　寄肉也。从疒，息聲。〔相即切〕

【注釋】

今鼻息肉之後起本字。段注：「《肉部》腥下曰：星見食豕，令肉中生小息肉也。息肉即瘜肉，《廣韻》曰：惡肉。」

癬𤻆xuǎn　　乾瘍也。从疒，鮮聲。〔息淺切〕

【注釋】

乾的瘡。段注：「瘍之乾者也。《釋名》曰：『癬，徙也。浸淫移徙處日廣也。』故青徐謂癬為徙也。」

疥𤵖jiè　　搔也。从疒，介聲。〔古拜切〕

【注釋】

令人瘙癢的瘡。

段注：「疥急於搔，因謂之搔。俗作瘙，或作瘙。今四川人語如此。《禮記》釋文引《說文》：疥，瘙瘍也。」

痂𤵸jiā　　疥也。从疒，加聲。〔古牙切〕

【注釋】

瘡口結的硬殼。今有「嗜痂之癖」，原指愛吃瘡痂的癖性，後形容奇怪的嗜好。

段注：「按痂本謂疥，後人乃謂瘡所蛻鱗為痂，此古義今義之不同也。蓋瘡鱗可曰介，介與痂雙聲之故耳。《南史》：劉邕嗜食瘡痂，謂有鰒魚味。」

瘕𤶬jiǎ　女病也。从疒，叚聲。〔乎加切〕

【注釋】

婦女肚子裏結塊的病。

癘𤸰lì　惡疾也。从疒，蠆省聲。〔洛帶切〕

【注釋】

惡瘡謂之癘，瘟疫亦謂之癘，「癘疾」謂瘟疫也。惡疾特指癩病，即麻風病。《論語》：伯牛有疾。苞氏曰：「牛有惡疾，不欲見人，故孔子从牖執其手也。」

段注：「按古義謂惡病，包內外言之，今義別製癩字訓為惡瘡，訓癘為癘疫。」

瘧𤺄nüè（疟）　熱寒休作。从疒，从虐，虐亦聲。〔魚約切〕

【注釋】

時休時作。今簡化字作疟，省旁俗字也。今河南仍讀零聲母，與「魚約切」合。

段注：「謂寒與熱一休一作相代也。《釋名》曰：瘧，酷虐也。凡疾或寒或熱耳。而此疾先寒後熱，兩疾似酷虐者。」

痁𤵸shān　有熱瘧。从疒，占聲。《春秋傳》曰：齊侯疥，遂痁。〔失廉切〕

痎𤷒jiē　二日一發瘧。从疒，亥聲。〔古諧切〕

【注釋】

段注：「今人謂間二日一發為大瘧。顏之推云：兩日一發之瘧。今北方猶呼痎瘧，音皆。」

痳𤺊lín　疝病。从疒，林聲。〔力尋切〕

【注釋】

今淋病，即小便難下的病。

段注：「《釋名》曰：淋，懍也。小便難懍懍然也。按痳篆不與疝伍者，以有疝痛而不痳者也。」

痔 zhì　後病也。从疒，寺聲。〔直里切〕

【注釋】

後者，肛也。

痿 wěi　痹也。从疒，委聲。〔儒隹切〕

【注釋】

痿為身體部分萎縮。萎、痿同源詞也。今有「陽痿」，陽具萎縮不舉也。

段注：「按古多痿痹聯言，因痹而痿也。《素問》曰：有漸於濕，肌肉濡漬，痹而不仁，發為肉痿。」

痹 bì　濕病也。从疒，畀聲。〔必至切〕

【注釋】

風濕病。引申麻木義，如「痹不得搖」，今有「麻痹」。

𤻲 bì　足气不至也。从疒，畢聲。〔毗至切〕

瘃 zhú　中寒腫核。从疒，豖聲。〔陟玉切〕

㾫 piān　半枯也。从疒，扁聲。〔匹連切〕

【注釋】

今偏癱之後起本字。

段注：「《尚書大傳》：『禹其跳，湯扁。其跳者，踦也。』鄭注云：『扁者，枯也。』注言湯體半小扁枯。按扁即㾫字之叚借，㾫之言偏也。」

瘇 zhǒng　脛气足腫。从疒，童聲。《詩》曰：既微且瘇。〔時重切〕

籀文，从尣。

【注釋】

段注：「脛氣腫即足腫也，大徐本云：脛氣足腫，非。」

瘟 [seal] è　　跛病也。从疒，盇聲。讀若脅，又讀若掩。〔烏盍切〕

疻 [seal] zhǐ　　毆傷也。从疒，只聲。〔諸氏切〕

【注釋】

疻為打傷，抵是用手打，同源詞也。

段注：「以杖手毆擊人，剝其皮膚，起青黑而無創瘢者，律謂疻痏。毆人皮膚腫起曰疻，毆傷曰痏。許曰毆傷，則固兼無創瘢、有創瘢者言之。」

痏 [seal] wěi　　疻痏也。从疒，有聲。〔榮美切〕

【注釋】

皮膚黑青無創瘢叫疻，又叫痏。引申為一般的病痛，蘇軾《荔枝歎》：「我願天公憐赤子，莫生尤物為瘡痏。」

𤸫 [seal] wěi　　創裂也。一曰：疾𤸫。从疒，巂聲。〔以水切〕

痑 [seal] chān　　皮剝也。从疒，冄聲。〔赤占切〕 [seal] 籀文，从艮。

癑 [seal] nòng　　痛也。从疒，農聲。〔奴動切〕

痍 [seal] yí　　傷也。从疒，夷聲。〔以脂切〕

【注釋】

創傷也，今有「滿目瘡痍」。段注：「按《周易》：夷，傷也。《左傳》：察夷傷，皆假夷字為之。」

瘢 [seal] bān　　痍也。从疒，般聲。〔薄官切〕

【注釋】

段注：「《長楊賦》：啖鋋瘢耆。孟康曰：瘢耆，馬脊耆創瘢處。按古義傷處曰瘢。今義則少異。」

痕 [seal] hén　　胝瘢也。从疒，艮聲。〔戶恩切〕

【注釋】

本義是瘢痕。胝是手腳掌上的厚皮，俗稱繭子。

痙 jìng　　強急也。从疒，巠聲。〔其頸切〕

【注釋】

今痙攣也。顏師古云：「體強急，難用屈伸也。」急，緊也。

痋 téng（疼）　　動病也。从疒，蟲省聲。〔徒冬切〕

【注釋】

今作疼。

段注：「痋即疼字。《釋名》曰：疼，旱氣疼疼然煩也。按《詩》：旱既太甚，蘊隆蟲蟲。《韓詩》作鬱隆烔烔，劉成國作疼疼，皆旱熱人不安之皃也。今義疼訓痛。」

瘦 shòu　　臞也。从疒，叟聲。〔所又切〕

【注釋】

古人認為瘦是一種病，故從疒。

疢 chèn　　熱病也。从疒，从火。〔臣鉉等曰：今俗別作疹，非是。〕〔丑刃切〕

【注釋】

熱病，煩熱也。《詩經》：「疢如疾首。」亦泛指病，如「疢疾」。

段注：「其字从火，故知為熱病，《小雅》：疢如疾首。箋云：疢，猶病也。此以疢為煩熱之稱。」煩的本義是頭疼發燒。

癉 dàn / duò　　勞病也。从疒，單聲。〔丁榦、丁賀二切〕

【注釋】

本義是因勞成病。《詩經》：「下民卒癉。」引申有憎恨義，今有「彰善癉惡。」「疾」亦有疾病、憎恨義，同步引申也。

疸 dǎn　　黃病也。从疒，旦聲。〔丁榦切〕

【注釋】

今有黃疸。

痰 qiè　　病息也。从疒，夾聲。〔苦叶切〕

【注釋】

病人氣息微弱。

痞 pǐ　　痛也。从疒，否聲。〔符鄙切〕

【注釋】

因腹內結塊而痛。痞，否也，不順也。中醫指胸腹間阻塞不舒的症狀，稱「痞塊」「痞積」。今作「痞子」字。

瘍 yì　　脈瘍也。从疒，易聲。〔羊益切〕

疝 shù　　狂走也。从疒，术聲。讀若欻。〔食聿切〕

【注釋】

《廣雅》：「疝，狂也。」

疲 pí　　勞也。从疒，皮聲。〔符羈切〕

【注釋】

段注：「經傳多假罷為之。」

疵 zǐ　　瑕也。从疒，𠂔聲。〔側史切〕

【注釋】

王筠《句讀》：「瑕疵字當作此。」段注：「古本皆作瑕，惟小徐及毛本及《集韻》作瘕，恐是訛字耳。疵之言疵也。」

疷 qí　　病也。从疒，氏聲。〔渠支切〕

【注釋】

困病也。

疲 hē　病劣也。从疒，及聲。〔呼合切〕

【注釋】

段注：「劣，猶危也。」

瘕 ài　劇聲也。从疒，殹聲。〔於賣切〕

癃 lóng　罷病也。从疒，隆聲。〔力中切〕 籀文癃，省。

【注釋】

罷，通「疲」。今有「疲癃」，謂衰老或身有殘缺、疾病，如「臣不幸，有疲癃之疾」。

疫 yì　民皆疾也。从疒，役省聲。〔營隻切〕

【注釋】

本義是傳染病。

瘛 chì　小兒瘛瘲病也。从疒，恝聲。〔臣鉉等曰：《說文》無恝字，疑从疒，从心，契省聲。〕〔尺制切〕

【注釋】

瘛瘲，中醫指手腳痙攣，口歪眼斜的症狀，亦稱「抽風」。

段注：「《急就篇》亦云瘛瘲。師古云：即今癇病。按今小兒驚病也。」

痑 duò　馬病也。从疒，多聲。《詩》曰：痑痑駱馬。〔丁可切〕

痥 duò　馬脛瘍也。从疒，兑聲。一曰：將傷。〔徒活切〕

藥 liáo（療）　治也。从疒，樂聲。〔力照切〕 或从尞。

【注釋】

今通行重文療，簡化字作疗，另造之俗字。今「無可救藥」者，謂無可救療，本陸宗達先生說。

段注：「《詩・陳風》：泌之洋洋，可以樂饑。傳云：可以樂道忘饑。箋云：可飲以𤻲饑。是鄭讀樂為𤻲也，經文本作樂。《唐石經》依鄭改為𤻲，誤矣。」

痁 gù（痼）　　久病也。从疒，古聲。〔古慕切〕

【注釋】

今作痼，後起字也。

瘌 là　　楚人謂藥毒曰痛瘌。从疒，剌聲。〔盧達切〕

【注釋】

藥物反應，頭暈目眩。今同「癩」字，疥瘡也。

癆 lào　　朝鮮謂藥毒曰癆。从疒，勞聲。〔郎到切〕

【注釋】

本義同「瘌」。今作為癆病字，即肺結核。

瘥 chài / cuó　　瘉也。从疒，差聲。〔楚懈切〕，又〔才他切〕

【注釋】

病癒也。又有疫病義，《詩經》：「天方薦瘥。」段注：「通作差，凡等差字皆引申於瘥。」

衰 shuāi　　減也。从疒，衰聲。一曰：耗也。〔楚追切〕

【注釋】

今衰退之後起本字。《說文》：「衰，艸雨衣。」

段注：「衰俗从艸作蓑，而衰遂專為等衰、衰絰字。衰絰本作縗，衰其假借字也。以艸為雨衣，必層次編之，故引申為等衰。」

又：「凡盛衰字引申於𤸊，凡等衰字亦引申於𤸊。凡喪服曰衰者，謂其有等衰也。皆𤸊之叚借。」據段注，則𤸊、衰乃同源詞。

瘉 yù（愈）　　病瘳也。从疒，俞聲。〔臣鉉等曰：今別作愈，非是。〕〔以主切〕

【注釋】

本義是病癒。段注：「凡訓勝、訓賢之愈皆引申於瘉。愈即瘉字也。」

瘳 chōu　疾瘉也。从疒，翏聲。〔敕鳩切〕

【注釋】

本義是病癒。引申為損失、損害，《國語》：「君不度而賀大國之襲，於己也何瘳。」

癡 chī（痴）　不慧也。从疒，疑聲。〔丑之切〕

【注釋】

簡體字作痴，另造之俗字。段注：「此非疾病也，而亦疾病之類也，故以是終焉。」

文一百二　重七

冖部

冖 mì　覆也。从一下垂也。凡冖之屬皆从冖。〔臣鉉等曰：今俗作冪，同。〕〔莫狄切〕

【注釋】

冖乃冪之初文。從冖之字多有覆蓋義。

冠 guān　絭也。所以絭髮，弁冕之總名也。从冂，从元，元亦聲。冠有法制，从寸。〔徐鍇曰：取其在首，故从元。〕〔古丸切〕

【注釋】

絭，卷束也。冠並非帽子，早期的冠，只是加在髮髻上的一個罩子，形制甚小，並不像帽子那樣把頭頂全部罩住，而是用一個冠圈套在髮髻上，上面有冠梁，自前至後，覆於頭頂。秦漢以後，冠梁逐漸加寬，和冠圈連成覆杯的樣子。

古者男子二十歲行加冠禮，以示成年，故二十歲稱「弱冠之年」。古者貴族戴冠，平民百姓只戴巾，故「冠蓋」謂當官之人的冠服和他們車乘的篷蓋，代指做官的人。冠、冕皆為官者所服，故「冠冕」代指當官者。冠是帽子的總稱。冕是帝王、諸侯、卿大夫戴的禮帽，弁是皮革做成的瓜皮形帽子，帽是後起字。

冠又稱為「元服」，古稱行冠禮為「加元服」。《儀禮．士冠禮》：「令月吉日，始加元服。」有所謂「三加」：始加緇布冠（或謂即一塊黑布。不確，如是則與纚無別矣）；次加皮弁，即瓜皮帽；三加爵弁，即無旒之冕。電視劇《大秦賦》有秦始皇加冠時場景，頗合古禮。

冠的種類很多，上古常見之冠，見於文獻者，除弁、冕外，還有束髻小冠、緇布冠、母追官、章甫冠、玄冠等。今影視劇常見的冠是「束髻小冠」，皮製，如覆手正罩髮髻之上，以笄固之，宴居、朝禮賓客時服用，最為便利，從上古至後世都有。冠是有別於帽子的另一種頭衣系統，側重禮服性質，帽子側重常服。見後「紘」字注。

段注：「冠以約束髮，故曰絭髮。引申為凡覆蓋之稱。析言之冕、弁、冠三者異制，渾言之則冕、弁亦冠也。」

冣 jù　積也。从冖，从取，取亦聲。〔才句切〕

【注釋】

古聚字。今作為「最」字之異體字，整理漢字時廢。從取之字多有聚集義，見前「諏」字注。「最」「冣」乃字形相亂導致詞義沾染，段注辨析甚精，可參。

託 dù　奠爵酒也。从冖，託聲。《周書》曰：王三宿三祭三託。〔當故切〕

文四

冃部

冃 mǎo　重覆也。从冂、一。凡冃之屬皆从冃。讀若艸苺苺。〔莫保切〕

【注釋】

冖又加一，故曰「重覆也」。

同 tóng　合會也。从冃，从口。〔臣鉉等曰：同，爵名也。《周書》曰：太保受同，嚌。故从口，《史籀》亦从口。李陽冰云：从口，非是。〕〔徒紅切〕

【注釋】

本義是聚會，《論語》:「宗廟之事，如會同，端章甫，願為小相焉。」引申為聚集，《詩經》:「我稼既同，上入執宮功。」又整齊也，《詩經》:「我馬既同，我車既攻。」

青 qiāng　　幬帳之象。从冂。㞢，其飾也。〔苦江切〕

【注釋】

㱿字從此。段注:「按古音在三部。《殳部》㱿从殳、青聲，凡穀、嗀字从㱿聲。」

冡 méng　　覆也。从冂、豕。〔莫紅切〕

【注釋】

今蒙蓋之本字。《說文》:「蒙，王女也。」本義是女蘿，草名，非本字明矣。

段注:「凡蒙覆、僮蒙之字今字皆作蒙，依古當作冡，蒙行而冡廢矣。《艸部》蒙，草名也。」

文四

冃部

冃 mào　　小兒蠻夷頭衣也。从冂。二，其飾也。凡冃之屬皆从冃。〔莫報切〕

【注釋】

今帽之初文。高鴻縉《中國字例》:「冖、冃、冃、冒、帽，五形一字。」

段注:「謂此二種人之頭衣也。小兒未冠，夷狄未能言冠，故不冠而冃。冃即今之帽字也，後聖有作，因冃以製冠冕，而冃遂為小兒蠻夷頭衣。」

冕 miǎn　　大夫以上冠也。邃延，垂瑬，紞纊。从冃，免聲。古者黃帝初作冕。〔亡辡切〕 絻，或从糸。

【注釋】

免，金文作，郭沫若《兩周金文辭大系考釋》:「免是冕之初文，象人著冕形。」

冕是古代大夫以上階層所戴。古有「軒冕」，指大夫以上階層乘的車和戴的帽子，後專為帝王所戴。帝王登基叫「加冕」，「冕旒」代指帝王，王維詩：「萬國衣冠拜冕旒。」

段注：「冠下曰：弁冕之總名。渾言之也。此云：冕者，大夫以上冠。析言之也。大夫以上有冕，則士無冕可知矣。許書無免字，而俛、勉字皆免聲，蓋本有免篆而佚之。或曰古無免、兔之分，俗強分別者，非也。冕之義取前俯，則與低頭之俛闗通。」

冑 zhòu　　兜鍪也。从冃，由聲。〔直又切〕《司馬法》冑从革。

【注釋】

見《肉部》胄字注。段注：「許書無由字，然由聲字甚多，不可謂古無由字，欲盡改為甹省聲也。」

冒 mào　　冡而前也。从冃，从目。〔莫報切〕古文冒。

【注釋】

冒有覆蓋義，《詩經》：「日居月諸，下土是冒。」有頂著義，今有「冒險」，謂頂著危險也。「冒名」「冒牌」「冒姓」皆頂著義。「冒犯」亦頂著義。覆蓋、頂著二義相反，正反不嫌同辭。

徐灝《說文解字注箋》：「冒即古帽字，引申蒙冒，別作帽。」引申有貪婪義，今有「貪冒」。污有覆蓋義，也有貪義，今有「貪污」。同步引申也。

《段注》：「引申之有所干犯而不顧亦曰冒。如假冒，如冒白刃，如貪冒，是也。《邶風》：下土是冒。傳曰：冒，覆也。此假冒為冃也。」

最 zuì　　犯而取也。从冃，从取。〔祖外切〕

【注釋】

最的本義是冒犯而奪取。常用義是總括、聚集，如「憂喜最門」。最高、最上謂之最，最後謂之殿，今有「殿最」，指小功績和大功績也。從取之字多有聚集義。見「冣」字注。

段注：「鍇曰：犯而取也。按犯而取猶冡而前。冣之字訓積，最之字訓犯取，二字義殊而音亦殊。《顏氏家訓》謂冣為古聚字，《手部》撮字从最為音義，皆可證也。」

文五 重三

㒳部

㒳liǎng　　**再也。从冂，闕。《易》曰：參天㒳地。凡㒳之屬皆从㒳。〔良獎切〕**

【注釋】

今數目兩之本字也。《說文》：「兩，二十四銖為一兩。」本義是斤兩字，非本字明矣。今兩行而㒳廢。

段注：「凡物有二，其字作㒳不作兩。兩者，二十四銖之稱也，今字兩行而㒳廢矣。」

《說文》：「从，二入也。兩从此。闕。良獎切。」段注：「此闕亦謂音讀不傳也。大徐良獎切，乃因㒳字从此，謂同㒳音。」據此，則㒳或從从聲，从實乃㒳之初文。

兩liǎng（两）　　**二十四銖為一兩。从一。㒳，平分，亦聲。〔良獎切〕**

【注釋】

朱芳圃《殷周文字釋叢》：「兩即一、㒳之合文，結構與一、白為百相同。」

段注：「《律曆志》曰：衡權本起於黃鍾之重，一龠容千二百黍，重十二銖，兩之為兩，二十四銖為兩。按兩者，㒳黃鍾之重，故从㒳也。」

㒼mán　　**平也。从廿，五行之數，二十分為一辰。㒳，㒼平也。讀若蠻。〔母官切〕**

【注釋】

清朱駿聲《說文通訓定聲·干部》：「㒼，今以皮冒鼓曰㒼，言平帖無縫也。」章炳麟《新方言·釋言》：「今浙江謂物無竅穴為㒼。又通語謂置物覆器中，不會洩氣亦曰㒼。」

文三

网部

网wǎng（罔、網）　　**庖犧所結繩，以漁。从冂，下象网交文。凡网**

之屬皆从网。今經典隸變作罒。〔文紡切〕罔网，或从亡。網网，或从糸。䍏古文网。𦉳籀文网。

【注釋】

本義即魚網，後加聲符亡作罔，後罔借為否定詞，又加糸作網，今簡化漢字又採其初文。隸變作偏旁時作罒、皿，如罟、岡。重文罔、網，今分別異用，王筠謂之累增字也。罔有欺騙、蒙蔽義，今有「欺君罔上」。

罨 yǎn　　罕也。从网，奄聲。〔於業切〕

罕 hǎn（罕）　　网也。从网，干聲。〔呼旱切〕

【注釋】

今作罕，隸變字形也。罕之本義是捕鳥用的長柄小網。引申旌旗謂之罕，「雲罕」謂旌旗也。

段注：「《吳都賦》注曰：罼、罕，皆鳥網也。按罕之製蓋似畢，小網長柄。故《天官書》：畢曰罕車。經傳叚為尟字，故《釋詁》云：希、寡、鮮，罕也。《五經文字》曰：經典相承隸省作罕。」

罥 juàn　　网也。从网、繯，繯亦聲。一曰：綰也。〔古眩切〕

【注釋】

俗作罥，捕捉鳥獸的網。又懸掛也，杜甫詩：「高者掛罥長林梢，下者飄轉沉塘坳。」「一曰：綰也」，用繩子套也。

罺 méi　　网也。从网，每聲。〔莫杯切〕

【注釋】

段注：「网之一也，《篇》《韻》皆曰雉网。」

罬 xuǎn　　网也。从网，巽聲。〔思沇切〕蹼《逸周書》曰：「不卵不蹼，以成鳥獸。」罬者，繯獸足也，故或从足。

罠 mí　　周行也。从网，米聲。《詩》曰：罠入其阻。〔武移切〕 罠，或从卣。

罩 zhào　　捕魚器也。从网，卓聲。〔都教切〕

【注釋】

魚罩歷史很久，至少在西周，就已經成為常見的捕魚工具。從漢畫像石和文獻記載看，魚罩分為竹罩和網罩兩種類型。竹罩是淺水捕魚的竹筐，今河南農村仍有此物。形似竹筐而大，無底，兩手持兩邊，見魚則覆蓋之。

一般竹罩只適於淺水區域捕魚，而大型的網罩可單獨作業於深水，且能捕獲大魚。網罩高度通常在兩米以上，適合深水捕撈。唐溫庭筠《罩魚歌》:「持罩入深水，金鱗大如手。」

段注:「《小雅》: 南有嘉魚，烝然罩罩。《釋器》曰：籗謂之罩。《竹部》曰：籗，罩魚者也。」《爾雅義疏》:「今魚罩皆以竹，形似雞罩，漁人以手抑按於水中以取魚。」今農村以雞罩罩魚者常有。

罾 zēng　　魚网也。从网，曾聲。〔作騰切〕

【注釋】

一種用竹竿或木棍做支架的方形魚網，類似仰傘，也似倒置的帳篷。以二曲竹交叉固定網四角，而中繫長竹竿，沉於水以取魚，類似農村的趕網、抬網。顏師古曰：「形如仰傘，蓋四維而舉之。」

罪 zuì　　捕魚竹网。从网、非。秦以罪為辠字。〔徂賄切〕

【注釋】

罪之本義為捕魚的竹網。罪過的本字當是辠，《說文》:「辠，犯法也。」引申為罰處、判罪，《韓非子》:「以其犯禁也，罪之。」秦始皇認為辠跟皇相似，故改辠過字作罪。

段注:「聲字舊缺，今補。本形聲之字，始皇改為會意字也。《文字音義》云：始皇以辠字似皇，乃改為罪。按經典多出秦後，故皆作罪，罪之本義少見於竹帛。《小雅》: 畏此罪罟。《大雅》: 天降罪罟。亦辠罟也。」

秦人之所以借「罪」字而不借用其他同音的字，應該是「罪」字還可以當成「从网非」的會意字來解的緣故，符合統治者把為「非」者一「網」打盡的願望。故借「罪」字既有假借的因素，也有形借的成分。本裘錫圭先生說。

㲋 jì　　魚网也。从网，㓹聲。㓹，籀文銳。〔居例切〕

【注釋】

本義是魚網。今指一種毛織品，即氈子。

罛 gū　　魚罟也。从网，瓜聲。《詩》曰：施罛濊濊。〔古胡切〕

【注釋】

捕魚的大網。

罟 gǔ　　网也。从网，古聲。〔公戶切〕

【注釋】

捕魚的網。《孟子》:「數罟不入污池。」今有「網罟」。

段注:「按不言魚网者，《易》曰：作結繩而為网罟，以田以漁。是网罟皆非專施於漁也。罟實魚网，而鳥獸亦用之，故下文有鳥罟、兔罟。」

罶 liǔ　　曲梁，寡婦之笱，魚所留也。从网、留，留亦聲。〔力久切〕**罶，或从婁。《春秋國語》曰：滿罛簍。**

【注釋】

捕魚的竹簍子，魚可進，不可出，類似今捕魚之地籠。梁，魚梁也，水中築的用來捕魚的堰。

笱用竹篾編織而成，不同的地方有不同的叫法，有的叫魚籠，還有的叫魚簍，山東叫肚簍，似花瓶狀，大口小頸、腰細腹圓、體大而長，入口部裝有倒鬚機關，魚只能從大口進入而不能逃出。使用時，在流水的溝渠中打起堰並留口子，肚簍就安放在堰口。放笱收笱，操作簡單，孩童亦可用。

段注:「笱，曲竹捕魚也。蓋曲梁別於凡梁，寡婦之笱別於凡笱。曲梁者，僅以薄為之。寡婦之笱，笱之敝者也。梁與笱相為用，故《詩》云：敝笱在梁，言逝梁必言發笱。」

黃鳳儀《嫠婦之笱謂之「罶」解》：此笱實竹器，與筐籠相似，口闊頸狹，腹大而長，無底，施之則以索束其尾，喉內編細竹而倒之，謂之曲簿。入則順，出則逆，故魚入其中而不能出，謂之罶者，罶從网從留，言能留魚而不使去也。多就曲梁施之，以承其空，人不必入水，雖婦人亦能用。

罜 zhǔ　　罜麗，魚罟也。从网，主聲。〔之庾切〕

【注釋】

罜麗，小魚網也。

麗 lù　　罜麗也。从网，鹿聲。〔盧谷切〕

罧 shèn　　積柴水中以聚魚也。从网，林聲。〔所今切〕

【注釋】

把柴堆在水裏以捕魚。林聲，聲兼義。林，多也，今有「林林總總」。段注：「今之作槮者，聚積柴木於水，魚得寒入其裏藏隱，因以薄圍捕取之。」

罠 mín　　釣也。从网，民聲。〔武巾切〕

【注釋】

釣魚繩。

段注：「《糸部》曰：緡，釣魚繳也。此曰罠，所以釣也。然則緡、罠古今字。一古文，一小篆也。」

羅 luó（罗）　　以絲罟鳥也。从网，从維。古者芒氏初作羅。〔魯何切〕

【注釋】

甲文作，商承祚《殷墟文字類編》：「上部象張网，象鳥形，丨象柄，後世增糸，復倒書之，義轉晦矣。古羅、罹一字。」

本義是捕鳥，今有「門可羅雀」。捕鳥之網也叫羅，今有「天羅地網」。引申之，招致謂之羅，如「羅致」，謂招請人才也。羅網多孔，均勻分布，引申出分布義，今有「星羅棋佈」。羅又指一種有孔的絲織品，今有「綾羅綢緞」。

罬 zhuó（輟）　捕鳥覆車也。从网，叕聲。〔陟劣切〕 罬，或从車。

【注釋】

覆車者，也叫翻車，網名。《史記》:「禽困覆車。」罬是一種設有機關的捕鳥網，網會自動覆蓋。《玉篇》:「罬，連也。幡車上覆网。」

段注:「罬謂之罦。罦，覆車也。郭云:今之翻車也，有兩轅，中施罥，以捕鳥。」今重文輟字，與「輟學」字為同形字。段注:「按《車部》有輟篆，義殊。」

罿 chōng　罬也。从网，童聲。〔尺容切〕

罦 fú（罦）　覆車也。从网，包聲。《詩》曰:雉離於罦。〔縛牟切〕 罦，或从孚。

【注釋】

今通行重文罦。《詩經·王風》:「雉離于罦。」毛傳:「罦，覆車也。」

罻 wèi　捕鳥网也。从网，尉聲。〔於位切〕

【注釋】

捕鳥小網。「罻羅」謂捕鳥的網，比喻法網。又指漁網。

罟 fú（罘）　兔罟也。从网，否聲。〔臣鉉等曰:隸書作罘。〕〔縛牟切〕

【注釋】

今常作罘。捕兔的網，泛指捕獵用的網。「罘罳」謂設在窗戶或屋簷下防鳥雀來築巢的金屬網。

罝 hù　罟也。从网，互聲。〔胡誤切〕

【注釋】

《廣韻》:「罝，兔网。」

罝 jū　兔网也。从网，且聲。〔子邪切〕 罝，或从糸。 籀文，从虘。

【注釋】

泛指捕野獸的網。《詩經》:「肅肅兔罝。」又指動詞用網捉。

䍢 wǔ　牖中网也。从网，舞聲。〔文甫切〕

【注釋】

窗中網。

段注:「中字剩，或曰當作戶牖网，如《招魂》之网戶。王逸曰:网戶，綺紋鏤也。此似网，非真网也，故次於此。」

署 shǔ　部署，有所网屬。从网，者聲。〔徐鍇曰:署置之，言羅絡之若罘网也。〕〔常恕切〕

【注釋】

本義是布置、部署。常用義有衙門，官吏辦公場所，今有「官署」「署衙」「海關總署」。引申出代理、暫任義，今有「署理」。領亦有此義，如「領署」，同步引申也。引申簽名謂之署，今有「署名」。

段注:「部署猶處分。《魯語》:『孟文子曰:夫位，政之建也。署，位之表也。署所以朝夕虔君命也。』按官署字起於此。」

罷 bà（罢）　遣有辠也。从网、能。言有賢能而入网，而貫遣之。《周禮》曰:議能之辟。〔薄蟹切〕

【注釋】

本義是罷免。

引申出停止義，今有「罷工」「欲罷不能」。引申為結束、完了義，《韓非子》:「及反，市罷。」常通「疲」，又指疲沓、無能，與「賢」對應，如「罷士」,「罷民」謂不良之民。

段注:「引申之為止也，休也。《齊語》有罷士、罷女，韋曰:『罷，病也。無作曰病。』按罷民、罷士謂偷惰之人，罷之音亦讀如疲，而與疲義殊。」

置[篆] zhì　　**赦也。从网、直。〔徐鍇曰：从直，與罷同意。〕〔陟吏切〕**

【注釋】

本義是赦免。

設置謂之置，除去亦謂之置，正反同辭也。置有安放義，「安放」用之，即是設立、建立，如「置法」「置某某縣」，今有「設置」。引申為購買，今有「購置稅」「置辦」。「安放」不用之，即是捨棄，曹丕《雜詩》：「棄置勿復陳。」又有驛站義，《韓非子》：「五十里而一置。」「置郵」謂驛站也。又指驛車、驛馬。

段注：「置之本義為貰遣，轉之為建立，所謂變則通也。《周禮》：廢置以馭其吏。與廢對文。古借為植字，如《考工記》：置而搖之。即植而搖之。《論語》：植其杖。即置其杖。」

罯[篆] ǎn　　**覆也。从网，音聲。〔烏感切〕**

詈[篆] lì　　**罵也。从网，从言，网辠人。〔力智切〕**

【注釋】

本義是罵，引申出責備義，《離騷》：「申申其詈余。」「罵」亦有此二義，同步引申也。

罵[篆] mà（**駡**）　　**詈也。从网，馬聲。〔莫駕切〕**

【注釋】

今隸變作罵。見上「詈」字注。

䩣[篆] jī（**羈**）　　**馬絡頭也。从网，从䩣。䩣，馬絆也。〔居宜切〕**[篆] **䩣，或从革。**

【注釋】

絡頭，籠頭也。今通行重文羈，本義是馬籠頭。見「勒」字注。曹植《白馬篇》：「白馬飾金羈。」「羈縻」謂拘留、束縛也。引申為約束義，今有「放蕩不羈」「不羈不才」。引申有停留義，寄居在外謂之「羈旅」。「羈留」者，停留也。

段注：「落、絡古今字，許書古本必是作落，引申之為羈旅。今字作羈，俗作羈。」

文三十四 重十二

罭 yù　魚网也。从网、或，或聲。〔于逼切〕

【注釋】

捕小魚的細眼網。

罳 sī　罘罳，屏也。从网，思聲。〔息茲切〕

【注釋】

罘罳謂設在窗戶或屋簷下防鳥雀來築巢的金屬網。又指古代的一種屏風，設在門外。罘罳還指城牆的角樓，所謂「城隅，角罘罳」也，見「隅」字注。

罹 lí　心憂也。从网，未詳。古多通用離。〔呂支切〕

【注釋】

本義是憂患、苦難。《爾雅》：「罹，憂也。」《詩經》：「我生之後，逢此百罹。」常用義為遭受，今有「罹難」。《離騷》者，罹憂也。鄭珍《新附考》：「罹訓遭，亦訓憂。古本作羅。」

文三 新附

襾部

襾 yà　覆也。从冂，上下覆之。凡襾之屬皆从襾。讀若晉。〔呼訝切〕

覂 fěng　反覆也。从襾，乏聲。〔方勇切〕

【注釋】

反覆謂顛覆也，今有「覂駕之馬」。常通「乏」，如「覂竭」即乏竭。

段注：「《武帝紀》：泛駕之馬。師古曰：『泛，覆也。音方勇反。字本作覂，後通用耳。』《廣韻》正作：覂駕之馬。《食貨志》：大命將泛。孟康曰：泛，音方勇反。《玉篇》正作：大命將覂。」

覈 𩃬 **hé（核）　　實也。考事，襾笮邀遮，其辭得實曰覈。从襾，敫聲。〔下革切〕𩃬覈，或从雨。**

【注釋】

此為核實、果核之本字。《說文》：「核，蠻夷以木皮為篋，狀如奩尊。」非本字明矣。

段注：「今字果實中曰核而本義廢矣，按許不以核為果實中者，許意果實中之字當用覈也。」見前「核」字注。

又段注：「《周禮》經作覈，注作核，蓋漢人已用核為覈矣。言考事者，定於一是，必使其上下四方之辭皆不得逞，而後得其實，是謂覈。此所謂咨於故實也，所謂實事求是也。」

覆 覆 **fù　　覂也。一曰：蓋也。从襾，復聲。〔敷救切〕**

【注釋】

本義是傾覆，引申出覆蓋義。引申出審察義，《說文》：「察，覆也。」《漢書》：「今之不良之吏覆案小罪。」覆案，審察也，同義連文。

文四　重一

巾部

巾 巾 **jīn　　佩巾也。从冂，丨象系也。凡巾之屬皆从巾。〔居銀切〕**

【注釋】

本義是佩巾。後之「東坡巾」「綸巾」「諸葛巾」「四方巾」實皆指帽子，非佩巾之類。

段注：「按以巾拭物曰巾，如以帨拭手曰帨。《陶淵明》文曰：或巾柴車，或棹孤舟。皆謂拂拭用之。今本作『或命巾車』，不可通矣。《玉篇》曰：本以拭物，後人著之於頭。」

帉 帉 **fēn　　楚謂大巾曰帉。从巾，分聲。〔撫文切〕**

【注釋】

從分之字、之音多有大義。《說文》：「衯，長衣貌。」見前「蕡」字注。

段注：「《方言》：大巾謂之㡉。凡賁聲字多訓大，如毛傳云：墳，大防也。頒，大首皃。汾，大也。皆是。」

帥𢁃shuài（帨）　　佩巾也。从巾、𠂤。〔所律切〕帨帥，或从兌。又音稅。

【注釋】

帅乃草書楷化字形。帥之本義是佩巾。

帥、帨本一字之異體，後分別異用。帥作為統帥義，帨作為佩巾義。古者生男則懸弓於門左，生女則懸帨於門右，後「懸弧」「懸帨」即成為小孩出生的代名詞，如「懸弧之時」，謂出生之時。

段注：「帨，今音稅。此二篆今人久不知為一字矣，《召南》毛傳曰：帨，佩巾也。佩巾本字作帥，假借作率也。後世分文析字，帨訓巾，帥訓率導、訓將帥，而帥之本義廢矣。率導、將帥字在許書作達，而不作帥與率。六書惟同音假借之用最廣。」

《說文》：「率，捕鳥畢也。」本義是捕鳥的網。《說文》：「達，先道也。」此將帥、率領之本字也。今則帥、率行而達廢矣。帥、率常通用，帥可表遵循義，即通「率」，如「不帥教」謂不遵教化也。

㡐𢃏shuì　　禮巾也。从巾，从執。〔輸芮切〕

帗𢃋fú　　一幅巾也。从巾，犮聲。讀若撥。〔北末切〕

【注釋】

一幅寬的布。本義罕用，常通「韍」，蔽膝也。

帉𢂯rèn　　枕巾也。从巾，刃聲。〔而振切〕

【注釋】

段注：「今俗所謂枕頭衣。《廣雅》亦曰：帉，巾也。」

幋𢅅pán　　覆衣大巾。从巾，般聲。或以為首鞶。〔薄官切〕

【注釋】

從般之字、之音多有大義，如鞶（大帶也）、鬢（奢也）等，見前「帣」字。

帤 帤 rú　　巾帤也。从巾，如聲。一曰：幣巾。〔女余切〕

【注釋】

古代擦抹用的布，亦指大巾。又指手巾，特指破舊的髒布。

幣 幣 bì（币）　　帛也。从巾，敝聲。〔毗祭切〕

【注釋】

簡化字币乃幣之另造俗字。本義是絲織品，古人用作禮物。常「幣帛」連言，泛指用作禮物的玉、馬、皮、帛等，如「六幣」。後作為一般等價物，故產生貨幣義。

段注：「幣，人所造成以自覆蔽，謂束帛也。愛之斯欲飲食之，君子之情也，是以享用幣，所以副忠信。」

幅 幅 fú　　布帛廣也。从巾，畐聲。〔方六切〕

【注釋】

廣，寬也。古代布帛的寬度是二尺二寸。「幅員」者，寬窄謂幅，周圍叫圓。

段注：「凡布帛廣二尺二寸，其邊曰幅。引申為邪幅，《小雅》：邪幅在下。傳曰：幅，偪也。所以自偪束也。」

幌 幌 huāng　　設色之工，治絲練者。从巾，巟聲。一曰：幌，隔。讀若荒。〔呼光切〕

帶 帶 dài（带）　　紳也。男子鞶帶，婦人帶絲。象佩之形，佩必有巾，从巾。〔當蓋切〕

【注釋】

带乃帶之草書楷化字形。見前「鞶」字注。

段注：「《內則》曰：男鞶革，女鞶絲。《革部》鞶下云：大帶也。男子帶鞶，婦人帶絲。按古有大帶，有革帶。革帶以繫佩、韍，而後加之大帶。則革帶統於大帶，故許於紳、於鞶皆曰大帶。實則《內則》之鞶專謂革帶，此稱《內則》者，謂鞶統於紳，佩繫於鞶也。」

腰帶有大帶和革帶兩類。大帶，據《禮記・玉藻》，上古天子、諸侯、大夫「素帶」，即素絲編織。士「練帶」，士以下之庶人無大帶。帶的位置：朝服之類，圍處要高於心；深衣之類，圍處要高於脅。帶圍而在身前交結，交結處以組帶約束，並垂大帶之余以為飾。

革帶，鞶在大帶之內，「革帶以鞶佩韍，而後加之大帶」，上附革囊，以放納隨身雜物。革帶有皮帶、帶鉤、銙（帶環）、鉈（帶尾）構成，帶環套入帶鉤以固結。「鞶」是士以上之仕宦者所用革帶的專稱，除了掛革囊，還用以懸佩玉飾。也可泛稱大帶。庶民束的革帶無紋飾，稱「韋帶」。

紳本指大帶之垂者，即打結後餘伸的絲帶。上古士大夫束在衣外的絲腰帶，在腹前打結，必留出三尺垂下，謂之紳。擴大代稱整個大帶，常用為大帶的專稱。參黃金貴《古代文化詞義集類辨考》。

幘 zé　髮有巾曰幘。从巾，責聲。〔側革切〕

【注釋】

幘是包髮的巾。一般非貴族中人是不戴冠的，但也要留全髮，上罩頭巾，稱為幘。蔡邕《獨斷》：「幘者，古之卑賤執事不冠者之所服也，漢以後服之。」

《方言》：「覆髻謂之幘巾。」幘的作用是蓋住髮髻，可以一直蓋到前額。幘本覆額，推起頭巾，露出前額，古人叫作岸幘（岸，露也），表示灑脫不拘禮節。

帕 xún　領端也。从巾，旬聲。〔相倫切〕

帔 pèi　弘農謂帬帔也。从巾，皮聲。〔披義切〕

【注釋】

本義是裙子。古有「鳳冠霞帔」，乃女子之嫁衣。帔謂披在肩膀上的服飾，非本義也。帔者，披也。

常 cháng（裳）　下帬也。从巾，尚聲。〔市羊切〕 常，或从衣。

【注釋】

古者常、裳為一字，後分別異用。今「常」作姓氏字，仍有讀 shāng 者。段注：

「今字裳行而常廢矣。从巾者，取其方幅也，引申為經常字。」古者上面穿的叫衣，下面穿的叫裳，即裙子。古者男女同服，今東南亞男子仍有穿裙之俗。

常之常用義，指上繪日月的一種旗幟，《國語》:「建常設鼓。」蓋日月恒定，故謂之常。常者，恒也。有固定、永久義，如「不法常可」，謂不遵從固定的方法。「恒人」謂常人也。「恒言」謂常談也。《爾雅》:「法，常也。」故有準則義，如「三綱五常」。

帬 qún（裙）　　下裳也。从巾，君聲。〔渠云切〕 裠，或从衣。

【注釋】

今通行重文裙。

《釋名·釋衣服》:「裙，群也。聯接群幅也。」後來男子多穿褲、袍，裙逐漸成為婦女專用服裝，「裙裳」「裙釵」亦成為婦女的代名詞。

帴 sàn　　裙也。一曰：帗也。一曰：婦人脅衣。从巾，戔聲。讀若末殺之殺。〔所八切〕

幝 kūn（褌）　　幒也。从巾，軍聲。〔古渾切〕 褌，或从衣。

【注釋】

上古有裳無褲，所說的褲（絝），並不等於今天所謂褲，而是套褲。《說文》:「絝，脛衣也。」古代的褲子沒有襠，只有兩個褲筒，套在腿上，上端有繩帶以係在腰間。

古代的滿襠褲叫幝，不叫褲。今通行重文褌。《釋名·釋衣服》說:「褌，貫也。貫兩腳，上繫腰中也。」即滿襠褲也，這就是現代的褲子了。「虱處褌中」喻見識短淺。俗語有「井底的蛤蟆，褲襠裏的蝨子」。

段注:「《釋名》:『褌，貫也。貫兩腳上繫腰中也。』按今之套褲，古之絝也。今之滿襠褲，古之褌也。自其渾合近身言曰幝，自其兩襱孔穴言曰幒。《方言》: 無祠之袴謂之襣。郭云：即犢鼻褌。」

幒 zhōng　　幝也。从巾，悤聲。一曰：帙。〔職茸切〕 帐 幒，或从松。

【注釋】

幒者，總也。滿襠褲，故謂之幒。

幨 lán　　楚謂無緣衣也。从巾，監聲。〔魯甘切〕

【注釋】

今「衣衫襤褸」之本字。緣者，邊也。無緣者，謂不縫邊，是為粗衣。

幎 mì（冪、冪）　　幔也。从巾，冥聲。《周禮》有幎人。〔莫狄切〕

【注釋】

俗作冪。變換結構則為冪，本義是蓋東西的方巾，《小爾雅》:「大巾謂之冪。」引申有覆蓋義，引申有方義。冪者，方也。數學上乘方謂之乘冪，簡稱冪，冪次又叫方次。今演員有楊冪者，父母皆姓楊，加上自己，楊的三次方，此取名之妙也。

段注:「謂冡其上也。《周禮》注曰:以巾覆物曰幎。《禮經》:鼎有鼏，尊彝有幎。其字亦作冪，俗作冪，算家『幎積』是此字。」

幔 màn　　幕也。从巾，曼聲。〔莫半切〕

【注釋】

在上曰幔，在旁曰帷。

段注:「凡以物冡其上曰幔，與幎雙聲而互訓。《釋名》《玉篇》《廣韻》以帷幔釋之，今義非古義也。」

幬 chóu（幬、燾）　　禪帳也。从巾，𠷎聲。〔直由切〕

【注釋】

禪者，單也。單層的帷帳。《說文》無燾字，本字即幬。

段注:「禪，不重也。《古樂府》:紅羅覆斗帳。則帳多覆者。《中庸》注曰:幬，或作燾。」

嵰 lián　　帷也。从巾，兼聲。〔力監切〕

【注釋】

今簾（帘）之本字也。

段注：「疑幭或與簾別，或者此簾字後人所加之乎，所不能決也。簾施於堂之前以隔風日而通明，幭以布為之，故从巾。簾析竹縷為之，故其字从竹，其用殊，其地殊，其質殊。《釋名》曰：『幭，廉也。自障蔽為廉恥也。戶幭，施之於戶外也。』按與《竹部》簾異物，幭以布為之，簾以竹為之。」

帷 wéi　在旁曰帷。从巾，隹聲。〔洧悲切〕古文帷。

【注釋】

帷，圍也，故在旁曰帷。帷是圍在四周的幕布，無頂。也泛指帳篷，幄亦指帳篷，如「運籌帷幄」。

帳 zhàng　張也。从巾，長聲。〔知諒切〕

【注釋】

張者，聲訓，謂可以施張在床上也。

段注：「以疊韻為訓。《釋名》曰：帳，張也。張施於床上也。小帳曰斗帳，形如覆斗也。古亦借張字為之。」

幕 mù　帷在上曰幕，覆食案亦曰幕。从巾，莫聲。〔慕各切〕

【注釋】

幕即帳篷的頂布。泛指帳篷，如「幕府」「幕僚」。

帔 bǐ　幓裂也。从巾，匕聲。〔卑履切〕

幓 xiè / shì　殘帛也。从巾，祭聲。〔先列切〕，又〔所例切〕

【注釋】

從祭之字有殘殺義。蔡，丰草也。同源詞也。

幏 shū　正耑裂也。从巾，俞聲。〔山樞切〕

【注釋】

裁開的帛的正幅。

帖 帖 tiè　　帛書署也。从巾，占聲。〔他叶切〕

【注釋】

帛書上的標簽。

段注：「《木部》曰：檢，書署也。木為之謂之檢，帛為之則謂之帖。皆謂幟題，今人所謂簽也。帛署必黏貼，引申為帖服、為帖妥。俗製貼字為相附之義，製怗字為安服之義。」

帖常用義安也，安定也，今有「妥帖」，妥亦安也。又有順從義，今有「俯首帖耳」。又有文書、告示義，《木蘭辭》：「昨夜見軍帖，可汗大點兵。」今簡條、便條謂之帖，今有「請帖」。

舊時寫有生辰八字的紙片謂之庚帖，古者男女定婚要換庚帖，俗稱「換帖」。舊時義結金蘭也要換帖，故「換帖」又作為交朋友之稱，今河南方言仍有此語，如「他與縣長換帖」。

帙 帙 zhì（袠）　　書衣也。从巾，失聲。〔直質切〕袠 帙，或从衣。

【注釋】

書套也，古者十卷為一帙，如「卷帙浩繁」。

段注：「書衣謂用裹書者，亦謂之幒。陸德明撰《經典釋文》三十卷，合為三袟。今人曰函。」

幡 幡 jiān　　幡幟也。从巾，前聲。〔則前切〕

【注釋】

旗幟也。

徽 徽 huī　　幟也。以絳徽帛，箸於背。从巾，微省聲。《春秋傳》曰：揚徽者公徒。〔許歸切〕

【注釋】

標誌、符號，今「國徽」「校徽」之本字也。《說文》：「徽，邪幅也。一曰：三糾繩也。」本義是綁腿，非本字明矣。

段注：「按古朝覲、軍禮皆有徽識，而徽各書作徽，容是叚借。」

幖 biāo　　幟也。从巾，票聲。〔方招切〕

【注釋】

今標（标）志之本字。《說文》:「標，木杪末也。」非本字明矣。

段注:「《通俗文》曰：徽號曰幖，私記曰幟。凡物之幖識亦曰徽識，今字多作標牓，標行而幖廢矣。」

帤 yuān　　幡也。从巾，夗聲。〔於袁切〕

【注釋】

擦拭用的巾；抹布。

幡 fān　　書兒拭觚布也。从巾，番聲。〔甫煩切〕

【注釋】

觚，幼兒寫字之木簡。本義是擦拭寫字板的布，類似現在的黑板擦。

又指用竹竿挑起來，直著掛的長條形旗子。今河南習俗，父母死後，長子要「打幡」，即此物也。今有「幡然悔悟」,「幡然」，快速也。本字當作「翻」。翻，飛也，飛則快也。

段注:「顏師古曰:『觚者學書之牘，或以記事，削木為之，其形或六面，或八面，皆可書。觚者，棱也。以有棱角，故謂之觚，即孔子所歎也。』按觚以學書或記事，若今書童及貿易人所用粉版。既書，可拭去再書。許書《㫃部》旛下曰：旛，胡也。謂旗幅之下垂者，與幡各義。自俗書从便，旗旛字皆作幡。」

㡇 là　　㓟也。从巾，剌聲。〔盧達切〕

【注釋】

擦拭附著物。

幱 jiān　　拭也。从巾，韱聲。〔精廉切〕

幝 chǎn　　車敝貌。从巾，單聲。《詩》曰：檀車幝幝。〔昌善切〕

【注釋】

幝幝，破舊的樣子。

幏 méng　　蓋衣也。从巾，冡聲。〔莫紅切〕

幭 miè　　蓋幭也。从巾，蔑聲。一曰：禪被。〔莫結切〕

【注釋】

古代車前橫木上的覆蓋物，又指頭巾。

幠 hū　　覆也。从巾，無聲。〔荒烏切〕

【注釋】

《爾雅》：「幠，大也。」本義是覆蓋。大則覆也。無聲，聲兼義也，从無之字多有大義。膴，大塊肉也；蕪，草覆地也。

段注：「《喪大記》：幠用斂衾。《釋詁》：幠，大也。幠，有也。皆覆義之引申也。」

飾 shì　　刷也。从巾，从人，食聲。讀若式。一曰：襐飾。〔賞只切〕

【注釋】

饰乃草書楷化字形。飾乃擦拭之古字也，《說文》無拭字。

「一曰：襐飾」，《說文》：「襐，飾也。」此今「裝象」之本字也，衍生出歇後語「豬鼻子裏插蔥——裝象」。常用義修理、整治，賈誼《過秦論》：「以飾法設刑，而天下治。」「修」亦整治義，同步引申也。或謂通「飭」，飭，整也。不可取，本字可通，不言假借。

段注：「《又部》曰：㕞，飾也。二篆為轉注。飾、拭古今字。許有飾無拭，凡說解中拭字皆淺人改飾為之。凡物去其塵垢即所以增其光采，故㕞者飾之本義，而凡踵事增華皆謂之飾，則其引申之義也。」

幃 wéi　　囊也。从巾，韋聲。〔許歸切〕

【注釋】

本義是香囊。又指帳子。

帣 juàn　　囊也。今鹽官三斛為一帣。从巾，𢍏聲。〔居倦切〕

【注釋】

段注：「《集韻》曰：囊有底曰絭。或借為絭字。」

帚 zhǒu　　糞也。从又持巾埽冂內。古者少康初作箕、帚、秫酒。少康，杜康也，葬長垣。〔支手切〕

【注釋】

糞者，棄除也。本義是掃除，掃除之器亦叫帚。甲骨文作，羅振玉謂象帚形，甲骨文帚、婦同字，上古二字皆屬幽部。

席 xí　　籍也。《禮》：天子、諸侯席，有黼繡純飾。从巾，庶省。〔臣鉉等曰：席，以待賓客之禮，賓客非一人，故从庶。〕〔祥易切〕 古文席，从石省。

【注釋】

本義是席子，後作「蓆」。代指船帆，古人用席作帆，杜甫《早發》：「早行篙師怠，席掛風不正。」席、筵有別，鋪在下面的大席叫筵，上面的叫席，後無別，但床上的不能叫筵。古者席子很薄，典故有「戴憑奪席」。

古人席地而坐，以坐西朝東為最尊，乃師長之位，故老師叫作西席、西賓。席引申有憑藉義，《漢書》：「呂產、呂祿席太后之寵。」籍、藉亦有此義，同步引申也。

段注：「此以疊韻為訓，戶護、門聞之例也。藉本祭藉，引申為凡藉之稱。《竹部》曰：竹席曰筵。實通稱耳。」

幐 téng　　囊也。从巾，朕聲。〔徒登切〕

【注釋】

佩囊也。段注：「按凡囊皆曰幐。《玉篇》曰：兩頭有物謂之幐擔。《廣韻》曰：囊可帶者。或借縢為之。」

幩 fèn　　以囊盛穀，大滿而裂也。从巾，奮聲。〔方吻切〕

楯 zhūn　　載米齡也。从巾，盾聲。讀若《易》屯卦之屯。〔陟倫切〕

帢 𢂎 gé　　蒲席𠜂也。从巾，及聲。讀若蛤。〔古沓切〕

幩 𢅄 fén　　馬纏鑣扇汗也。从巾，賁聲。《詩》曰：朱幩鑣鑣。〔符分切〕

【注釋】

扇汗謂纏在馬嚼子兩端的飾巾。陸德明《經典釋文》：「扇汗，又名排沫。」推其得名之由，殆其作用為扇排馬嘴旁的汗沫也。馬疾馳則有汗沫。

幔 𢅏 nún　　墀地以巾㨯之。从巾，夒聲。讀若水溫𩞄也。一曰：箸也。〔乃昆切〕

帑 𢄼 tǎng　　金幣所藏也。从巾，奴聲。〔乃都切〕

【注釋】

國家收藏錢財的倉庫，「內帑」謂皇室的私財。今常通「孥」，子女也，《詩經》：「樂爾妻帑。」「孥稚」指兒童。亦指妻子和兒女，「孥戮」指誅及妻子、兒女。

段注：「帑之言囊也，以幣帛所藏，故从巾。《小雅・常棣》傳曰：帑，子也。此叚帑為奴。《周禮》曰：其奴男子入於罪隸，女子入於舂稾。本謂罪人之子孫為奴，引申之則凡子孫皆可稱奴，又叚帑為之。鳥尾曰帑，亦其意也。今音帑藏，他朗切。以別於妻帑，乃都切。五部。」

布 𢁾 bù　　枲織也。从巾，父聲。〔博故切〕

【注釋】

本義是麻布，故平民謂之布衣。帛謂絲織品。

古代貨幣叫布，通「鎛」，鋤頭類。古有布幣，因形狀似鏟，又稱鏟布，從青銅農具鎛演變而來，是春秋戰國時期流通於中原諸國的鏟狀銅幣。古有平首布、空首布、兩足布等，皆耒之變。見前「耒」字注。

上古時期曾以農具作為交易媒介，其後鑄造貨幣又仿其形為之，因此引申為貨幣。錢亦如是，錢本義是鐵鏟，引申為貨幣、錢財。《詩》：「氓之蚩蚩，抱布貿絲。」「布」釋為貨幣可矣，或釋為布匹，亦可。

段注：「古者無今之木綿布，但有麻布及葛布而已。引申之凡散之曰布，取義於可卷舒也。《外府》注曰：『布，泉也。其藏曰泉，其行曰布。』泉者今之錢也。

《衛風》：抱布貿絲。傳曰：布，幣也。箋云：幣者所以貿買物也。此幣為凡貨之稱，布帛金錢皆是也。」

幏 jià　　南郡蠻夷賨布。从巾，家聲。〔古訝切〕

㡉 xián　　布，出東萊。从巾，弦聲。〔胡田切〕

【注釋】

連篆為讀。㡉布，出東萊。段注：「《地理志》《郡國志》東萊郡皆有㡉縣，蓋以布得名也。」

帑 mù　　髼布也。一曰：車上衡衣。从巾，敄聲。讀若項。〔莫卜切〕

幦 mì　　髼布也。从巾，辟聲。《周禮》曰：駹車大幦。〔莫狄切〕

【注釋】

髼布即用油漆塗飾過的布。常用義是古代車前橫木上的覆蓋物。

㡇 zhé　　領耑也。从巾，耴聲。〔陟葉切〕

文六十二 重八

幢 chuáng　　旌旗之屬。从巾，童聲。〔宅江切〕

【注釋】

古時作為儀仗用的傘狀旗幟，垂筒形，飾有羽毛、錦繡。又指佛教刻寫經文的石柱或圓形綢傘。在綢傘上寫叫經幢，在石頭刻叫石幢。「幢幢」謂搖晃貌，通「憧憧」，如「人影幢幢」。今作為量詞，音 zhuàng，一幢樓。

幟 zhì　　旌旗之屬。从巾，戠聲。〔昌志切〕

【注釋】

旗幟的通稱。又標記也，「幟志」謂典範、標準也。幟為後起字，旗幟字本作「識」，參「識」字注。湯可敬《今釋》：「幟，旌旗的標誌。」標誌乃蛇足，旌旗可也。

帟 [seal] yì　在上曰帟。从巾，亦聲。〔羊益切〕

【注釋】

小帳幕，亦指幄中座上的帳子，如「幕人掌帷、幕、幄、帟、綬之事」。

幗 [seal] guó　婦人首飾。从巾，國聲。〔古對切〕

【注釋】

指古代婦女包頭的巾帕。今「巾幗」代稱女子。

幧 [seal] qiāo　斂髮也。从巾，喿聲。〔七搖切〕

【注釋】

今有「幧頭」，又叫「絡頭」「帞頭」「陌頭」，如今陝西農民頭上束髮白毛巾也。見下「幞」字法。

帒 [seal] dài　囊也。从巾，代聲。或从衣。〔徒耐切〕

【注釋】

古同「袋」，《玉篇・衣部》:「袋，囊屬，亦作帒。」

帊 [seal] pà　帛三幅曰帊。从巾，巴聲。〔普駕切〕

幞 [seal] fú（襆）　帊也。从巾，菐聲。〔房玉切〕

【注釋】

幞頭，古代男子用的一種頭巾，也叫陌頭。類似現在陝北農民用毛巾包頭的方法，大約從後周起正式進入上層社會並加以美化，創造了多種形式。

宋朝文官所戴的幞頭襯上木片，稱為展腳幞頭，今宋代古裝劇官員帽子兩邊有兩塊長板者即是，俗語有「有權沒權，看你肩膀上的兩塊板」。因為幞頭經常是用青黑色的紗做成，所以也叫烏紗，即後代俗稱的烏紗帽。

幰 [seal] xiǎn　車幔也。从巾，憲聲。〔虛偃切〕

【注釋】

本義是車前的帷幔。

文九 新附

巿部

巿巿fú（韍）　　韠也。上古衣蔽前而已，巿以象之，天子朱巿，諸侯赤巿，大夫葱衡。从巾，象連帶之形。凡巿之屬皆从巿。〔分勿切〕韍篆文巿，从韋，从犮。〔臣鉉等曰：今俗作紱，非是。〕

【注釋】

今通用重文韍。即蔽膝也，見前「韠」字注。秦有徐巿（也作徐福），為秦始皇往東海尋長生不老藥者。

帢帢jiá（韐）　　士无巿有帢。制如榼，缺四角，爵弁服，其色韎，賤不得與裳同。司農曰：裳，纁色。从巿，合聲。〔古洽切〕韐帢，或从韋。

【注釋】

今通行重文韐。「韎韐」謂一種古代武士祭服，主要用以蔽膝。

文二 重二

帛部

帛帛bó　　繒也。从巾，白聲。凡帛之屬皆从帛。〔旁陌切〕

【注釋】

帛是絲織品，布是麻織品。帛書是寫在絲綢上，「布衣」謂平民。

錦錦jǐn　　襄邑織文。从帛，金聲。〔居飲切〕

【注釋】

或作「襄色」，襄色織文指用五彩色織成的花紋。在複雜的織造技巧與刺繡工藝還沒出現以前，製衣的絲帛要染，或在上面繪畫上圖案。繪與繡是在絹帛織好後再加工上去的。如果花紋圖案是直接織出來的就叫錦或綺，較昂貴，如「遍身羅綺者，不是養蠶人」。

文二

白部

白 bái　西方色也。陰用事，物色白。从入合二。二，陰數。凡白之屬皆从白。〔旁陌切〕 古文白。

【注釋】

五行西方屬金，金色白。商承祚《說文中之古文考》：「从日銳頂，象日始出地面，光閃耀如，天色已白，故曰白也。」郭沫若：「此實拇指之象形，拇為將指，在手足俱居首位，故引申為仲伯之伯，又引申為王伯之伯，其用白色字乃假借耳。」

白之常用義甚多，有純潔、乾淨義，引申為天亮，如「雄雞一唱天下白」。引申出清楚明瞭、顯著義，如「真相大白」「功名不白」。酒杯也叫白，如「乾一大白」，白、杯一聲之轉也。今蘇州話如此，吾遊周莊時曾耳聞。今錯別字中的別字叫白字，白、別亦一聲之轉也。

皎 jiǎo　月之白也。从白，交聲。《詩》曰：月出皎兮。〔古了切〕

【注釋】

月光之白。《詩經》：「月出皎兮。」今有「皎潔的月亮」。

皢 xiǎo　日之白也。从白，堯聲。〔呼鳥切〕

【注釋】

俞樾《兒笘錄》：「曉之俗體。」

皙 xī　人色白也。从白，析聲。〔先擊切〕

【注釋】

指人的皮膚白，今有「白皙」。孔子學生曾點，曾參之父，字子皙。點的本義是黑點，名字意義相反也。段注：「今字皆省作晳，非也。」

皤 pó　老人白也。从白，番聲。《易》曰：賁如皤如。〔薄波切〕

皤，或从頁。

【注釋】

指老人鬚髮白。或曰此今「頭髮斑白」之本字，可備一說。今有「白髮皤然」，「皤皤」，髮白貌也。又豐盛貌，如「行庖皤皤」。又大肚子貌，《左傳》:「皤其腹。」

段注:「引申為凡白素之稱也。从頁，然則白髮亦稱皤。《兩都賦》曰：皤皤國老。《周易・賁》六四：賁如皤如。」

皠 hé　鳥之白也。从白，隺聲。〔胡沃切〕

【注釋】

鳥羽之白。白鳥為鶴，同源詞也。《廣雅》:「皠，白也。」

皚 ái　霜雪之白也。从白，豈聲。〔五來切〕

【注釋】

今有「白雪皚皚」，又如「皚如山上雪」。段注:「辭賦家多用皚皚字。」

皅 pā　草華之白也。从白，巴聲。〔普巴切〕

【注釋】

今「奇葩」字從此聲。段注:「葩字从此。《靈樞經》曰：紛紛皅皅，終而復始。紛紛皅皅，蓋言多也。」

皦 jiǎo　玉石之白也。从白，敫聲。〔古了切〕

【注釋】

泛指明亮、白。《詩經》:「謂予不信，有如皦日。」「皦皦」謂明亮貌。又引申清晰、分明貌。

段注:「《王風》：有如皦日。傳曰：皦，白也。按此叚皦為曉也。《論語》：皦如也。何曰：言樂之音節分明也。此其引申之義也。」

㿥 xì　際見之白也。从白，上下小見。〔起戟切〕

【注釋】

縫隙裏露出的光線潔白，隙字從此聲。

皛 xiǎo　顯也。从三白。讀若皎。〔烏皎切〕

【注釋】

皎潔，光明也。段注：「《倉頡篇》曰：皛，明也。」藠從此聲。蘇東坡請人喫「皛飯」，即「三白飯」，拆字游戲耳，參「無」字注。

文十一　重二

㡀部

㡀 bì　敗衣也。从巾，象衣敗之形。凡㡀之屬皆从㡀。〔毗祭切〕

【注釋】

此「敝帚自珍」之初文。段注：「此敗衣正字，自敝專行而㡀廢矣。」

敝 bì　帗也。一曰：敗衣。从攴，从㡀，㡀亦聲。〔毗祭切〕

【注釋】

帗者，一幅巾也。本義不常見，常用義是破舊的衣服，引申為破舊，今有「敝帚自珍」。自稱為「敝人」，自稱妻子為「敝房」「敝室」，自稱本國為「敝國」，又有「敝處」「敝姓」等。

文二

黹部

黹 zhǐ　箴縷所紩衣。从㡀，丵省。凡黹之屬皆从黹。〔臣鉉等曰：丵，眾多也，言箴縷之工不一也。〕〔陟几切〕

【注釋】

做針線，刺繡，如「針黹」。《說文》：「襧，紩衣也。」黹乃襧之初文。

黼 chǔ　合五采鮮色。从黹，虘聲。《詩》曰：衣裳黼黼。〔創舉切〕

【注釋】

今「衣冠楚楚」之本字。楚楚，明亮貌。

段注：「《曹風·蜉蝣》曰：衣裳楚楚。傳曰：楚楚，鮮明貌。許所本也。黼其正字，楚其假借字也。」

黼 fǔ　白與黑相次文。从黹，甫聲。〔方矩切〕

【注釋】

古代禮服上白黑相間的花紋，如斧頭形。黼黻，泛指花紋和有文采。《爾雅》孫注：「文如斧形，蓋半白半黑，似刃白而身黑。」

黻 fú　黑與青相次文。从黹，犮聲。〔分勿切〕

【注釋】

古代禮服上青黑相間半青半黑的花紋。據《爾雅》郭注，象兩「己」相背之形，而刺繡於其間。

𪓐 zuì　會五采繒色。从黹，綷省聲。〔子對切〕

【注釋】

「綷省聲」不妥，「卒聲」可也。從卒之字多有聚集義，如萃（草叢生）、捽（持頭髮也）、粹（純的）等。

黺 fěn　袞衣山、龍、華、蟲。黺，畫粉也。从黹，从粉省。衛宏說。〔方吻切〕

【注釋】

彩色花紋。

段注：「鄭注云：畫者為繪，刺者為繡。繡與繪各有六，衣用繪，裳用繡。許書繪下云：會五采繡也。」

文六

卷八上

三十七部 六百一十一文 重六十三 凡八千五百三十九字
文三十五 新附

人部

人𠆢rén　天地之性最貴者也。此籀文。象臂脛之形。凡人之屬皆从人。〔如鄰切〕

【注釋】

段注：「果實之心亦謂之人，能復生草木而成果實，皆至微而具全體也。果人之字，自宋元以前《本艸》、方書、詩歌、紀載無不作人字，自明成化重刊《本艸》乃盡改為仁字，於理不通，學者所當知也。」

僮𠈪tóng　未冠也。从人，童聲。〔徒紅切〕

【注釋】

此童子之本字。童之本義是男性奴隸，非本字明矣。後二字常通用，今簡化漢字廢僮。

段注：「《辛部》曰：男有辠曰奴，奴曰童。按《說文》僮、童之訓與後人所用正相反，如穜、種二篆之比。今經傳僮子字皆作童子，非古也。《雜記》注曰：童，未成人之稱。《學記》注曰：成童，十五以上。引申為僮蒙。」

保𠈃bǎo　養也。从人，从孚省。孚，古文孚。〔博抱切〕𠈃古文保。

[seal script glyph]古文保，不省。

【注釋】

本義是養育、撫養，如「若保赤子」。古有「保氏」，負責教育貴族子弟的官員，保字保留本義。引申義安定也，桓寬《鹽鐵論》:「寬徭役，保士民。」又奴僕義，《廣雅》:「保，使也。」今有「酒保」，謂酒店裏的僕役。保有城義，小城曰保，後加土作「堡」。

甲骨文作[oracle bone glyph]，象人背著孩子之形。唐蘭《殷墟文字記》:「負子於背謂之保，引申之，則負之者謂之保，更引申之，則又保養之義。保本象負子於背之形，許誤以為形聲。」

仁[seal script glyph] rén　　親也。从人，从二。〔臣鉉等曰：仁者兼愛，故从二。〕〔如鄰切〕[seal script glyph]古文仁，从千、心。[seal script glyph]古文仁，或从尸。

【注釋】

今作為敬辭，如「仁兄」「仁弟」「同仁」。手足痿痹不能運動謂之不仁，今有「麻木不仁」。以「仁」為廟號是對帝王最大的褒獎，廟號之佳，無出其右。

企[seal script glyph] qǐ　　舉踵也。从人，止聲。〔去智切〕[seal script glyph]古文企，从足。

【注釋】

林義光《文源》:「人下有足跡，象舉踵形。」《荀子・勸學》:「我嘗跂而望焉，不如登高之博見也。」本字當作企。引申出仰望、盼望義，今有「企望」「企盼」「企待」。

段注：「企或作跂，《衛風》曰：跂予望之。《檀弓》曰：先王之制禮也，過之者俯而就之，不至焉者跂而及之。《方言》: 跂，登也。梁益之間語。」

仞[seal script glyph] rèn　　伸臂一尋，八尺。从人，刃聲。〔而震切〕

【注釋】

八尺為尋，倍尋為常。

一尋即一仞，周制八尺、漢制七尺為一仞。漢尺相當於現在的三分之二尺，合二十三釐米。見「尺」字注。引申為測量深度，《左傳》:「度厚薄，仞溝洫。」《射雕英雄傳》有裘千丈、裘千仞、裘千尺，裘千丈說自己比弟弟裘千仞「多三千尺」即緣此。

仕𠈃 shì　　學也。从人，从士。〔鉏里切〕

【注釋】

本義是學習仕宦之事。後引申為做官，為常用義。「學而優則仕」原義是學習有了空閒就去當官，非今義也。宦亦有此二義，同步引申也。「仕女」，宮女也，如「簪花仕女圖」。又指畫中的美女。

段注：「訓仕為入官，此今義也。古義宦訓仕，仕訓學，故《毛詩》傳五言『士，事也』，而《文王有聲》傳亦言『仕，事也』。是仕與士皆事其事之謂。學者，覺悟也，事其事則日就於覺悟也。若《論語·子張篇》：子夏曰：仕而優則學，學而優則仕。《公冶長篇》：子使漆雕開仕。注云：仕，仕於朝也。以仕學分出處，起於此時矣，許說其故訓。」

佼𠊾 jiāo　　交也。从人，从交。〔下巧切〕

【注釋】

本義是交往，如「私佼」。常用為美好義，如「容貌佼好」。今有「佼佼者」，謂善之善者也。

僎𠌯 zhuàn　　具也。从人，巽聲。〔士勉切〕

【注釋】

今「撰具」之本字，《說文》無撰字。撰者，準備也。

俅𠉋 qiú　　冠飾貌。从人，求聲。《詩》曰：弁服俅俅。〔巨鳩切〕

【注釋】

常用義為恭順貌，《詩經》：「載弁俅俅。」

佩𠈵 pèi（珮）　　大帶佩也。从人，从凡，从巾。佩必有巾，巾謂之飾。〔臣鉉等曰：今俗別作珮，非是。〕〔蒲妹切〕

【注釋】

本義是繫在大帶上的佩玉，也叫雜佩，是一組玉，左右各一。見下圖。

佩

（元刊《事林廣記·服飾類》）

《禮記·玉藻》：「佩玉有衝牙。」孔穎達疏：「凡佩玉必上繫於衡，下垂三道，穿以蠙珠，下端前後以縣於璜，中央下端縣以衝牙，動則衝牙前後觸璜而為聲。所觸之玉，其形似牙，故曰衝牙。」

最上面的叫珩，往下兩邊的半圓形玉叫璜，兩璜中間叫衝牙，走路時璜與衝牙相撞，發出叮噹悅耳之聲。衝牙下面是琚，琚的下面是瑀。「佩服」原義是佩帶，引申出敬佩義，常帶於身則敬之也。

儒 rú　柔也，術士之稱。从人，需聲。〔人朱切〕

【注釋】

此聲訓也。引申出柔弱義，如「女子以柔儒謙下為表」。

段注：「儒之言優也、柔也，能安人，能服人。又儒者，濡也，以先王之道能濡其身。」

俊 jùn　材千人也。从人，夋聲。〔子峻切〕

【注釋】

智超千人為俊，智超萬人為英。後指長得漂亮。

段注：「《禮運》及《左傳·宣十五年》疏皆引《辨名記》云：倍人曰茂，十人曰選，倍選曰俊，千人曰英，倍英曰賢，萬人曰桀，倍桀曰聖。《春秋繁露》曰：萬人者曰英，千人者曰俊，百人者曰傑，十人者曰豪。」

傑 jié（杰）　　傲也。从人，桀聲。〔渠列切〕

【注釋】

今傑出之本字也，古杰、傑有別。杰是後起字，多用於人名，《廣韻》：「杰，梁四公子名䵒杰。」今以杰為傑的簡化字。

倱 hún　　人姓。从人，軍聲。〔吾昆切〕

【注釋】

馬敘倫《說文解字六書疏證》：「夫上古因生以名姓，故字專為姓而作者不必皆有本義，故倱但云人姓。」

伋 jí　　人名。从人，及聲。〔居立切〕

【注釋】

姜太公呂尚的長子呂伋，齊國第二代國君。孔伋，字子思，孔子之孫，孔鯉之子，孔門五聖之一，稱「述聖」，作《中庸》。《三字經》：「作《中庸》，子思筆；中不偏，庸不易。」

段注：「古人名字相應，孔伋字子思，仲尼弟子燕伋字子思。然則伋字非無義矣，人名二字非許書之舊也。《荀卿》曰：『空石之中有人焉，其名曰觙，其為人也，善射，以好思辟耳目之欲，遠蚊虻之聲。閒居靜思則通，思仁若是，可謂微乎。』此蓋設言善思之人，名之以觙乎。觙與伋音義蓋相近。」

伉 kàng　　人名。从人，亢聲。《論語》有陳伉。〔苦浪切〕

【注釋】

常用義是正直，今有「伉直」。又有強健義，《說文》：「健，伉也。」此今「健康」之本字。「健康」本謂強健，今指身體好。康本義是穀皮，非本字明矣。今作為伉儷字。

從亢之字多有比並義，如「分庭抗禮」，抗者，並也；笐，竹列也。又有直義，亢，人頸也，如「引吭高歌」，吭者，頸也，頸項直；䟘，直項莽䟘皃。又有高義，今「亢奮」「高亢」，犺（健犬也）、忼（慨也）、沆（莽沆，大水也。一曰：大澤皃）、魧（大貝也）、閌（閌閬，高門也）。

段注：「《論語》有陳伉，按《論語》作陳亢，字子禽。與《爾雅》『亢，鳥嚨』故訓相合，作陳伉似非也，然《古今人表》陳亢、陳子禽為二人。」

伯 bó　長也。从人，白聲。〔博陌切〕

【注釋】

《爾雅》：「孟、伯、兄，長也。」古代一方的首領謂之伯，如「方伯」，引申為霸王義。霸本義是月光，霸王本字當作伯。今父之兄為伯，乃以排行為稱呼也，叔亦是。

段注：「伯，長子也。《伯兮》傳云：伯，州伯也。一義之引申也。凡為長者皆曰伯，古多假柏為之。」

仲 zhòng　中也。从人，从中，中亦聲。〔直眾切〕

【注釋】

羅振玉《增訂殷虛書契考釋》：「古伯仲但作中（甲骨文作中），然與中正之中（甲骨文作中）非一字，後加人以示別。」

段注：「《子部》曰：季，少稱也。叔則少之假借字也。」

伊 yī　殷聖人阿衡，尹治天下者。从人，从尹。〔於脂切〕 古文伊，从古文死。

【注釋】

林義光《文源》：「一人之名，無專製字之理，伊尹生於伊川空桑，本以伊水為姓，古從人，猶姜之字從女也。」見前「尹」字注。

常用義此也，「伊人」謂此人，後指思念的人，語本《詩經》：「所謂伊人，在水一方。」今有「秋水伊人」，瓊瑤有小說《在水一方》。伊又作語氣詞，今有「下車伊始」。作第三人稱代詞是後起義，五四白話文中作為女性第三人稱。

段注：「殷聖人之上當有伊尹二字，傳寫奪之。阿衡見《商頌》，毛傳曰：阿衡，伊尹也。箋云：『阿，倚；衡，平也。伊尹，湯所依倚而取平，故以為官名。』伊與阿、尹與衡皆雙聲，然則一語之轉也。許云：伊尹，殷聖人阿衡也。本毛說，不言伊尹為姓名也。」

桂馥《義證》引《君奭》鄭玄注：「伊尹名摯，湯以為阿衡。阿，倚也；衡，平也。伊尹，湯所依倚而取平以尹天下，故曰伊尹。阿衡，三公之官，當時為之號也。」

偰 xiè　高辛氏之子，堯司徒，殷之先。从人，契聲。〔私列切〕

【注釋】

經典常作契，商人之祖先，《詩經·玄鳥》篇講述其事蹟。

段注：「《詩》傳曰：玄王契也。經傳多作契，古亦假卨為之。《米部》曰：卨，古文偰。言古文假借字也。」

倩 qiàn　人字。从人，青聲。東齊壻謂之倩。〔倉見切〕

【注釋】

常用義是美好，如「倩妝」。

故又為男子的美稱，桂馥《義證》：「漢人尤多以倩為字，東方朔字曼倩，江充字次倩，蕭望之字長倩。」曼亦美好義。「東齊壻謂之倩」者，《方言》：「倩，婿也。」女婿謂之倩，亦美好之稱，猶妻稱夫為良人也。《說文》：「婿，夫也。」妻稱夫亦用婿。常用請義，如「倩人代筆」，倩、請一語之轉也。

段注：「人美字也，依《韻會》本訂。倩猶甫也，《穀梁傳》曰：父（同甫）猶傅也，男子之美稱也。男子之字有稱甫者，儀甫、嘉甫是。有稱倩者，蕭長倩、東方曼倩、韋昭云『倩，魏無知字也』皆是。倩，好也。」

伃 yú　婦官也。从人，予聲。〔以諸切〕

【注釋】

宮中的女官，婕妤，今作妤字。漢成帝妃班婕妤，名不詳，西漢女作家，著名才女，以辭賦見長，初為少使，立為婕妤，乃班固、班超的祖姑。

伀 zhōng　志及眾也。从人，公聲。〔職茸切〕

【注釋】

志，意也。意志顧及眾人。此公私之後起本字也。《說文》：「公，平分也。」同源詞也。又指對公公的一種稱呼，對丈夫哥哥的稱呼，或寫作公，如「兄公」。

段注：「與公同義，其音當同，引申為夫兄曰兄伀之字，或作妐。若《方言》《廣雅》之征伀，即今怔忪字也，驚恐不安也。」

儇[篆字] xuān　**慧也。从人，瞏聲。〔許緣切〕**

【注釋】

輕薄而有點小聰明。儇薄，輕薄也。「儇子」指輕薄而有小聰明的人。又敏捷、便捷義，《詩經》：「揖我謂我儇兮。」

段注：「《齊風》：揖我謂我儇兮。傳曰：儇，利也。此言慧者多便利也。《方言》：儇，慧也。《荀卿子》曰：鄉曲之儇子。」

倓[篆字] tán　**安也。从人，炎聲。讀若談。〔徒甘切〕**[篆字]**倓，或从剡。**

【注釋】

指安靜，如「倓然」。多用於人名。實今「淡然」「澹然」之本字也。

侚[篆字] xùn　**疾也。从人，旬聲。〔辭閏切〕**

【注釋】

段注：「《釋言》：宣、徇，徧也。徇本又作侚。《墨子》：年踰五十，則聰明思慮不侚通矣。徇亦當作侚。」疾、遍義相因也。

傛[篆字] yǒng　**不安也。从人，容聲。一曰：華。〔余隴切〕**

【注釋】

段注：「與水波溶溶意義略同，皆動盪貌也。」

從容之字、之音多有動義，如搈（動搈也，今「動容」之本字）、訟（爭也）。

僷[篆字] yè　**宋衛之間謂華僷僷。从人，葉聲。〔與涉切〕**

【注釋】

容貌美好。

佳[篆字] jiā　**善也。从人，圭聲。〔古膎切〕**

【注釋】

有才幹的人謂之佳人，非僅指美女。《三國志》：「曹子丹，佳人也，生汝兄弟，犢耳。」

侅𠍣gāi　　奇侅，非常也。从人，亥聲。〔古哀切〕

【注釋】

奇侅，非常，特殊也。

傀𠍣guī　　偉也。从人，鬼聲。《周禮》曰：大傀異。〔公回切〕瓌傀，或从玉，褱聲。

【注釋】

本義是偉大，引申有怪異義，如「傀異」。偉亦有此二義，同步引申也。「傀然」，獨立貌。

偉𠍣wěi　　奇也。从人，韋聲。〔于鬼切〕

【注釋】

本義是奇異，如「奇行偉服」。今常作偉大義，傀亦有此二義，同步引申也。

份𠍣bīn（彬、斌）　　文質備也。从人，分聲。《論語》曰：文質份份。〔府巾切〕彬古文份，从彡、林。林者，从焚省聲。〔臣鉉等曰：今俗作斌，非是。〕

【注釋】

今彬、斌、份異形別用，三字本異體關係。

段注：「《論語·雍也》篇：文質彬彬，然後君子。包咸注曰：彬彬，文質相雜之皃也。鄭注曰：彬彬，雜半皃也。俗份作斌，取文武相半意，潘岳《籍田賦》之頒斌，即《上林賦》之玢豳。」

僚𠍣liáo　　好貌。从人，尞聲。〔力小切〕

【注釋】

《詩經》「姣人僚兮」之本字。同僚字本當作寮，見「寮」字注。常用官員義，今有「官僚」。一起作官的謂之「僚友」「同僚」。又有下屬義，如「僚屬」。又指古代奴隸的一個等級，見「臣」字注。

段注：「好貌，此僚之本義也，自借為同寮字而本義廢矣。」

佖 bì　**威儀也。从人，必聲。《詩》曰：威儀佖佖。〔毗必切〕**

【注釋】

佖佖，輕薄，不莊重。從必之字多有大義，如苾（馨香也。馨者，香之遠聞者也）、䏟（肥肉也）、泌（俠流也，水大貌）。

僎 zhuàn　**具也。从人，㢑聲。讀若汝南㳳水。《虞書》曰：旁救僎功。〔士戀切〕**

儠 liè　**長壯儠儠也。从人，巤聲。《春秋傳》曰：長儠者相之。〔良涉切〕**

【注釋】

今經典常作鬣，「長鬣」訓為大鬍子。或以為此儠乃「長鬣」之本字，聊備一說。

段注：「《國語·楚語》皆云長鬣。鬣者，儠之假借字也。韋昭、杜預釋為美鬚髯，誤。《廣雅》曰：儠，長也。按儠儠，長壯皃。辭賦家用獵獵字，蓋當作儠儠。」

儦 biāo　**行貌。从人，麃聲。《詩》曰：行人儦儦。〔甫嬌切〕**

【注釋】

儦儦，行進的樣子。

儺 nuó　**行有節也。从人，難聲。《詩》曰：佩玉之儺。〔諾何切〕**

【注釋】

行走有節度。今作為「大儺」字，古代以樂舞驅鬼之儀式。又作「猗儺」者，婀娜也，姿態柔美貌，一語之轉也。

段注：「傳曰：儺，行有節度。按此字之本義也，其驅疫字本作難，自假儺為驅疫字，而儺之本義廢矣。其《曹風》之猗儺，則《說文》之旖施也。」

倭 wēi　**順貌。从人，委聲。《詩》曰：周道倭遲。〔於為切〕**

【注釋】

今作為「倭寇」字。「倭遲」即逶迤，有彎曲義，曲則順矣，如「逶迤勢利之閒」。逶，倭同源詞也。段注：「倭與委義略同。委，隨也。隨，从也。」

僓𠉾 tuǐ / wèi　　嫺也。从人，貴聲。一曰：長貌。〔吐猥切〕，又〔魚罪切〕

僑𠌦 qiáo　　高也。从人，喬聲。〔巨嬌切〕

【注釋】

本義是高，今作為寄居他鄉義。從喬之字多有高義，見前「蹻」字注。

段注：「僑與喬義略同。喬者，高而曲也。自用為寯寓字，而僑之本義廢矣。《字林》始有寯字，云：寄客為寯。按《春秋》有叔孫僑如，有公孫僑，字子產，皆取高之義也。」

俟𠉀 sì　　大也。从人，矣聲。《詩》曰：伾伾俟俟。〔床史切〕

【注釋】

本義是大，《詩·小雅·吉日》：「儦儦俟俟，或群或友。」今作為等俟字，本字當作竢，《說文》：「竢，待也。」

段注：「此俟之本義也，自經傳假為竢字，而俟之本義廢矣。《立部》曰：竢，待也。廢竢而用俟，則竢、俟為古今字矣。」

侗𠈊 tòng　　大貌。从人，同聲。《詩》曰：神罔時侗。〔他紅切〕

【注釋】

常用義是童蒙無知。

佶𠈭 jí　　正也。从人，吉聲。《詩》曰：既佶且閑。〔巨乙切〕

【注釋】

常用義是健壯。宋徽宗名趙佶。從吉之字多有正直、堅剛義，見前「桔」字注。「佶屈」「詰屈」謂曲折也。

俁𠈪 yǔ　　大也。从人，吳聲。《詩》曰：碩人俁俁。〔魚禹切〕

【注釋】

吳有大義，如誤（謬也，謂大錯也）、虞（騶虞也，白老虎也）、娛（樂也，謂大樂也）。

段注：「《邶風・簡兮》曰：碩人俁俁。傳曰：俁俁，容皃大也。」

仜 hóng　大腹也。从人，工聲。讀若紅。〔戶工切〕

【注釋】

大腹便便，體肥。從工之字、之音多有大義。

段注：「與㑂音義略同，《廣韻》曰：身肥大也。《廣雅》曰：仜，有也。」

僤 dàn　疾也。从人，單聲。《周禮》曰：句兵欲無僤。〔徒案切〕

【注釋】

疾，憎也，懼也。此「肆無忌憚」之本字也。《說文》：「憚，忌難也。一曰：難也。」

段注：「憎惡而難之也。」僤、憚同源詞也。常用義是盛大，單亦有大義。

健 jiàn　伉也。从人，建聲。〔渠建切〕

【注釋】

伉實今「健康」之本字，見前「伉」字注。健有善、善於義，今有「健談」「健忘」。善、健、好、喜皆有好義，又虛化為容易、善於義，如「善變」「好吃懶做」，同步引申也。見前「喜」字注。

段注：「伉下曰人名，而不言其義，以此云『伉也』證之，則知人名二字非許書之舊矣。」

倞 jìng　強也。从人，京聲。〔渠竟切〕

【注釋】

又音 liàng，唐代有楊倞，注《荀子》，liàng 為訓讀音。朱駿聲《說文通訓定聲》：「倞，明也，字亦作亮。錢辛楣師曰：漢分隸往往以亮為倞，蓋隸變移人旁於京下，又省京中丨，遂為亮矣。」

段注：「箋云：競，強也。按傳、箋皆謂競為倞之假借字也。」

傲 ào　　倨也。从人，敖聲。〔五到切〕

【注釋】

本義是傲慢，引申有輕視義，《商君書》：「不致其刑，則民傲死。」今有「紅梅傲雪」。

仡 yì　　勇壯也。从人，气聲。《周書》曰：仡仡勇夫。〔魚訖切〕

【注釋】

從气之字多有高大義，見「䒗」字注。段注：「仡然，壯勇皃。若《詩》：崇墉仡仡。毛曰：高大也。引申之義也，《土部》引作圪圪。」

倨 jù　　不遜也。从人，居聲。〔居御切〕

儼 yǎn　　昂頭也。从人，嚴聲。一曰：好貌。〔魚儉切〕

【注釋】

本義是恭敬莊重，《爾雅》：「儼，敬也。」引申出好像義，如「儼如白晝」。常用「儼然」一詞，凡有三義：莊嚴貌，如「神態儼然」；整齊貌，《桃花源記》：「土地平曠，物舍儼然。」今「儼然」有好像義，如「儼然一副某某樣子」。

段注：「《陳風》：碩大且儼。傳曰：儼，矜莊皃。《曲禮》注同，古借嚴為之。」

傪 cān　　好貌。从人，參聲。〔倉含切〕

俚 lǐ　　聊也。从人，里聲。〔良止切〕

【注釋】

本義是依賴。俚、聊一語之轉也。「無俚」即無聊。俚語，俗語也。俚歌，民歌也。

段注：「《方言》：俚，聊也。語之轉，字之假借耳。《漢書》曰：其畫無俚之至。無俚即今所謂無賴，亦語之轉。」

伴 bàn　　大貌。从人，半聲。〔薄滿切〕

【注釋】

本義是大，今作伙伴字。《詩經》:「伴渙爾遊矣，優游爾休矣。」「伴渙」即寬鬆舒適貌。

段注:「《収部》『奐』下『一曰：大也』，故伴奐皆有大義。《大學》注：胖猶大也。胖不訓大，云猶者正謂胖即伴之假借也。《方言》《廣雅》《孟子注》皆曰：般，大也。亦謂般即伴。《廣韻》云：侶也，依也。今義也。《夫部》扶下曰：讀若伴侶之伴。知漢時非無伴侶之語，許於俗語不之取耳，至《聲類》乃云伴侶。」

俺 yàn　大也。从人，奄聲。〔於業切〕

【注釋】

段注:「與奄義略同，奄，大有餘也，其音當亦同。」

從奄之字多有大義，又有黑色、掩蓋義，如掩、淹、黤（青黑也）、晻（不明也）。今讀ǎn，第一人稱代詞，吾、我之一語之轉也。《廣韻》於驗切。

僩 xiàn　武貌。从人，閒聲。《詩》曰：瑟兮僩兮。〔下簡切〕

【注釋】

壯勇、威武的樣子。又指寬大皃。

伾 pī　有力也。从人，丕聲。《詩》曰：以車伾伾。〔敷悲切〕

【注釋】

從丕之字多有大義，見前「嚭」字注。

偲 cāi　強力也。从人，思聲。《詩》曰：其人美且偲。〔倉才切〕

【注釋】

本義是有才能，「偲偲」謂互相切磋，互相督促。

段注:「傳曰：偲，才也。箋云：偲，多才也。許云強力者，亦取才之義申之。若《論語》：朋友切切偲偲。馬曰：相切責之皃。」

倬 zhuō　箸大也。从人，卓聲。《詩》曰：倬彼雲漢。〔竹角切〕

【注釋】

小徐本「箸」作「著」。顯著高大。從卓之字多有高大義，今有「卓爾不群」，如桌（比凳子高）、逴（遠也）、焯（明也）。

侹𠈌tǐng　　長貌。一曰：箸地。一曰：代也。从人，廷聲。〔他鼎切〕

【注釋】

常用義是平直。從廷之字多有長、直義，見前「梃」字注。

倗𠉁péng　　輔也。从人，朋聲。讀若陪位。〔步崩切〕

【注釋】

常用義是輔助。此朋黨之後起本字也。容庚《金文編》:「金文以為倗友之倗，經典通作朋貝之朋，而專字廢。」

段注:「《鳥部》朋下曰：鳳飛，群鳥从以萬數，故以為朋黨字。蓋朋黨字正作倗，而朋其假借字。」

傓𠈗shàn　　熾盛也。从人，扇聲。《詩》曰：豔妻傓方處。〔式戰切〕

【注釋】

扇、煽，同源詞也。

段注:「《小雅·十月之交》曰：豔妻煽方處。按《詩》本作傓，後人以訓熾之故臆造煽字耳。古通作扇，《魯詩》：閻妻扇方處。《方言》：扇，助也。《廣雅》：扇，疾也。」

儆𠌫jǐng　　戒也。从人，敬聲。《春秋傳》曰：儆宮。〔居影切〕

【注釋】

《說文》:「警，戒也」。異部重文也。

俶𠊧chù　　善也。从人，叔聲。《詩》曰：令終有俶。一曰：始也。〔昌六切〕

【注釋】

此「淑女」之本字。「淑女」者，猶今言好姑娘。《說文》:「淑，清湛也。」非本字明矣。常用義始也，《爾雅》：「俶，始也。」「俶爾」，忽然也，今有「俶爾遠逝」。開始、突然義相因，乍、暫、甫皆有此二義，同步引申也。

段注：「淑，善也。蓋假借之字，其正字則俶也。淑者，水之清湛也。自淑行而俶之本義廢矣。俶，始也。是此義亦得假淑為之。」

傭 yōng（佣）　均直也。从人，庸聲。〔余封切〕

【注釋】

今簡化字作佣，另造之俗字。

僾 ài　彷彿也。从人，愛聲。《詩》曰：僾而不見。〔烏代切〕

【注釋】

僾與《爾雅》之「薆，隱也」、《烝民》傳之「愛，隱也」、《竹部》之「篸，蔽不見也」義相近。

段注：「僾而不見，今《詩》作愛，非古也。僾而猶隱然，《離騷》之薆然也。」

仿 fǎng　相似也。从人，方聲。〔妃罔切〕 籀文仿，从丙。

【注釋】

方，比也。聲兼義也。

佛 fú　見不審也。从人，弗聲。〔敷勿切〕

【注釋】

看不清楚，今彷彿乃引申義。段注：「按《髟部》有髴，解云：髴，若似也。即佛之或字。」

偰 xiè　聲也。从人，悉聲。讀若屑。〔私列切〕

【注釋】

小聲音也，常用「偰偰」，《爾雅》：「偰，聲也。」段注：「謂聲之小者也，動作屑屑聲也。」

僟 jī　精謹也。从人，幾聲。《明堂月令》：數將僟終。〔巨衣切〕

【注釋】

《說文通訓定聲》:「此譏察之本字也。」譏有查問、檢查義,《廣雅》:「譏,問也。」《孟子》:「關譏而不徵。」古注:「譏,察也。」

佗 tuó(他)　　負何也。从人,它聲。〔臣鉉等案:《史記》:匈奴奇畜有橐佗。今俗訛誤謂之駱駝,非是。〕〔徒何切〕

【注釋】

此「馱東西」字之古文也。《說文》原無馱,徐鉉新附之,曰:「馱,負物也。」佗後借為指示代詞,後又產生俗字他。他、佗成為異體字,《左傳》:「佗邑唯命。」後他、佗分別異用,他作指示代詞,音 tā;佗音 tuó,名醫有華佗。

段注:「負字蓋淺人增之耳。《小雅》:舍彼有罪,予之佗矣。傳曰:佗,加也。此佗本義之見於經者也。佗之俗字為駝、為馱,隸變佗為他,用為彼之稱。古相問無它乎,只作它。」

何 hé　　儋也。从人,可聲。〔臣鉉等曰:儋何,即負何也,借為誰何之何。今俗別作擔荷,非是。〕〔胡歌切〕

【注釋】

今負荷之本字。荷者,扛也。甲文作[illegible]、[illegible],象人扛戈之形。小篆理據重組,變為形聲字。《說文》:「荷,芙蕖葉。」本義是荷葉,非本字明矣。見前「負」字注。

段注:「何戈與祋,何蓑何笠。傳皆云:揭也。揭者,舉也。戈祋手舉之,蓑笠身舉之,皆擔義之引申也。凡經典作荷者皆後人所竄改。今音擔何則胡可切,余義胡歌切,古音平上不甚分也。按今義何者,辭也,問也。今義行而古義廢矣。亦借為呵。」

儋 dān　　何也。从人,詹聲。〔都甘切〕

【注釋】

今擔荷之本字。今作儋州字,在海南省,蘇軾曾流放處。

段注:「儋俗作擔,古書或假簷為之,疑又擔之誤耳。背曰負,肩曰儋。任,抱也。何,揭也。按統言之則以肩、以手、以背、以首皆得云儋也。」

供 gōng　設也。从人，共聲。一曰：供給。〔俱容切〕

【注釋】

段注：「《釋詁》：供、峙、共，具也。按峙即儲偫字，共即供之假借字。凡《周禮》皆以共為供，《尚書》一經訓奉、訓待者皆作共。」

偫 zhì　待也。从人，从待。〔直里切〕

【注釋】

本義是儲存、儲備，又寫作庤。待有防備義，有儲備義。儲則以備，備則防也，今有「防備」。

段注：「偫經典或作峙，或作庤。《周頌·臣工》傳曰：庤，具也。庤，儲置屋下也。《釋詁》云：供、峙、共，具也。峙在《說文》為偫。」

儲 chǔ　偫也。从人，諸聲。〔直魚切〕

【注釋】

本義是儲存。又有等待義，《東京賦》：「並夾既設，儲乎廣庭。」待亦有此二義，同步引申也。

段注：「儲偫為雙聲，古者太子謂之儲君，或謂之儲貳。」

備 bèi（备）　慎也。从人，葡聲。〔平秘切〕 古文備。

【注釋】

簡化字备實來源於古文，備的俗字有作偹者，來源於古文，簡省則作备。甲骨文作，象盛矢器「箙」之象形。常用義全也，今有「求全責備」。備、完有別，備側重全，完側重完整。

段注：「或疑備訓慎未盡其義，不知《用部》曰『葡，具也』，此今之備字，備行而葡廢矣。葡廢而備訓具，匙知其古訓慎者，今義行而古義廢矣。凡許之書，所以存古形古音古義也。《方言》曰：備，咸也。此具之義也。又曰：蒇、敕、戒，備也。此慎之義也。」

位 wèi　列中庭之左右謂之位。从人、立。〔于備切〕

【注釋】

排列在朝廷中的左右位置叫作位。甲、金文位、立同字，位後分化。

儐 bìn（擯）　**導也。从人，賓聲。〔必刃切〕 儐，或从手。**

【注釋】

本義是接引賓客，如「儐相」。古者儐、擯同字，後分化異用，儐仍作儐相字，擯作擯棄字。

段注：「擯相字當从手，賓禮字當从人，許儐、擯合而一，云：導也。與二禮及鄭說不合，今經典作擯相字多从手，《莊子・徐无鬼》注曰：擯，棄也。此義之窮則變也，擯之言屏也。《小雅》：儐爾籩豆。傳曰：儐，陳也。」

偓 wò　**佺也。从人，屋聲。〔於角切〕**

【注釋】

偓佺，古代傳說中的仙人。「偓促」形容氣量狹隘，拘於小節。段注：「《篇》《韻》曰：偓促。今義也。」

佺 quán　**偓佺，仙人也。从人，全聲。〔此緣切〕**

㒆 chè　**心服也。从人，聶聲。〔齒涉切〕**

仢 dí　**約也。从人，勺聲。〔徒歷切〕**

【注釋】

仢約，流星也。

儕 chái　**等輩也。从人，齊聲。《春秋傳》曰：吾儕小人。〔仕皆切〕**

【注釋】

本義是同輩。今有「吾儕」「爾儕」，猶言我輩、爾輩。《廣雅》：「儕，輩也。」

倫 lún　**輩也。从人，侖聲。一曰：道也。〔力屯切〕**

【注釋】

今「美妙絕倫」、周傑倫，倫者，同類也。有比義，今有「無與倫比」。有次序義，如「倫常」。「亂倫」者，亂次序也，初非限於男女關係。「天倫」謂自然之理，如「天倫之樂」。從侖之字多有次序義，見前「侖」字注。

段注：「按粗言之曰道，精言之曰理。凡注家訓倫為理者，皆與訓道者無二。」

侔 móu　　**齊等也。从人，牟聲。〔莫浮切〕**

【注釋】

本義是相等，如「德侔堯舜，績邁五帝」。

偕 xié　　**強也。从人，皆聲。《詩》曰：偕偕士子。一曰：俱也。〔古諧切〕**

【注釋】

本義是強直。楷樹剛直挺拔，故子貢植楷於孔子墓前，同源詞也。從皆、吉之字、之音多有強直義。常用義全也，普遍也，《詩經》：「降福孔偕。」

段注：「《小雅·北山》：偕偕士子。傳曰：偕偕，強壯皃。《魏風》：行役，夙夜必偕。傳曰：偕，俱也。」

俱 jù　　**偕也。从人，具聲。〔舉朱切〕**

【注釋】

偕、俱都有共同義，又有全義，同步引申也。

儹 zǎn　　**最也。从人，贊聲。〔作管切〕**

【注釋】

最者，聚也。從贊之字多有聚義，如欑、攢、瓚。

併 bìng（并）　　**並也。从人，并聲。〔卑正切〕**

【注釋】

《說文》：「並，併也。」《說文》：「并，相从也。」三字初有別，經典常通用，後簡化漢字歸併為一。

段注：「並古音在十部，讀如旁。併古音在十一部，讀如并。並、併義有別，許互訓者，《禮經》注：古文並，今文作併。是古二字同也。」

傅 fù　**相也。从人，尃聲。〔方遇切〕**

【注釋】

本義是輔佐，古有「太傅」。周代始置，輔弼天子治理天下。又指輔導太子的官，西漢時稱為太子太傅，賈誼為長沙王太傅。又有附著義，如「皮之不存，毛將安傅」。「傅會」原義謂摻和在一起，今有「牽強傅會」；又指組織文句，《後漢書》：「精思傅會，十年乃成。」又指隨聲附和。

伬 chì　**惕也。从人，式聲。《春秋國語》曰：於其心伬然。〔恥力切〕**

【注釋】

憂愁，驚恐。

俌 fǔ　**輔也。从人，甫聲。讀若撫。〔芳武切〕**

【注釋】

此輔助之後起本字。《說文》：「輔，人頰車也。」本義是車上的部件，非本字明矣。

段注：「弼、棐、輔、比，俌也。郭云：俌猶輔也。《廣韻》曰：俌出《埤蒼》。蓋輔專行而俌廢矣。」

倚 yǐ　**依也。从人，奇聲。〔於綺切〕**

【注釋】

倚，靠也。如「倚天抽寶劍，入海斬蛟龍」，古有「倚天劍」，相傳為曹操佩劍。又偏斜也，《中庸》：「中立而不倚。」又有隨著、和著義，如「倚瑟而歌」。

依 yī　**倚也。从人，衣聲。〔於稀切〕**

【注釋】

依依，柔順貌，如「楊柳依依」。又惜別貌，如「依依惜別」，皆從本義引申而來。

仍 réng　　因也。从人，乃聲。〔如乘切〕

【注釋】

本義是重複、因襲。《爾雅》:「仍，因也。」《小爾雅》:「仍，再也。」《漢書》:「今大將軍仍復克獲。」今「仍然」「仍舊」者，顧名思義為重複原來。

佽 cì　　便利也。从人，次聲。《詩》曰：決拾既佽。一曰：遞也。〔七四切〕

【注釋】

「一曰：遞也」，本義是依次排比，《詩經》:「決拾既佽，弓矢既調。」常用義是幫助，《詩經》:「人無兄弟，胡不佽焉。」

佴 èr　　佽也。从人，耳聲。〔仍吏切〕

【注釋】

本義是隨後、相次。引申義有副、貳也，又有停留、安置義。「佴之蠶室」，謂居住於蠶室，指受宮刑。佴，放置也。蠶室，指密封之室，因受刑人怕風，所以室內溫暖嚴密。

段注:「《司馬遷傳》曰：僕又佴之蠶室。如淳曰：佴，次也。若人相次也。一本佴作茸。蘇林云：茸，次也，若人相俾次。蘇以謂茸當作佴耳。佴之蠶室，猶云副貳之以蠶室也。小顏乃欲讀為揖，云：推致蠶室中。殊非文義。」

倢 jié　　佽也。从人，疌聲。〔子葉切〕

【注釋】

此「婕妤」之本字，或作「倢伃」，言接幸於上也，即「佽」之次第義之引申。常用義是敏捷，蘇舜欽《送李冀洲》:「氣勁倢鶻橫清秋。」

段注:「按倢伃，婦官也，亦作婕妤，蓋言敏倢而又安舒與？」

侍 shì　　承也。从人，寺聲。〔時吏切〕

【注釋】

本義是在尊長身邊陪著，以備召喚，《論語》有「侍坐」篇。給帝王講學的人謂之「侍讀」「侍講」，古有「侍讀學士」「侍講學士」。段注：「凡言侍者皆敬恭承奉之義。」

「侍生」，指明、清兩代翰林院中後輩對前輩的自稱。明代翰林，入館後七科者稱晚生，後三科者稱侍生。又指對於同輩或晚輩的婦人，皆自稱侍生，《稱謂錄》：「今於挽婦人聯幛中概稱侍生。」又指舊時地方官拜訪鄉紳，於名帖上自稱侍生，以示謙虛。

傾 qīng　　仄也。从人，从頃，頃亦聲。〔去營切〕

【注釋】

斜謂之傾，倒塌亦謂之傾，今有「傾倒」。又排擠也，如「傾軋」。又欽慕也，今有「傾心」。又全也，盡也，如「傾家蕩產」。皆從斜義引申。段注：「古多用頃為之。」

側 cè　　旁也。从人，則聲。〔阻力切〕

【注釋】

引申有邊緣義，《詩·魏風·伐檀》：「坎坎伐輻兮，置之河之側兮。」

段注：「不正曰仄，不中曰側，二義有別，而經傳多通用，如反側當為反仄。仄者，未全反也。」

侒 ān　　宴也。从人，安聲。〔烏寒切〕

【注釋】

宴，安也。段注：「宴，安也。侒與安音義同。」

侐 xù　　靜也。从人，血聲。《詩》曰：閟宮有侐。〔況逼切〕

【注釋】

寂靜也。

付 fù　　與也。从寸持物對人。〔臣鉉等曰：寸，手也。〕〔方遇切〕

【注釋】

本義是給予，今有「付予」。

甹 pīng　　使也。从人，甹聲。〔普丁切〕

【注釋】

使，放任也。今有「尚俠使氣」「騁俠使氣」。甹、騁，同源詞。伶甹，孤單貌。姿態美好謂之「甹停」，或作娉婷，如「甹停世無雙」。

段注：「《丂部》曰：甹，俠也。三輔謂輕財者為甹。然則甹、甹音義皆同。」

俠 xiá　　甹也。从人，夾聲。〔胡頰切〕

【注釋】

見上「甹」字注。今「大俠」「俠客」者，騁武尚氣、快意恩仇之輩也。

段注：「如淳曰：相與信為任，同是非為俠。所謂權行州里，力折公侯者也。或曰：任，氣力也。俠，甹也。按俠之言夾也，夾者，持也。經傳多假俠為夾，凡夾皆用俠。」

儃 tán　　儃何也。从人，亶聲。〔徒干切〕

【注釋】

儃佪，打轉、徘徊也。

侁 shēn　　行貌。从人，先聲。〔所臻切〕

【注釋】

常「侁侁」連用，匆匆奔走貌，又眾多貌。

段注：「《招魂》曰：豺狼从目，往來侁侁。王逸曰：侁侁，往來聲也。《詩》曰：侁侁征夫。」

仰 yǎng　　舉也。从人，从卬。〔魚兩切〕

【注釋】

常用依賴義，《廣雅》：「仰，恃也。」今有「仰人鼻息」。又舊時公文上級命令下級的慣用語，表希望義，如「仰即遵照」。古卬、仰多互用。

侸（篆）shù（住）　**立也。从人，豆聲。讀若樹。〔常句切〕**

【注釋】

此住之古字，《說文》無住字。此亦「樹立」之本字。

儽（篆）lěi　**垂貌。从人，纍聲。一曰：嬾解。〔落猥切〕**

【注釋】

此「果實累累」之後起本字。《說文》：「纍，綴得理也。一曰：大索也。」本義是連綴或繩索，非本字明矣。「一曰：嬾解」，即懶懈也，此「累累若喪家之犬」之本字。《廣雅》：「儽儽，疲也。」

侳（篆）zuò　**安也。从人，坐聲。〔則臥切〕**

偁（篆）chēng　**揚也。从人，再聲。〔處陵切〕**

【注釋】

此「稱讚」「稱舉」之本字。《說文》：「再，並舉也。」同源詞也。《說文》：「稱，銓也。」本義是稱重之工具，即大秤，非本字明矣。

段注：「凡古偁舉、偁謂字皆如些作。《自序》云：其偁《易》孟氏、《書》孔氏。『子』篆下云：人以為偁。自稱行而偁廢矣，稱者，今之秤字。」

伍（篆）wǔ　**相參伍也。从人，从五。〔疑古切〕**

【注釋】

相錯雜交互，伍有交錯義。

古者隊伍編制單位，五人為伍，二伍為什，十人共灶而食，又稱為伙，故有「伙伴」，古人有增兵減灶之計，查灶可以知人數故也。伙相當於今之班。五五為兩，又稱為行，二十五人之方隊，相當於今之排。今有「出身行伍」，代指軍隊。四兩為卒，相當於今之連。五卒為旅，五百人，古之旅比較小。五旅為師，五師為軍，一萬兩千五百人，大國有三軍，小國一軍。

段注：「凡言參伍者，皆謂錯綜以求之。《易・繫辭》曰：參伍以變。《漢書》曰：

參伍其價，以類相準。此皆引申之義也。」

什𠈌 shí　　相什保也。从人、十。〔是執切〕

【注釋】

以十戶或十人相互擔保。今「什麼」仍讀 shén 音，保留古音。

「篇什」謂詩篇也。《詩經》雅、頌以十篇為一組，故稱。詩文的篇、章、卷亦謂之什，如「撰文若干什」。軍隊十人為一什，戶籍十戶為一什。引申為雜、多義，今有「什物」。「家什」謂家用雜物，今河南方言仍有該詞，如「啥家什」，謂啥東西。「什錦」謂各種各樣的東西湊成的。

段注：「《族師》職曰：五家為比，十家為聯。五人為伍，十人為聯。使之相保相受。鄭云：保猶任也。《宮正》注：五人為伍，二伍為什。《雅》《頌》以十篇為一什。按後世曰什物，古曰任器，古今語也。任急言之曰什，如唐人詩十可讀如諶也。《周禮・牛人》《司隸》皆有任器，鄭云：任猶用也。」

佰 bǎi　　相什伯也。从人、百。〔博陌切〕

【注釋】

用百戶或百人相互擔保，連類而及「什」。

段注：「佰連什言者，猶伍連參言也。佰之言百也，《廣韻》一百為一佰。《過秦論》曰：俛起什佰之中。《漢書音義》云：首出十長、百長之中。此謂十人之長為什，百人之長為佰也。」

佸 huó　　會也。从人，昏聲。《詩》曰：曷其有佸。一曰：佸佸，力貌。〔古活切〕

【注釋】

本義是相會，《詩經》：「曷其有佸。」

佮 gé　　合也。从人，合聲。〔古沓切〕

𢼸 wēi　　妙也。从人，从攴，豈省聲。〔臣鉉等案：豈字从𢼸省，𢼸不應从豈省，蓋傳寫之誤，疑从耑省。耑，物初生之題，尚𢼸也。〕〔無非切〕

【注釋】

今「微妙」「微小」之本字。《說文》:「微，隱行也。」非本字明矣。

段注:「眇也。眇各本作妙，今正。凡古言散眇者，即今之微妙字。眇者，小也。引申為凡細之偁。微者，隱行也。微行而散廢矣。」

傆𠐿yuàn　　黠也。从人，原聲。〔魚怨切〕

【注釋】

《論語》:「鄉愿，德之賊也。」鄉愿者，今之老好人也，實則滑頭。傆乃本字，《說文》:「愿，謹也。」非本字明矣。段注:「黠，《史記》所謂桀黠也，傆蓋謂鄉原。」

作𠈋zuò　　起也。从人，从乍。〔則洛切〕

【注釋】

今有「狂風大作」,《爾雅》:「作、興，起也。」近人有周作人。作有興起義，有開始義,《廣雅》:「作，始也。」《老子》:「天下之事，必作於細。」有創建義。起亦有此三義，同步引申也。如「白手起家」，建造也。《史記》:「明法度，定律令，皆以始皇起。」始也。

段注:「《秦風·無衣》傳曰:作，起也。《釋言》《穀梁傳》曰:作，為也。《魯頌·駉》傳曰:作，始也。《周頌·天作》傳曰:作，生也。其義別而略同，別者所因之文不同，同者其字義一也。《辵部》曰:迮迮，起也。然則作、迮二篆音義同，古文假借乍為作。」

假𠉭jiǎ / gé　　非真也。从人，叚聲。〔古疋切〕。一曰:至也。《虞書》曰:假於上下。〔古額切〕

【注釋】

上古一般不用假來表示非真，常用偽或贗字。假的常用義是憑藉、借，《荀子》:「君子性非異也，善假於物也。」憑藉也。三十六計有「假道伐虢」，假者，借也。六書有假借者，假亦借也。

常用有寬容義，今有「寬假」。有如果義，今有「假設」。皆同義連文。日語文字有假名，名，字也。假名乃借用漢字改造所成，故稱，漢字則被稱為真名矣。

段注：「《彳部》曰：徦，至也。經典多借假為徦，故稱之。《毛詩・雲漢》傳、《泮水》傳：假，至也。《烝民》《玄鳥》《長發》箋同，此皆謂假為徦之假借字也。其《楚茨》傳：格，來也。《抑》傳：格，至也。亦謂格為徦之假借字也。又《那》傳、《烈祖》傳：假，大也。此與《賓筵》《卷阿》傳之『嘏，大也』，同謂假為嘏之假借字也。又《假樂》傳、《維天之命》傳：假，嘉也。此謂假為嘉之假借字也。」

借 jiè　　假也。从人，昔聲。〔資昔切〕

【注釋】

借有幫助義，今有「借助」，同義連文。表示借東西義，上古用假不用借。又假設義，《史記・陳涉世家》：「借第令毋斬。」借、第、令，三字同義連文，假設也。假有如果義，借亦有，同步引申也。

段注：「古多用藉為借，如言藉令即假令也。」

侵 qīn　　漸進也。从人，又持帚，若埽之進。又，手也。〔七林切〕

【注釋】

漸進者，漸漸地接近。故侵之常用義是接近，「侵晨」者，拂曉也。拂，亦接近義。猶傍晚也，傍亦接近義。引申為逐漸義，「侵尋」謂逐漸擴展。又相貌醜陋曰侵，又作寢，如「貌侵」。古者有鐘鼓曰伐，無曰侵，輕曰襲。侵者，不宣而戰也，與今之侵略有異。

儥 yù　　賣也。从人，賣聲。〔余六切〕

【注釋】

今「賣官鬻爵」之本字。《說文》：「鬻，鍵也。」本義是粥，非本字明矣。

候 hóu　　伺望也。从人，侯聲。〔胡遘切〕

【注釋】

本義即放哨，又哨所謂之候，後作堠。引申為偵察兵，古有「斥候」「候人」，刺探敵軍情報之人，猶今之探子。引申為偵察、觀測義，張衡發明「候風地動儀」。

又徵候、徵兆也，今有「氣候」，五日一候，三候為一氣，六氣成時，四時為歲。每隔五天物象都有變化，故謂之候，見《禮記・月令》。段注：「按凡覷伺皆曰候，因之謂時為候。」

償𠆢cháng（偿）　還也。从人，賞聲。〔食章切〕

【注釋】

簡體字作偿，另造之俗字也。尝乃嘗之草書楷化字形。引申有回報、回答義，《左傳》：「西鄰責言，不可償也。」引申有滿足義，今有「如願以償」。

僅jǐn　材能也。从人，堇聲。〔渠吝切〕

【注釋】

僅本來表示少義，唐代產生幾乎、將近義，跟數詞連用，猶言庶幾也，表示多，如「山城僅百層」。簡體字仅乃僅之另造俗字。

段注：「唐人文字僅多訓庶幾之幾，如杜詩：山城僅百層。韓文：初守睢陽時，士卒僅萬人。又：家累僅三十口。柳文：自古賢人才士被謗議不能自明者，僅以百數。元微之文：封章諫草，繇委箱笥，僅逾百軸。此等皆李涪所謂以僅為近遠者，於多見少，於僅之本義未隔也。今人文字皆訓僅為但。」

代dài　更也。从人，弋聲。〔臣鉉等曰：弋非聲，《說文》忒字與此義訓同，疑兼有忒音。〕〔徒耐切〕

【注釋】

本義是更替。《離騷》：「日月忽其不淹兮，春與秋其代序。」今有「替代」。

段注：「凡以此易彼謂之代，次第相易謂之遞代，凡以異語相易謂之代語。假代字為世字，起於唐人避諱。世與代義不同也，唐諱言世，故有代宗。明既有世宗，又有代宗，斯失之矣。」

儀yí　度也。从人，義聲。〔魚羈切〕

【注釋】

本義是法度。《詩經》：「人而無儀，胡不遄死。」有法度則善，故引申出善義，《爾雅》：「儀，善也。」常用有容貌、外表義，今有「儀容」；有儀器義，如「渾天儀」；有配偶義，《詩經》：「實為我儀。」又禮物義，今有「謝儀」「賀儀」。

段注：「毛傳曰：儀，善也。又曰：儀，宜也。又曰：儀，匹也。其義相引申。《肆師》職曰：『古書儀但為義，今時所謂義，古書為誼。』按如《文王》傳曰：義，善也。此與《釋詁》及《我將》傳『儀，善也』正同，謂此義為儀之假借字也。」

傍 bàng　近也。从人，旁聲。〔步光切〕

【注釋】

今有「傍晚」，又有「傍亮」（接近天明），保留本義。

段注：「古多假並為之，如《史記・始皇紀》：並河以東，《武帝紀》：並海。亦假旁為之。」見「併」字注。

佀 sì（似）　象也。从人，以聲。〔詳里切〕

【注釋】

隸變作似，隸定作佀。

常用給予義，如「今日把似君，誰有不平事」。又作介詞，表比較，相當於過，毛澤東詞：「不似春光，勝似春光。」段注：「相像曰相似，古今無異詞。緣俗間用象為像，乃致妄改許書。」

便 pián　安也。人有不便，更之。从人、更。〔房連切〕

【注釋】

本義是安，今有「便寧無憂」，安寧也。引申熟悉義，如「呂布便弓馬」。善於言辭謂之「便言」，《孔雀東南飛》：「便言多令才。」「便便」謂口才好，又指肥胖貌，今有「大腹便便」。

便，利也，《商君書》：「治世不一道，便國不必法古。」今有「便利」。又指便利的時候，如「便中來我家一趟」「得便來一趟」。今價格「便宜」者，平宜也，本謂價格與商品相對等，要價不躐於品相。便者，安也。安，平也。本楊琳先生說。

任 rén　保也。从人，壬聲。〔如林切〕

【注釋】

本義是擔保。沈濤《說文古本考》：「保任，古人恒語，猶保舉也。」

任，當也，如「眾怒難任」。克也，能也，今有「勝任」；信也，今有「信任」；用也，今有「任用」；憑也，今有「任憑」，皆同義連文。任有憑藉義，也有聽憑義，憑亦有，同步引申也。又承擔也。又有抱著義，如「屈原任石而亡」。見「負」字注。

段注：「保之本義，《尚書》所謂保抱。任之訓保，則保引申之義，如今言保舉是也。《周禮》：五家為比，使之相保。注云：保，猶任也。引申之凡儋何曰任。」

俔𠈜 qiàn　　譬諭也。一曰：間見。从人，从見。《詩》曰：俔天之妹。〔苦甸切〕

【注釋】

本義是如同、好比，《詩經》：「大邦有子，俔天之妹。」「一曰：間見」者，間諜、暗探也，《爾雅·釋言》：「間，俔也。」

優𠌶 yōu（优）　　饒也。从人，憂聲。一曰：倡也。〔於求切〕

【注釋】

簡體字优乃新造俗字。

優之本義是豐富、多餘，今有「待遇優厚」「生活優裕」。「學而優則仕」原義是學習之餘出來當官，非今之優秀者當官。常用優待義，今有「擁軍優屬」；有猶豫不決義，《管子》：「人君唯優與不敏為不可。」今有「優柔寡斷」。從容亦謂之優柔，猶優游也。皆本義之引申。

「一曰：倡也」，常用作優伶字，古者倡、優有別。倡者，唱也，類今之歌手。後作娼，作為賣淫者之稱。優，插科打諢，供人取笑逗樂者，類今之演員，相聲演員尤近。古有「優孟衣冠」，宣太后之男寵魏醜夫，皆優出身。漢武帝之郭舍人亦類優也。

段注：「引申之為優游、為優柔、為俳優。《商頌》：布政優優。《小雅》：既瀀既渥。今本皆假優為之。一曰：倡也。倡者，樂也。謂作妓者，即所謂俳優也。」

僖𠑊 xī（嬉）　　樂也。从人，喜聲。〔許其切〕

【注釋】

俗字作嬉。《說文》無嬉字，今有「嬉皮笑臉」。僖本義是快樂，古代作為謚號，如春秋有魯僖公，唐有唐僖宗。《謚法》：「小心畏忌曰僖。」無大建樹也無大過者謂之僖。

段注：「隸變為嬉。嬉，樂也。謚法有釐、有僖，《周書》二謚並出。而《春秋》三傳僖公，《史》《漢》皆作釐公，殆《史》《漢》假釐為僖乎。」

偆 chǔn　　富也。从人，春聲。〔尺允切〕

【注釋】

偆偆，欣喜貌。

段注：「春之為言偆。偆，動也。《春秋繁露》曰：偆偆者，喜樂之貌也。蓋皆蠢之假借字。」

俒 hùn　　完也。《逸周書》曰：朕實不明，以俒伯父。从人，从完。〔胡困切〕

【注釋】

常用義辱也。段注：「以俒伯父，俒當為溷字之假借，經史亦作慁。《儒行》曰：不慁君王。注：慁猶辱也。」

儉 jiǎn　　約也。从人，僉聲。〔巨險切〕

【注釋】

本義是節制不放縱，「溫良恭儉讓」者，非儉樸之謂，乃節制之謂也。歉收，年成不好亦謂之儉，如「豐則糶，儉則糴」。從僉之字多有收縮義，如斂、撿、瞼等。

偭 miǎn　　鄉也。从人，面聲。《少儀》曰：尊壺者偭其鼻。〔彌箭切〕

【注釋】

面向謂之偭，背向亦謂之偭，正反同辭也。引申違背義，《離騷》：「偭規矩而改錯。」

段注：「鄉，今人所用之向字也，漢人無作向者。偭訓鄉，亦訓背，此窮則變，變則通之理，如廢置、徂存、苦快之例。《離騷》：偭規矩而改錯。王逸曰：偭，背也。賈誼《弔屈原》曰：偭蟂獺以隱處。應劭曰：偭，背也。《項羽傳》：馬童面之。張晏曰：背之也。許言鄉不言背者，述其本義也。古通作面。」

俗 sú　　習也。从人，谷聲。〔似足切〕

【注釋】

一般的謂之俗，如「俗議」即一般的議論，引申為庸俗義。塵世間、在家謂之俗，與出家對言，今有「世俗」「還俗」。段注：「習者，數飛也。引申之凡相效謂之習。」

俾 bǐ　　益也。从人，卑聲。一曰：俾，門侍人。〔并弭切〕

【注釋】

今「裨益」之本字也。《說文》：「裨，接益也。」裨之本義是古代祭祀時穿的次等禮服，故從衣，「接益也」是引申義。俾之常用義，使也。

段注：「俾與埤、朇、裨音義皆同，今裨行而埤、朇、俾皆廢矣，經傳之俾皆訓使也，無異解，蓋即益義之引申。《釋詁》：俾，从也。《釋言》：俾，職也。亦皆引申之義。」

倪 ní　　俾也。从人，兒聲。〔五雞切〕

【注釋】

常用義是邊際，今有「端倪」。又有小孩義，如「旄倪」，謂老人與小孩。小孩謂之倪，娃娃魚謂之大鯢，小鹿謂之麑，同源詞也。

段注：「俾也，然則倪亦訓益也。若《孟子》：反其旄倪。借為嫛婗之婗也。《爾雅》：左倪不類，右倪不若。《左傳》注：城上僻倪。借倪為睨也。《莊子》：不知端倪。藉端為耑，借倪為題也。題者，物初生之題也。」

億 yì　　安也。从人，意聲。〔於力切〕

【注釋】

今簡化字亿乃新造之俗字。本義是安定，如「四海億安」。常用臆測義，後作「臆」。《舊唐書》：「不可億斷」。又作大的數目億萬字，見「京」字注。億萬本字當作意字。

段注：「安也。此億字之本義也，今則本義廢矣。或假為萬意字，諸經所用皆是也。或假為意字，如《論語》：不億不信、億則屢中。億則屢中，《漢書・貨殖傳》作意。毋意、毋必諸家稱作億、必。是可證矣。」

使 shǐ 伶也。从人，吏聲。〔疏士切〕

【注釋】

甲骨文使、事、吏原為一字，後分化為三字。

常用放縱義，今有「使性子」「任俠使氣」。有假設義，令亦有此義，同步引申也。

倰 kuí 倰，左右兩視。从人，癸聲。〔其季切〕

【注釋】

此「眾目睽睽」之本字也。

伶 líng 弄也。从人，令聲。益州有建伶縣。〔郎丁切〕

【注釋】

古有「優伶」，供人戲弄者也。歐陽修有《伶官傳序》。伶是樂官，是唱戲的，如「名伶梅蘭芳」，「坤伶」謂女戲子。優是演員，有別。泛指被役使的人，《廣雅》：「伶，使也。」白居易詩：「府伶呼喚爭先到。」「伶俜」謂孤獨貌。

段注：「徐鍇曰：伶人者，弄臣也。《毛詩》：寺人之令。《釋文》曰：令，《韓詩》作伶，云使伶。古伶人字本作泠，泠人，樂官也。」

儷 lì 棽儷也。从人，麗聲。〔呂支切〕

【注釋】

棽儷，聯綿詞，樹枝參差繁茂貌。今作相並、對偶義，如「儷詞」「儷句」，夫妻謂之「伉儷」，夫妻合影謂之「儷影」。

段注：「《士冠禮》《聘禮》：儷皮。鄭云：儷猶兩也。古文儷為離，《月令》：宿離不貣。鄭云：離讀為儷偶之儷。」

傳 zhuàn 遽也。从人，專聲。〔直戀切〕

【注釋】

传乃草書楷化字形。

本義是驛車，即傳送命令的馬車，猶今之郵局綠色麵包車。也叫作遽，《爾雅》：「馹、遽，傳也。」三者都是車，古代馬不單行。又引申為驛舍、客舍，如「亭傳」。

又信符、憑證義，《漢書》:「詐刻傳出關歸家。」

段注:「《辵部》曰：遽，傳也。與此為互訓，此二篆之本義也。漢有置傳、馳傳、乘傳之不同。按傳者，如今之驛馬，驛必有舍，故曰傳舍。又文書亦謂之傳，《司關》注云：傳如今移過所文書。引申傳遽之義，則凡展轉引申之稱皆曰傳，而傳注、流傳皆是也。後儒分別為知戀、直戀、直攣三切，實一語之轉。按《廣韻》，傳注直戀切，郵馬知變切。」

倌 guān　　小臣也。从人，从官。《詩》曰：命彼倌人。〔古患切〕

【注釋】

指舊時服雜役的人，如「堂倌」。「倌人」謂駕車的僕役。

段注:「《庸風・定之方中》曰：命彼倌人。傳曰：倌人，主駕者。按許說異毛，小臣蓋謂《周禮》『小臣上士四人』，大僕之佐也。」

价 jiè　　善也。从人，介聲。《詩》曰：价人惟藩。〔古拜切〕

【注釋】

《爾雅》:「介，善也。」此本字當作价。今作為價之簡化字，乃借音俗字也。《詩經》:「价人維藩。」价人，善人也。「价藩」謂大德之人是國家安全的屏藩。

仔 zī　　克也。从人，子聲。〔子之切〕

【注釋】

肩任也。「仔肩」謂所擔負的職務。中藥「片仔癀」，顧名思義，謂一片藥就能治療癀病。今作兒子義，同「崽」。

段注:「《周頌》曰：佛時仔肩。箋云：仔肩，任也。《釋詁》云：肩，克也。許云：克，肩也。然則仔肩累言之耳。」

倂 yìng（侯、媵）　　送也。从人，并聲。呂不韋曰:「有侁氏以伊尹倂女。」古文以為訓字。〔臣鉉等曰：并不成字，當从朕省。案：勝字从朕聲，疑古者朕或音倂。〕〔以證切〕

【注釋】

典籍常作媵字，《說文》無「媵」字。《爾雅》:「媵、將，送也。」指貴族婦女出嫁時的隨嫁女子，由娘家送親，故引申為送義。屈原《九歌》:「魚隣隣兮媵予。」泛指妾，如「妃嬪媵嬙」。

古者媵妾制度，諸侯娶一國之女，該國以女之侄娣（侄女和妹妹）相從。另有兩個同姓國家陪嫁一女，也以侄娣相從，故諸侯一娶九女。除了正妻之外，餘者皆謂之媵，媵非賤妾，地位還是很尊貴的。陪嫁的女子叫媵，男子也叫媵，百里奚即晉文公的姐姐伯姬嫁給秦穆公時帶去的媵。古者貴族女孩出嫁，要從娘家帶去若干僕從，有男有女，皆媵之遺跡。如《紅樓夢》中王寶善家的，乃王熙鳳陪嫁隨從。

段注:「侯，今之媵字。《釋言》曰：媵、將，送也。送為媵之本義，以侄娣送女乃其一端耳。《公羊傳》曰：媵者何？諸侯娶一國，則二國往媵之，以侄娣从。是也。今義則一端行而全者廢矣。今形从女者，由一端之義獨行故也。」

徐 xú　　緩也。从人，余聲。〔似魚切〕

【注釋】

今「徐緩」之本字。《說文》:「徐，安行也。」本義是走得慢。佘、徐，同源詞也。

偋 bìng　　僻窶也。从人，屏聲。〔防正切〕

【注釋】

隱僻，無人處。窶，貧也，後作窶。

段注:「《廣韻》曰：偋，隱僻也，無人處。引《字統》云：廁也。按偋與屏、庰義略同。」

伸 shēn　　屈伸。从人，申聲。〔失人切〕

【注釋】

本義是屈伸，引申為陳述義，如「伸冤」「伸恨」。此義又作「申」。

段注:「伸，古經傳皆作信。韋昭《漢書音義》云：信古伸字。謂古文假借字。許書《最目》曰：近而申之，以究萬原。古文申作信，又《虫部》：尺蠖，屈申蟲也。《太平御覽》引作曲信蟲。疑伸字不古，古但作詘信，或用申為之。本無伸字，以屈伸訓伸篆，亦非說解之體。宋毛晁曰：古惟申字，後加立人以別之。」

伹 qū　拙也。从人，且聲。〔似魚切〕

【注釋】

今「粗笨」之本字。《說文》：「粗，疏也。」非本字明矣。

段注：「《廣雅》曰：伹，鈍也。按此字千餘切，與粗同紐，即今粗笨字也。」

㒄 rǎn　意膬也。从人，然聲。〔臣鉉等曰：膬，耎易破也。〕〔人善切〕

偄 ruǎn（軟）　弱也。从人，从耎。〔奴亂切〕

【注釋】

此今軟之古字也，《說文》無軟字。偄俗作輭，訛變作軟。段注：「偄，亦而沇切，俗作輭，訛作軟。王氏念孫曰：軟當輭之訛。」

倍 bèi　反也。从人，咅聲。〔薄亥切〕

【注釋】

本義是違背。

段注：「此倍之本義，引申之為倍文之倍。《大司樂》注曰：『倍文曰諷。』不面其文而讀之也。又引申之為加倍之倍，以反者覆也，覆之則有二面，故二之曰倍。俗人𣂪（斷也）析乃謂此專為加倍字，而倍上、倍文則皆用背，餘義行而本義廢矣。倍之或體作偝。」

傿 yàn　引為賈也。从人，焉聲。〔於建切〕

【注釋】

抬價。

段注：「引猶張大之，賈者今之價字。引為價，所謂豫價也。《後漢書》：崔烈入錢五百萬，得為司徒。及拜，靈帝顧謂親幸曰：悔不小傿，可至千萬。」

僭 jiàn　假也。从人，朁聲。〔子念切〕

【注釋】

本義是超越本分。引申為虛假、不真實，《左傳》：「小人之言，僭而無徵。」

段注：「以下儗上，僭之本義也，引申之則訓差，《大雅》：不僭不賊。傳是也。又訓不信，《小雅》：覆謂我僭。箋是也。」

儗 nǐ　僭也。一曰：相疑。从人，从疑。〔魚己切〕

【注釋】

本義是僭越。僭越是一種不當比的比。常用義比也，《漢書》：「卓王孫田池之多，儗於人君。」又有疑惑義，如「無所儗怍」。「儗儗」，茂盛貌，本字作「薿薿」。

段注：「以下僭上，此儗之本義，如《史記》說『卓王孫田池射獵之樂，儗於人君』是也，與《手部》『擬』訓度不同。《曲禮》：儗人必於其倫。注：儗猶比也。此引申之義也。《漢書・食貨志》假疑為儗，又假儗為『黍稷薿薿』。」

偏 piān　頗也。从人，扁聲。〔芳連切〕

【注釋】

本義是側也、旁也。《左傳》：「鄭伯使許大夫百里奉許叔以居許東偏。」東偏猶東邊也。引申出特別義，最義，《水經注》：「沔水冬偏淺。」謂最淺也。今有「偏愛」。

倀 chāng　狂也。从人，長聲。一曰：什也。〔楮羊切〕

【注釋】

今猖獗之本字也。倀俗字作猖，《說文》無猖字。今有「為虎作倀」，倀鬼是被老虎咬死的人變成的鬼，這種鬼引導老虎咬別的人。

儚 hōng　惽也。从人，薨聲。〔呼肱切〕

【注釋】

小徐本「惽」作「惛」，小徐多用俗字。《爾雅》：「儚儚、洄洄，惛也。」本字當作「儚」。

段注：「《釋訓》曰：儚儚、洄洄，惛也。儚當作儚，與『夢夢，亂也』義別。」

儔 chóu　翳也。从人，壽聲。〔直由切〕

【注釋】

本義是覆蓋。翿、翿皆為同源詞。儔有群輩、伴侶義，今有「儔侶」「儔類」等。

漢代以前，「儔類」義一般都寫作「疇」，《荀子》：「草木疇生。」「儔類」本字當作疇。

段注：「翳者，華蓋也，引申為凡覆蔽之稱。儔有隱蔽之訓，而其音與疇侶絕不同，與翿、纛音同，由其義相近也。翳義廢而侶義獨行矣。然自唐以前用儔侶皆作疇，絕無作儔者。蓋由古者一井為疇，並畔為疇，是以《釋詁》曰：疇，誰也。疇，類也。疇，匹也。下逮六朝辭賦皆不作儔。玄應之書曰：『王逸云：二人為匹，四人為疇。疇亦類也，今或作儔矣。』然則用儔者起唐初，以至於今。」

侜 zhōu　有廱蔽也。从人，舟聲。《詩》曰：誰侜予美。〔張流切〕

【注釋】

侜，遮蔽也。常用義是欺騙，「侜張」，作偽欺騙也，「侜張為幻」謂用欺騙手段迷惑人。

俴 jiàn　淺也。从人，戔聲。〔慈衍切〕

【注釋】

淺也，薄也。《詩經》：「小戎俴收，五楘梁輈。」「俴收」謂車廂淺也。

佃 diàn　中也。从人，田聲。《春秋傳》曰：「乘中佃。」一轅車。〔堂練切〕

【注釋】

容庚《金文編》：「甸、佃為一字。」高鴻縉《中國字例》：「本義應為農吏，从田人會意，亦聲。」今有「佃戶」，謂租種土地的農戶。常用義是耕種田地，《水經注》：「其人山居，佃於石壁間。」又作田獵字，寫作「畋」。

段注：「《廣韻》曰：營田。《玉篇》曰：作田。今義非古義也。許《攴部》自有畋字，不必用佃為之。許所說者，相傳古義。」

佌 cǐ　小貌。从人，囟聲。《詩》曰：佌佌彼有屋。〔斯氏切〕

【注釋】

本義是小的樣子。細從囟聲，同源詞也。今《詩經》作佌字，《說文》無佌字。

侊 guāng　小貌。从人，光聲。《春秋國語》曰：侊飯不及一食。

〔古橫切〕

【注釋】

此「光被四表」之本字。或以為本字是桄，亦可。從光之字多有大義，如桄（充也）、晃（明也）、駫（馬盛肥也）等。

段注：「小當作大，字之誤也。凡光聲之字多訓光大，無訓小者。」

佻 tiāo 愉也。从人，兆聲。《詩》曰：視民不佻。〔土雕切〕

【注釋】

愉者，偷之異體字。偷者，苟且不認真也。今有「輕佻」「佻㒓」。另有竊取義，如「佻天之功以為己力」。偷亦有此二義，同步引申也。

段注：「按《釋言》：佻，偷也。偷者，愉之俗字。今人曰偷薄、曰偷盜，皆从人作偷，他侯切。而愉字訓為愉悅，羊朱切。此今義今音今形，非古義古音古形也。古無从人之偷，愉訓薄，音他侯切。愉愉者，和氣之薄發於色也。盜者，澆薄之至也，偷盜字古只作愉也。」

僻 pì 避也。从人，辟聲。《詩》曰：宛如左僻。一曰：从旁牽也。〔普擊切〕

【注釋】

常用不正、邪僻義，今有「怪僻」。今不常見謂之僻，如「冷僻」「生僻」。

小徐本作「辟也」，段注：「辟之言邊也，屏於一邊也，僻之本義如是。《廣韻》曰：誤也，邪僻也。此引申之義，今義行而古義廢矣。」

伭 xián 很也。从人，弦省聲。〔胡田切〕

【注釋】

很，後作恨。忿恨、惱火也。元戴侗《六書故》卷八：「今人以忿恨不可解為伭。」段注：「《心部》曰：慈，急也。義略同。」

伎 jì 與也。从人，支聲。《詩》曰：籥人伎忒。〔渠綺切〕

【注釋】

本義是同黨的人。常用義是技巧、才能，今有「伎倆」，貶義。又指歌女、舞女，後作妓。

段注：「《舁部》曰：與者，黨與也。此伎之本義也。《廣韻》曰：侶也。不違本義。俗用為技巧之技。」

侈 chǐ　　掩脅也。从人，多聲。一曰：奢也。〔尺氏切〕

【注釋】

常用放縱、放肆義，《孟子》：「放辟邪侈。」引申大義，「侈談」謂誇大也，「侈口」，大嘴也。從多之字多有張大義，見「哆」字注。

段注：「掩者，掩蓋其上。脅者，脅制其旁。凡自多以陵人曰侈，此侈之本義也。一曰：奢也。凡傳云汰侈者即許書之泰字。《小雅》曰：侈兮哆兮。此與上義別，今上義廢而此義獨行矣。」

佁 yǐ　　癡貌。从人，台聲。讀若騃。〔夷在切〕

傮 sāo　　傮，驕也。从人，蚤聲。〔鮮遭切〕

偽 wěi　　詐也。从人，為聲。〔危睡切〕

【注釋】

本義是人為的，《荀子》：「可學而能，可事而成之在人者，謂之偽。」引申為詐也。今非法的謂之偽，如「偽政府」「偽朝」。上古非真義用偽不用假。

段注：「按經傳多假為為偽，徐鍇曰：偽者，人為之，非天真也，故人為為偽是也。《荀卿》曰：桀紂，性也。堯舜，偽也。人之性惡，其善者偽也。不可學、不可事而在人者謂之性，可學而能、可事而成之在人者謂之偽。」

伿 yì　　惰也。从人，只聲。〔以豉切〕

【注釋】

怠慢不敬。

佝 kòu　　務也。从人，句聲。〔苦候切〕

【注釋】

佝瞀，昏瞶也。《廣雅》:「佝瞀，愚也。」今作「佝僂」字。

僄 piào　輕也。从人，票聲。〔匹妙切〕

【注釋】

此「剽悍」之本字。剽悍謂動作輕捷勇猛。

段注:「《方言》曰：仈、僄，輕也。楚凡相輕薄或謂之仈（輕薄），或謂之僄也。班固賦曰：雖輕迅與僄狡。按古或假剽為之，僄亦作嫖，霍嫖姚是也。」

倡 chāng　樂也。从人，昌聲。〔尺亮切〕

【注釋】

歌舞樂人。倡者，唱也。唱歌跳舞者謂之倡，俗作娼，今之歌手舞者，妓女義乃後起。「倡優」者，析言之，倡為歌手，優為演員。

段注:「漢有黃門名倡，常从倡、秦倡，皆鄭聲也。《東方朔傳》: 有幸倡郭舍人。則倡即俳也。經傳皆用為唱字，《周禮・樂師》: 凡軍大獻，教愷歌遂倡之。鄭司農云：樂師，主倡也。」

俳 pái　戲也。从人，非聲。〔步皆切〕

【注釋】

俳者，優也，演戲者也，今之演員。俳是古代演滑稽戲以供人喜樂者，故俳有滑稽、幽默義，今有「俳諧」。「俳優」常連文，是今相聲演員的前身。侯寶林《我和相聲》:「相聲的歷史，要从古時候的俳優講起，那是很早的。」俳、優為一類，重在表演；倡、伶為一類，即歌手，重在唱。梅蘭芳是名伶，不能說是名優。但亦多有不別者。

段注:「以其戲言之謂之俳，以其音樂言之謂之倡，亦謂之優，其實一物也。」段注渾言不分爾。

僐 shàn　作姿也。从人，善聲。〔常演切〕

【注釋】

今「偽善」之本字，偽善，同義連文。《說文》:「善，吉也。」非本字明矣。《廣雅》:「僐，態也。」

儳 chán　　儳互，不齊也。从人，毚聲。〔士咸切〕

【注釋】

今「攙和」之本字，《說文》:「攙，刺也。」非本字明矣。段注:「今人作攙和字當作此。」

佚 yì　　佚民也。从人，失聲。一曰:佚，忽也。〔夷質切〕

【注釋】

佚民者，隱遁之人。常用丟失、散失義，今有「佚書」「佚名」。又有放蕩、安樂義，今有「淫佚」。

段注:「《論語·微子篇》:逸民，伯夷、叔齊、虞仲、夷逸、朱張、柳下惠、少連。按許作佚民，正字也，作逸民者假借字。佚从人，故為佚民字也。」今人有許逸民。

俄 é　　行頃也。从人，我聲。《詩》曰:仄弁之俄。〔五何切〕

【注釋】

從我之字多有傾斜義，如峨(嵯峨也)、騀(馬搖頭也)等。常用傾斜義，如「俄側」。有時間短義，今有「俄爾」。見「頃」字注。

段注:「《玉篇》曰:俄頃，須臾也。《廣韻》曰:俄頃，速也。此今義也。尋今義之所由，以俄頃皆偏側之意，小有偏側，為時幾何，故因謂倏忽為俄頃。許說其本義，以晐今義。單言之或曰俄，或曰頃，累言之曰俄頃。」

傜 yáo(徭)　　喜也。从人，䍃聲。自關以西，物大小不同謂之傜。〔余招切〕

【注釋】

此「樂陶陶」之本字。今作徭。《說文》陶乃地名，非本字明矣。

段注:「《王風》:君子陶陶。傳曰:陶陶，和樂皃也。陶陶即傜傜之假借也。凡言遙遙、歙歙皆迭字，則和可作傜傜矣。《釋詁》曰:繇，喜也。繇亦即傜。凡傜役字即此字之隸變。」

倔 jué　　儆倔，受屈也。从人，卻聲。〔其虐切〕

【注釋】

疲倦貌，見「卻」字注。

傞 suō　　醉舞貌。从人，差聲。《詩》曰：屢舞傞傞。〔素何切〕

【注釋】

「傞傞」謂舞個不停，又指參差不齊。傞俄，低昂傾側貌，多形容醉態或舞姿。段注：「傳曰：傞傞，不止也。」

僛 qī　　醉舞貌。从人，欺聲。《詩》曰：屢舞僛僛。〔去其切〕

【注釋】

僛僛，醉舞貌，搖擺貌。段注：「傳曰：僛僛，舞不能自止也。」

侮 wǔ　　傷也。从人，每聲。〔文甫切〕 古文，从母。

【注釋】

本義是輕慢、怠慢，《荀子》：「刑當罪則威，不當罪則侮。」侮辱是後起義。

㑵 jí（嫉）　　妎也。从人，疾聲。一曰：毒也。〔秦悉切〕 㑵，或从女。

【注釋】

今通行重文嫉。本義是忌妒。「一曰：毒也」者，毒，憎恨也。嫉有憎恨義，今有「嫉惡如仇」。疾、忌都有忌妒、憎恨二義，同步引申也。

段注：「《離騷》注：害賢曰嫉，害色曰妒。如曰：女無美惡，入宮見妒；士無賢不肖，入朝見嫉。渾言則不別，古亦假疾。」

傷 yì　　輕也。从人，易聲。一曰：交傷。〔以豉切〕

【注釋】

此「輕易」之後起本字。傷之本義即輕視、輕慢。易也有輕視、輕慢義，傷乃其本字。易之本義為蜥蜴，非本字明矣。

段注：「《廣韻》曰：傷，相輕慢也。自易專行而傷廢矣。《禮記》：易慢之心入之矣。注：易，輕易也。《國語》：貴貨而易土。注：易，輕也。凡皆傷之假借字也。」

俙 xī　　訟面相是。从人，希聲。〔喜皆切〕

僨 fèn　　僵也。从人，賁聲。〔匹問切〕

【注釋】

本義是倒下。常用義是敗壞、破壞，如「僨事」「僨軍之將」。

段注：「引申之為凡倒敗之稱。《大學》曰：一人僨事。注云：僨猶覆敗也。《射義》假賁為僨。《左傳》：象有齒以焚其身。假焚為僨。」

僵 jiāng　　僨也。从人，畺聲。〔居良切〕

【注釋】

本義是倒下，如「百足之蟲，死而不僵」，保留本義。僵硬乃後起義。偃、僵是向後倒；仆是向前倒，故有「前仆後繼」；斃泛指倒；跌是失足跌倒。

段注：「玄應引『僵，卻偃也』『仆，前覆也』，按僵謂仰倒，今人語言乃謂不動不朽為僵，《廣韻》作：殭，死不朽也。」

仆 pū　　頓也。从人，卜聲。〔芳遇切〕

【注釋】

頓，倒下也，今有「前仆後繼」，見上「僵」字注。古者仆與僕有別，僕者，僕人字。後簡化漢字歸併為一。

段注：「以首叩地謂之頓首，引申為前覆之辭。《左氏音義》引孫炎曰：前覆曰仆。玄應三引《說文》：『仆，頓也。謂前覆也。偃謂卻偃，仆謂前覆。』蓋演《說文》者語。若《論語》注云：偃，仆也。則渾言不別矣。」

偃 yǎn　　僵也。从人，匽聲。〔於幰切〕

【注釋】

本義是倒下，今有「偃旗息鼓」。引申出仰臥義，《詩經》：「或息偃在床。」引申出停止義，今有「偃武修文」。偃蹇，高貌也，又屈曲貌，《廣雅》：「偃蹇，夭撟也」。段注：「凡仰仆曰偃，引申為凡仰之稱。」

傷 shāng（伤）　　**創也。从人，𥏻省聲。〔少羊切〕**

【注釋】

本義是創傷。

引申出悲痛義，今有「傷心」。喪祭亦謂之傷，如「弔傷之禮」，謂弔喪也。傷猶喪也，謂人死也。于省吾《雙劍誃諸子新證・墨子》：「『故國離寇敵則傷』，按：傷應讀作喪，音近字通。」今「夭傷」猶夭喪也。又有殺死義，如「老虎傷人」。害亦有殺死義，同步引申也。

傄 xiáo　　**刺也。从人，肴聲。一曰：痛聲。〔胡茅切〕**

侉 kuā　　**憊詞。从人，夸聲。〔苦瓜切〕**

【注釋】

憊，後作「憊」。本義不常用。

疲憊則鬆弛，今「鬆鬆垮垮」本字當如此。引申粗大、不細巧義，如「侉大個」。今謂語調與本地音不同，如「說話有點侉」。「外地老侉」謂外地人也，天津方言。

催 cuī　　**相擣也。从人，崔聲。《詩》曰：室人交徧催我。〔倉回切〕**

【注釋】

擣，擊也。本義是詆毀、打擊。今《詩經》作「摧」，催、摧義同。催促義是後起，催促的「催」古但作「趣」。

俑 tōng / yǒng　　**痛也。从人，甬聲。〔他紅切〕，又〔余隴切〕**

【注釋】

始作俑者，俑，木偶也。段注：「俑即偶之假借字，假借之義行而本義廢矣。大徐云：又余隴切，則木偶之音也。」

伏 fú　　**司也。从人，从犬。〔臣鉉等曰：司，今人作伺。〕〔房六切〕**

【注釋】

伏者，服也。司，後作伺，觀察、偵候也。

段注：「司者，臣司事於外者也。司今之伺字，凡有所司者必專守之，伏伺即服事也。引申之為俯伏，又引申之為隱伏。」

常用義趴著，「伏惟」謂趴著想。常通「服」，表敬佩信服。今有受到懲罰義，如「伏法」「伏罪」。「伏辜」謂承認自己罪過。「伏天」者，謂陽氣盛，陰氣伏藏也。陸宗達先生謂伏得名於古代夏日的一種祭祀，《周禮》：「副辜祭。」可備一說。

促 cù　　迫也。从人，足聲。〔七玉切〕

【注釋】

迫，近也。有接近義，今有「促膝長談」，古人跪坐，故膝先挨近。有急義，今有「急促」；有催義，今有「催促」；有短義，今有「短促」。

例 lì　　比也。从人，列聲。〔力制切〕

【注釋】

例，類也。高鴻縉《中國字例》猶中國字類。「比例」「比類」「類例」皆同義連文。文天祥《指南錄後序》：「進退不由，殆例送死。」例，類也。如、例、類皆有相同之引申路徑，同步引申也。今指按條例、常規舉行，如「例會」「例行公事」。

係 xì（系）　　絜束也。从人，从系，系亦聲。〔胡記切〕

【注釋】

本義是捆綁。又有帶子義，「帽係」謂帽帶子。古者系、係、繫三字有別，系統、中文系只能用系。表示是的意思，如「確係實情」只能用係。其他可通用，今簡化漢字歸併為一。

段注：「束之則縷與物相連，故凡相聯屬謂之係。《周易·毄辭》，據《釋文》本作毄，《漢書·景帝紀》亦用毄。蓋古假毄為係，後人盡改為繫耳。」

伐 fá　　擊也。从人持戈。一曰：敗也。〔房越切〕

【注釋】

本義是擊打，今有「伐鼓」。《詩經》：「伐鼓淵淵。」常用有誇耀義，如「自伐者無功」。又有功勞義，後加門作「閥」，古有「閥閱」一詞，謂功勞和經歷。

段注：「《尚書》：不愆於四伐五伐。鄭曰：一擊一刺曰伐。《詩》：是伐是肆。箋云：伐謂擊刺之。按此伐之本義也，引申之乃為征伐。《周禮・九伐》注云：諸侯之於國，如樹木之有根，是以言伐云。」

俘 fú　軍所獲也。从人，孚聲。《春秋傳》曰：以為俘聝。〔芳無切〕

但 dàn　裼也。从人，旦聲。〔徒旱切〕

【注釋】

今「袒露」之本字。《說文》：「袒，衣縫解也。」此今綻字也。上古漢語裏，但不作「但是」講，「但是」的意思用「然」或「而」。

但作虛詞常用有三義：只也，如「空山不見人，但聞人語響」；儘管也，如「但說無妨」；只要也，如「但得其便，便將曹賊之首獻於麾下」。但、徒一聲之轉，故但有徒然義，《漢書》：「何但遠走，亡匿於幕北寒苦無水草之地為？」

段注：「《衣部》曰：裼者，但也。二篆為轉注。古但裼字如此，袒則訓衣縫解，今之綻裂字也。今之經典，凡但裼字皆改為袒裼矣。袒裼，肉袒也。肉袒者，肉外見無衣也，引申為徒也。凡曰但、曰徒、曰唐皆一聲之轉，空也。今人但謂為語辭，而尟知其本義，因以袒為其本義之字。」

傴 yǔ　僂也。从人，區聲。〔於武切〕

【注釋】

本義是駝背。伛乃草書楷化字形。

段注：「《通俗文》：曲脊謂之傴僂。引申為鞠窮、恭敬之意。又《莊子》：以下傴拊人之民。借為煦嫗字。《左傳》曰：一命而僂（曲背），再命而傴（彎腰），三命而俯。析言之，實無二義。」

僂 lóu　尪也。从人，婁聲。周公韤僂，或言背僂。〔力主切〕

【注釋】

脊背彎曲。

僇 lù　　癡行僇僇也。从人，翏聲。讀若雡。一曰：且也。〔力救切〕

【注釋】

典籍常通「戮」，殺也，辱也。「一曰：且也」，此今「聊且」之本字也。聊有暫且義，今有「聊以自樂」。

段注：「按此即今所用聊字也。聊者，耳鳴。僇其正字，聊其假借字也。」

仇 qiú　　讎也。从人，九聲。〔巨鳩切〕

【注釋】

本義是伴侶、同伴。《詩經》：「公之好仇。」引申為仇敵。

段注：「按仇與逑古通用，《辵部》：怨匹曰逑。即怨偶曰仇也。仇為怨匹，亦為嘉偶，如亂之為治，苦之為快也。」

儡 léi　　相敗也。从人，畾聲。讀若雷。〔魯回切〕

【注釋】

容顏敗壞。今「纍纍若喪家之犬」之本字。

常用敗壞義，《淮南子》：「孔墨之弟子皆以仁義之術教導於世，然而不免於儡身。」孔子在鄭國與弟子走散，子貢尋找孔子，鄭人或謂子貢曰：「東門有人，其顙似堯，其項類皋陶，其肩類子產，然自要以下不及禹三寸，纍纍若喪家之犬。」孔子被鄭人譏笑。

段注：「《西征賦》注引作『壞敗之皃』，《寡婦賦》注引作『敗也』，無相字。《寡婦賦》：容貌儡以頓顇。注引《禮記》：喪容儡儡，今《禮記》作纍纍，非也。」見前「儽」字注。

咎 jiù　　災也。从人，从各。各者，相違也。〔其九切〕

【注釋】

此本義也，《周易》常用「无咎」一詞，即無災也。引申過錯義，今有「動輒得咎」。又責備義，今有「既往不咎」。災難、過錯二義相因，眚、孽、釁皆有此二義，同步引申也。過錯、責備二義相因，尤亦有此二義。

仳 pǐ　　別也。从人，比聲。《詩》曰：有女仳離。〔芳比切〕

【注釋】

仳離謂夫妻離散。

倃jiù　**毀也。从人，咎聲。〔其久切〕**

【注釋】

今「既往不咎」之本字。毀，責難也。倃、慦，同源詞也。《說文》：「慦，怨仇也。」

段注：「慦與咎音同義別。古書多假咎字為之，咎行而慦廢矣。」

倠suī　**仳倠，醜面。从人，隹聲。〔許惟切〕**

【注釋】

《廣雅》：「仳倠，醜也。」仳倠為古醜女名，《淮南子》：「雖粉白黛黑，弗能為美者，嫫母、仳倠也。」

值zhí　**措也。从人，直聲。〔直吏切〕**

【注釋】

常用義是遇到，古詩有《遊園不值》，謂不遇見也，非不值得也。今物與價不相當即不值，今「值班」「當值」皆遇義之引申。

段注：「引申為當也，凡彼此相遇、相當曰值，價值亦是相當意。」

侂tuō　**寄也。从人，宅聲。乇，古文宅。〔他各切〕**

【注釋】

俗字作托。段注：「此與託音義皆同，俗作托。」

僔zǔn　**聚也。从人，尊聲。《詩》曰：僔沓背憎。〔慈損切〕**

【注釋】

從尊之字多有聚集義，如蕁（叢艸也）、噂（聚語也）、蹲（踞也）。段注：「《廣雅》：僔僔，眾也。叢艸亦曰蕁蕁。」

像xiàng　**象也。从人，从象，象亦聲。讀若養。〔徐兩切〕**

【注釋】

本義是肖像。引申出依隨、依順義，《荀子》:「像上之志而安樂之。」又名詞法式、榜樣也，屈原《九章》:「望三五以為像兮。」肖亦有此二義，同步引申也。

倦 juàn　罷也。从人，卷聲。〔渠眷切〕

【注釋】

罷，通「疲」。

段注:「罷者，遣有罪也。引申為休息之稱。倦與《力部》券義少別，鉉於券下注曰:今俗作倦。蓋不檢《人部》固有倦耳。」

傮 zāo　終也。从人，曹聲。〔作曹切〕

偶 ǒu　桐人也。从人，禺聲。〔五口切〕

【注釋】

本義是木偶人。桐人者，桐木雕的人像。

段注:「偶者，寓也。寓於木之人也，字亦作寓，亦作禺，同音假借耳。按木偶之偶與二耜並耕之耦義迴別，凡言人耦、射耦、嘉耦、怨耦皆取耦耕之意，而無取桐人之意也。今皆作偶則失古意矣。又俗言偶然者，當是俄字之聲誤。」

弔 diào（吊）　問終也。古之葬者，厚衣之以薪。从人持弓，會驅禽。〔多嘯切〕

【注釋】

今「弔喪」「弔孝」保留本義。弔、唁有別，弔者，悼死者也。唁者，慰活者也。

弔有善義，「不弔昊天」謂不善之上天。「昊天不弔」或訓為蒼天不善，今多訓為蒼天不憐憫保佑，後以之為哀悼死者之辭，《詩·小雅·節南山》:「不弔昊天，不宜空我師。」朱熹集傳:「弔，愍也。」引申出慰問、安慰，今有「形影相弔」。又有傷痛義，《詩經》:「中心弔兮。」又有憂慮、憐憫義，《左傳》:「有君不弔，有臣不敏。」

古一弔錢即一貫錢，一千個銅錢為一弔。俗語有「半弔子」，半弔為五百，不能滿串，因用以形容知識不豐富或技藝不熟練的人。今河南方言謂愛耍脾氣的二愣子為半弔子，又叫二百五。

佋 zhāo　　廟佋穆。父為佋，南面。子為穆，北面。从人，召聲。〔市招切〕

【注釋】

此昭穆之後起本字也。

古者室內以坐西朝東之位為尊，坐北朝南次之，坐南朝北又次之，然後才是坐東朝西。漢代鴻門宴之座次同此。始祖牌位居中，坐西朝東。二代祖坐北朝南，是為昭輩（父輩）。昭者，明也。三代祖坐南朝北，是為穆輩（子輩）。穆者，順也。昭實為古字，佋者，乃新造之專字也。

傓 shēn　　神也。从人，身聲。〔失人切〕

【注釋】

段注：「按神當作身，聲之誤也。《玉篇》曰：傓，妊身也。《大雅》曰：大任有身。傳曰：身，重也。箋云：重謂懷孕也。身者古字，傓者今字。一說許云神也，蓋許所據古義，今不可詳。」

僊 xiān（仙）　　長生仙去。从人，从䙴，䙴亦聲。〔相然切〕

【注釋】

今簡化作仙。

段注：「《釋名》曰：『老而不死曰仙。仙，遷也。遷入山也。』故其製字人旁作山也。師古曰：古以僊為仙。《聲類》曰：仙，今僊字。蓋仙行而僊廢矣。」

僰 bó　　犍為蠻夷。从人，棘聲。〔蒲北切〕

【注釋】

中國古代稱西南地區的某一少數民族。

仚 xiān　　人在山上。从人，从山。〔呼堅切〕

【注釋】

見上「僊」字注。引申有輕鬆、自在義，如「行遲更覺仙」。或作「仚」。段注：「引申為高舉皃，顏元孫引鮑明遠《書勢》云：鳥仚魚躍。」

僥 yáo　南方有焦僥，人長三尺，短之極。从人，堯聲。〔五聊切〕

【注釋】

焦僥，或作「僬僥」，古代傳說中的矮人。

對 duì　市也。从人，對聲。〔都隊切〕

【注釋】

今作為「兌」之異體，換也。

俇 guàng　遠行也。从人，狂聲。〔居況切〕

【注釋】

當為「遊逛」之古字也。俇俇，心神不定貌。俇攘，惶亂貌。

件 jiàn　分也。从人，从牛。牛，大物，故可分。〔其輦切〕

【注釋】

本義是分解、分開，郭璞《山海經・圖贊》：「件錯理微。」「件別」謂分別，一一分開也。「件舉」謂枚舉，一一分開列舉。段注：「半下云：物中分也。从八、牛。件乃半之誤體。」

文二百四十五　重十四

侶 lǚ　徒侶也。从人，呂聲。〔力舉切〕

侲 zhèn　僮子也。从人，辰聲。〔章刃切〕

【注釋】

童子也。特指用來逐鬼的童男童女。「侲子」謂古代在迷信活動中用以驅疫逐鬼的兒童。

倅 cuì　副也。从人，卒聲。〔七內切〕

【注釋】

「倅貳」謂副手也，即輔佐的官員。

傔 qiàn　從也。从人，兼聲。〔苦念切〕

【注釋】

「傔從」謂隨從也。

倜 tì　倜儻，不羈也。从人，从周，未詳。〔他歷切〕

【注釋】

「倜然」謂突出、特出貌。過於特殊則不切實用，引申出不切實際義。

儻 tǎng　倜儻也。从人，黨聲。〔他朗切〕

【注釋】

常用義通「倘」，表假設。又或許、可能也，如「兵多意盛，與強敵爭，儻更為禍始」。

佾 yì　舞行列也。从人，㕥聲。〔夷質切〕

【注釋】

《論語·八佾》：孔子謂季氏，「八佾舞於庭，是可忍也，孰不可忍也」！一佾指一列八人，八佾即八列六十四人。按周禮規定，只有天子才能用八佾，諸侯用六佾，卿大夫用四佾，士用二佾。季氏是正卿，只能用四佾，卻用了八佾。

倒 dǎo　仆也。从人，到聲。〔當老切〕

儈 kuài　合市也。从人、會，會亦聲。〔古外切〕

【注釋】

合市謂會合二家交易也。今謂之經紀人，河南農村謂之行戶。今有「市儈」，本義也是經紀人，後指唯利是圖的庸俗小人。「牙儈」也謂經紀人，或謂之「牙郎」「牙人」「牙子」。

低 dī　下也。从人、氐，氐亦聲。〔都兮切〕

【注釋】

今河南方言謂人矮為低。

債 zhài　　債負也。从人、責，責亦聲。〔側賣切〕

價 jià（价）　　物直也。从人、賈，賈亦聲。〔古訝切〕

【注釋】

今簡化作价，見前「价」字注。

停 tíng　　止也。从人，亭聲。〔特丁切〕

【注釋】

引申有妥當義，如「停妥」。「停當」謂齊備、完畢也。

僦 jiù　　賃也。从人、就，就亦聲。〔即就切〕

【注釋】

本義是租賃。「僦屋」謂租房也，特指租車運送。

伺 sì　　候望也。从人，司聲。〔相吏切〕自低已下六字，从人，皆後人所加。

【注釋】

「伺候」謂偵查、偵候，又有等待、候望義，如「伺候於公卿之門」。

僧 sēng　　浮屠道人也。从人，曾聲。〔穌曾切〕

【注釋】

古代出家人都叫道人，不限於道家，和尚亦可。

浮屠，佛陀，佛也，亦作「浮圖」，梵語 Buddha 的音譯。又僧人也，王安石《遊褒禪山記》：「唐浮屠慧褒始舍於其址。」又佛塔也，今有「救人一命，勝造七級浮屠」。今西安大雁塔正是七層佛塔。僧乃梵語「僧伽」的省稱。

佇 zhù　　久立也。从人，从宁。〔直呂切〕

【注釋】

今簡化作伫。宁，音 zhù，非寧的簡化字。

偵 𠆳 zhēn　　**問也。从人，貞聲。〔丑鄭切〕**

【注釋】

探子、間諜也，《聊齋誌異》:「生疑為宋人之偵，姑偽應之。」

文十八 新附

七部

七 𠤎 huà　　**變也。从到人，凡七之屬皆从七。〔呼跨切〕**

【注釋】

變化之初文也。段注：「凡變七當作七，教化當作化，許氏之字指也。今變七字盡作化，化行而七廢矣。」

𡖊 𡖊 yí　　**未定也。从七，𠤕聲。𠤕，古文矢字。〔語期切〕**

眞 眞 zhēn（真）　　**仙人變形而登天也。从七，从目，从乚。**音隱。**八，所乘載也。〔側鄰切〕** 𡗗 **古文真。**

【注釋】

眞是隸定字形，真是隸變字形。

本義是道家稱存養本性或修真得道的人為真人。常用義有本性、本質，今有「反璞歸真」。又有原來義，今有「真本」，謂文獻的原本，非真假義也。今有「真迹」，亦原本之謂。又有清楚義，今有「真真切切」。楷書謂正書，也叫真書。

段注：「此真之本義也。經典但言誠實，無言真實者。諸子百家乃有真字耳，然其字古矣。引申為真誠。慎字今訓謹，古則訓誠。《小雅》：慎爾優游、予慎無罪。傳皆云：誠也。又『慎爾言也』，《大雅》：考慎其相，箋皆云：誠也。慎訓誠者，其字从真，人必誠而後敬，不誠未有能敬者也。敬者慎之弟二義，誠者慎之弟一義，學者沿其流而不溯其原矣。故若《詩》傳、箋所說諸慎字，謂即真之假借字可也。」

化 𠤎 huà　　**教行也。从七，从人，七亦聲。〔呼跨切〕**

【注釋】

據《說文》，化之本義是教化。甲骨文作，象人翻跟頭狀。朱芳圃《殷周文字釋叢》：「象二人一正一倒之形，翻跟頭也。《國語》：勝敗若化。」或謂化之本義為生育，本楊琳先生說。段注：「今以化為變七字矣。」

常用義造化、大自然，《素問》：「化不可代，時不可違。」表示死的一種委婉說法，陶潛《自祭文》：「余今斯化，可以無恨。」今和尚、道士募集財物謂之化，如「化緣」「化齋」。

文四 重一

匕部

匕 bǐ　　相與比敘也。从反人。匕，亦所以用比取飯，一名柶。凡匕之屬皆从匕。〔卑履切〕

【注釋】

匕之本義是勺子，古代的勺子或邊上開刃，既可舀，又可切，故後來引申出匕首的意義。又箭頭謂之匕，形似故也。《左傳》：「射之中楯瓦，匕入者三寸。」見下「匙」字注。

匙 chí　　匕也。从匕，是聲。〔是支切〕

【注釋】

本義是勺子，即今之調羹。今作鑰匙字，形似故也。

段注：「《方言》曰：匕謂之匙。蘇林注《漢書》曰：北方人名匕曰匙。玄應曰：『匕或謂之匙。』今江蘇所謂茶匙、湯匙也，亦謂之調羹。實則古人取飯、載牲之具，其首蓋銳而薄，故《左傳》矢族曰匕。劍曰匕首，《周禮·桃氏》注是也。」

𠤏 bǎo　　相次也。从匕，从十。鴇从此。〔博抱切〕

𦣞 qì　　頃也。从匕，支聲。匕，頭頃也。《詩》曰：𦣞彼織女。〔去智切〕

【注釋】

今《詩經》作「跂彼織女」，跂，分叉也。

段注：「《小雅・大東》：跂彼織女。傳曰：跂，隅皃。按隅者，陬隅不正，而角織女三星成三角，言不正也。許所據作歧，今本乃改為俗企字，音同而義不同矣。」

頃𩑋qīng　　頭不正也。从匕，从頁。〔臣鉉等曰：匕者，有所比附，不正也。〕〔去營切〕

【注釋】

本義是頭不正。「頃刻」謂一歪頭之工夫，猶「瞬間」為一眨眼工夫。引申為時間短，如「有頃」「頃之」。又有近來、剛才義，《三國志》：「頃聞諸將出入，各尚謙約。」今有「頃聞」「頃接來信」。俄亦有歪斜義，引申出時間短，如「俄刻」「俄頃」，同步引申也。見「俄」字注。

段注：「匕頭角而不正方，故頭不正从匕曰頃，引申為凡傾仄不正之稱。今則傾行而頃廢，專為俄頃、頃畝之用矣。《謚法》：敏以敬慎曰頃，甄心動懼曰頃，祗勤追懼曰頃。」

𡿺𡿺nǎo（腦）　　頭髓也。从匕，匕，相匕著也。巛象髮，囟象𡿺形。〔奴晧切〕

【注釋】

今作腦，俗字也。

段注：「囟者，頭之會，腦之蓋也。頭髓在囟中，故囟曰腦蓋。囟字上開，象小兒囟不合，故曰象形。俗作腦。」

卬𠨊áng　　望，欲有所庶及也。从匕，从卩。《詩》曰：高山卬止。〔伍岡切〕

【注釋】

今「仰望」之初文也。仰則高，故引申出抬高、高義，如「卬貴」「高卬」，後加日作「昂」。假借作第一人稱代詞，《詩經》：「人涉卬否，卬須卬友。」卬、我、俺，一聲之轉也。

段注：「卬與仰義別，仰訓舉，卬訓望。今則仰行而卬廢，且多改卬為仰矣。《小雅・車舝》曰：高山卬止。箋云：卬慕。《過秦論》：常以十倍之地，百萬之眾，卬關而攻秦。俗本作叩、作仰，皆字誤、聲誤耳。《廣雅》：仰，恃也。仰亦卬之誤。

《大雅》傳曰：顒顒卬卬，盛皃。引申之義也。《釋詁》、毛傳皆曰：卬，我也。語言之叚借也。」

卓 zhuō　高也。早匕為卓，匕卪為卬，皆同意。〔竹角切〕 古文卓。

【注釋】

從卓之字多有高義，見前「倬」字注。卓即高也，今有「卓越」「卓絕」，「卓立」謂高立也，梁啟超字卓如。引申遠也，《漢書》：「卓行殊遠而糧不絕。」後作「逴」，遠也。

段注：「凡言卓犖，謂殊絕也，亦作卓躒。按《稽部》：𥡴，特止也。《辵部》：逴，遠也。《人部》：倬，箸大也。皆一義之引申。」

艮 gèn　很也。从匕、目。匕目，猶目相匕，不相下也。《易》曰：「艮其限。」匕目為艮，匕目為真也。〔古恨切〕

【注釋】

很，不聽從也。艮，違逆不順也。性子直、說話硬、蘿蔔堅韌不好咬，都謂之艮。八卦有艮卦，也取不順之義。

文九　重一

从部

从 cóng　相聽也。从二人。凡从之屬皆从从。〔疾容切〕

【注釋】

从乃從之初文。聽，從也。

段注：「聽者，聆也。引申為相許之稱。《言部》曰：許，聽也。按从者今之從字，從行而从廢矣。」

從 cóng（从）　隨行也。从辵、从，从亦聲。〔慈用切〕

【注釋】

從實為从之繁化字形，今簡化漢字歸併為一。常用有跟從義，引申為追趕義，

《孫子兵法》：「佯北勿從。」引申有參與義，今有「從政」「從軍」；又副的，今有「主從」。「從妻」謂妾也，「從子」謂侄也。「從父」謂伯、叔父也。

段注：「《齊風》：並驅從兩肩兮。傳曰：從，逐也。逐亦隨也。《釋詁》曰：從，自也。其引申之義也。又引申訓順，《春秋經》：從祀先公。《左傳》曰：順祀先公。是從訓順也。《左傳》：使亂大從。王肅曰：從，順也。《左傳》：大伯不從，是以不嗣。謂不肯順其長幼之次也。引申為主從、為從橫、為操從。亦假縱為之。」

幷 bìng（并）　相從也。从从，幵聲。一曰：从持二為并。〔府盈切〕

【注釋】

見「併」字注。段注：「漢隸作幷。」幷，隸定字形；并，隸變字形。

文三

比部

比 bǐ　密也。二人為从，反从為比。凡比之屬皆从比。〔毗至切〕

古文比。

【注釋】

本義是親密、接近。甲骨文比、从同字。

《論語》：「君子周而不比，小人比而不周。」比者，勾結也；周者，團結也。常「比周」連用，今有「朋比為奸」。「比比」謂連連、每每也，今有「比比皆是」。「比來」謂近來也。「比鄰」，近鄰也。比者，較也，今有「比較」，《周禮》中比字多有考察、檢查義，較亦有此義，同步引申也。

段注：「今韻平上去入四聲皆錄此字，要密義足以括之。按四聲俱收，其義本一，其音強分耳，唐人詩多讀入聲者。許書無篦字，古只作比。《周禮》或叚比為庀。」

毖 bì　慎也。从比，必聲。《周書》曰：無毖於恤。〔兵媚切〕

【注釋】

本義是謹慎。今有「懲前毖後」，謂接受過去失敗的教訓，以後小心不重犯。

文二 重一

北部

北 bēi　**乖也。从二人相背。凡北之屬皆从北。〔博墨切〕**

【注釋】

甲骨文作，唐蘭《釋四方之名》：「北由二人相背，引申二義：一為人體之背；一為北方。」逃跑是以背示人，故亦謂之北，如「敗北」。逃跑的失敗者也叫北，如「追亡逐北」。

段注：「此於其形得其義也。軍奔曰北，其引申之義也，謂背而走也。韋昭注《國語》曰：北者，古之背字。又引申之為北方，《尚書大傳》《白虎通》《漢·律曆志》皆言北方，伏方也，陽氣在下，萬物伏藏，亦乖之義也。」

冀 jì　**北方州也。从北，異聲。〔几利切〕**

【注釋】

常用義是希望，今有「希冀」。

段注：「《周禮》曰：河內曰冀州。《爾雅》曰：兩河間曰冀州。據許說是北方名冀，而因以名其州也。叚借為望也、幸也，蓋以冀同覬也。覬者，欲幸也。」

文二

丘部

丘 qiū　**土之高也，非人所為也**[1]**。从北，从一。一，地也。人居在丘南，故从北。中邦之居，在崑崙東南。一曰：四方高，中央下為丘**[2]**。象形。凡丘之屬皆从丘。〔去鳩切〕**今隸變作丘。**古文，从土。**

【注釋】

[1] 本義是土堆，丘比山小，山上加丘，即岳。

引申為墳墓義。丘者，墓也。「丘壟」者，墓也。《紅樓夢》：「天盡頭，何處有香丘。」今河南有商丘者，乃商人祖先閼伯之墳墓。吾之家鄉河南封丘縣，乃封父之墳墓。江蘇有虎丘者，吳王闔閭死後，三天後其墳墓有白虎出現，故名虎丘。今河南方言中，棺材不入土，放置於地面，四周用磚壘砌成棺材狀，以便他日遷葬，這種墳叫丘。

陵亦土山，引申為墓義。封亦有土山義，引申為墓，古有「封丘」一詞，「王公曰丘，諸臣為封」。同步引申也。丘有土山義，有廢墟義；虛本義也是土山，引申為廢墟義，亦同步引申也。分而言之，石頭山為山，大土山為陵，小而尖的山為嶺，夾在大山中間的小土山為丘，即所謂「一曰：四方高，中央下為丘」也。

[2]「一曰：四方高，中央下為丘」，據《史記·孔子世家》，孔子生而頭上圩頂，即生下來頭頂凹陷，故取名曰丘。段注：「《淮南·墜形訓》注曰：四方而高曰丘。」

虛 qū / xū　大丘也。崑崙丘謂之崑崙虛。古者九夫為井，四井為邑，四邑為丘。丘謂之虛。从丘，虍聲。〔臣鉉等曰：今俗別作墟，非是。〕〔丘如切〕，又〔朽居切〕

【注釋】

本義是大土堆。借為空虛字，廢墟、集市（墟落）義初皆作虛，後加土作墟。常指廢址、故城，即有人住過而現已荒廢的地方，如「殷墟」，《呂氏春秋·貴直》：「使人之朝為草而國為墟。」

段注：「按虛者，今之墟字。虛本謂大丘，大則空曠，故引申之為空虛。如魯，少皞之虛。衛，顓頊之虛。陳，大皞之虛。鄭，祝融之虛。皆本帝都，故謂之虛。又引申之為凡不實之稱，虛訓空，故丘亦訓空，如《漢書》丘亭。自學者罕能會通，乃分用墟、虛字，別休居、邱於二切，而虛之本義廢矣。丘、虛語之轉，虛猶聚也、居也，引申為虛落，今作墟。」

屔 ní　反頂受水丘。从丘，泥省聲。〔奴低切〕

【注釋】

此仲尼之本字。名丘，字仲尼，名、字相關也。

段注：「《釋丘》曰：水潦所止，泥丘。《釋文》曰：依字又作屔。郭云：頂上洿下者。《孔子世家》：叔梁紇與顏氏女禱於尼丘，得孔子，生而首上圩頂，故因名曰丘，字仲尼。按《白虎通》曰：孔子反宇，是謂尼丘，德澤所興，藏元通流。蓋頂似尼丘，故以類命為象。屔是正字，泥是古通用字，尼是假借字。」

文三　重一

㐺部

㐺 yín　　眾立也。从三人。凡㐺之屬皆从㐺。讀若欽崟。〔魚音切〕

【注釋】

三人為众，此今簡化字「众」之初文也。《玉篇》作「眾也」。

眾 zhòng（众）　　多也。从㐺、目，眾意。〔之仲切〕

【注釋】

本義是奴隸，一般人不能叫眾。甲骨文作，像奴隸在日下勞作之形。今簡化漢字作众，後起俗字也，元代已經出現。常用義是多，多則普通、一般，今「與眾不同」「眾人」謂一般也。「凡」有眾多義，亦有一般義，同步引申也。

聚 jù　　會也。从㐺，取聲。邑落云聚。〔才句切〕

【注釋】

村落居民點謂之聚。邑落曰聚，猶今曰村、曰鎮，北方多曰集。《史記》載舜善於治理，「一年而所居成聚，二年成邑，三年成都」。

段注：「《平帝紀》：立學官，郡國曰學，縣道邑侯曰校，鄉曰庠，聚曰序。張晏曰：聚，邑落名也。韋昭曰：小鄉曰聚。按邑落，謂邑中村落。」

息 jì（暨）　　眾詞，與也。从㐺，自聲。《虞書》曰：息咎繇。〔其冀切〕 古文息。

【注釋】

今暨與之本字也。《說文》：「暨，日頗見也。」段注：「息者，眾與詞也。息之假借多作洎、作暨。」見前「暨」字注。

文四　重一

𡈼部

𡈼 tǐng　　善也。从人、士。士，事也。一曰：象物出地，挺生也。凡𡈼之屬皆从𡈼。〔臣鉉等曰：人在土上，𡈼然而立也。〕〔他鼎切〕

【注釋】

甲骨文作𠂤、𠂤，象人挺立土上之形，此即挺之初文。段注：「上象挺出形，下當是土字也，古土與士不甚可分如此。」

徵𢕸zhēng（征）　　召也。从微省、壬。為徵，行於微而文達者，即徵之。〔陟陵切〕𢾩古文徵。

【注釋】

古徵、征二字有別。征者，遠行也，今有「長征」。徵者，「徵召」字。後簡化字歸併為一。古有徵辟制度，皇帝直接選拔為中央官員謂之征，三公選拔為自己的僚屬謂之辟。

常用問、追問義，《左傳》：「寡人是徵。」有證據、驗證義，今「信而有徵」。有應驗義，今有「休徵」「咎徵」。驗亦有證據、應驗義，同步引申也。有求取義，今有「徵文」「徵稅」。

朢𦣠wàng（望）　　月滿與日相望，以朝君也。从月，从臣，从壬。壬，朝廷也。〔無放切〕𦣞古文朢，省。

【注釋】

此月十五望日之望。《說文》：「望，出亡在外，望其還也。从亡，朢省聲。」此希望之望。許書分為二，然典籍常通用。段注：「此與望各字。望从朢省聲，今則望專行而朢廢矣。」

常用祭祀山川義，即望祭，望山而祭也，《尚書》：「望於山川，遍於群神。」又有埋怨、責怪義，《史記》：「商君相秦十年，宗室貴戚多怨望者。」虛化為介詞，向也，今有「望東而行」。

𡈼𡈼yín　　近求也。从爪、壬。壬，微幸也。〔余箴切〕

文四　重二

重部

重𨤗zhòng　　厚也。从壬，東聲。凡重之屬皆从重。〔徐鍇曰：壬者，人在土上，故為厚也。〕〔柱用切〕

【注釋】

段注：「厚斯重矣。引申之為鄭重、重疊。古只平聲，無去聲。」

量 liáng　稱輕重也。从重省，曏省聲。〔呂張切〕古文量。

【注釋】

今度量衡者，度，尺子也，量長短。典故「鄭人買履」中，鄭人「忘持其度」，度即尺子。量者，量體積；衡者，秤也，量重量。與《說文》之釋稍別。引申之，氣量、抱負謂之量，《三國志》：「劉備以亮有殊量，三顧亮於草廬之中。」

段注：「《漢志》曰：量者，所以量多少也。衡權者，所以均物平輕重也。此訓量為稱輕重者，有多少斯有輕重，視其多少可辜搉其重輕也，其字之所以從重也。引申之凡料理曰量，凡所容受曰量。」

文二　重一

臥部

臥 wò　休也。从人、臣，取其伏也。凡臥之屬皆从臥。〔吾貨切〕

【注釋】

臣的本義是豎著的眼睛，甲骨文作，象豎目之形，從臣之字多與眼睛的動作有關，如望、監、臨等。見「睡」字注。

段注：「臥與寢異，寢於床，《論語》『寢不尸』是也。臥於几，《孟子》『隱几而臥』是也。臥於几，故曰伏，尸篆下曰：象臥之形，是也。此析言之耳，統言之則不別。故《宀部》曰：寑者，臥也。《曲禮》云：寢毋伏。則謂寢於床者毋得俯伏也。引申為凡休息之稱。」

監 jiān　臨下也。从臥，䘓省聲。〔古銜切〕古文監，从言。

【注釋】

监乃草書楷化字形。本義是照鏡子，《尚書》：「人無於水監，當於民監。」引申為鏡子，後加金作鑒、鑑，今有「油光可鑒」。「臨下也」乃引申義，非本義也，從上視下也，《詩經》：「監觀四方。」

段注：「許書：監，視也。監，臨下也。古字少而義晐，今字多而義別。監與鑒互相假。」

甲文、金文分別作[glyph]、[glyph]，林義光《文源》：「監即鑒（鏡子）之本字，上世未製銅時，以水為鑒。」唐蘭《殷墟文字記》：「象一人立於盆側，有自監其容之義。」郭沫若《兩周金文辭大系考釋》：「皿上或益以一者，監中之水也。臨水正容為監，盛水正容之器亦為監。」

臨[glyph] lín（临）　　**監臨也。从臥，品聲。〔力尋切〕**

【注釋】

臨乃草書楷化字形。本義是從上視下，今「居高臨下」保留本義。《荀子》：「不臨深溪，不知地之厚也。」亦用其本義。

金文作[glyph]，林義光《文源》：「品，眾物，象人俯視眾物形。」從上視下引申為統治義，今有「君臨天下」；又有到義，今有「身臨其境」「涖臨」。涖亦有從上視下、統治、到三義項，同步引申也。臨、涖實一聲之轉也。又哭謂之臨，如「哀臨三日」。

𦣞[glyph] nè　　**楚謂小兒懶𦣞。从臥、食。〔尼厄切〕**

【注釋】

小孩不想吃東西。

文四　重一

身部

身[glyph] shēn　　**躳也。象人之身。从人，厂聲。凡身之屬皆从身。〔失人切〕**

【注釋】

本義是懷孕，甲骨文作[glyph]，李孝定《甲骨文字集釋》：「从人隆腹，象有身之形。」引申義是身體。躬的本義是身體，今有「鞠躬」，保留本義。身可用作第一人稱，《爾雅》：「身，我也。」《三國志》：「身是張翼德也。」

段注：「《呂部》曰：躳，身也。二字為互訓。躳必入《呂部》者，躳謂身之傴，主於脊骨也。」

軀[glyph] qū　　**體也。从身，區聲。〔豈俱切〕**

【注釋】

本義是身體。體者，身體之一部分，今有「四體不分」「五體投地」。身、體統言無別，析言有分。段注：「體者，十二屬之總名也。可區而別之，故曰軀。」

文二

㐆部

㐆 yī　　歸也。从反身。凡㐆之屬皆从㐆。〔徐鍇曰：古人所謂反身修道，故曰歸也。〕〔於機切〕

殷 yīn　　作樂之盛稱殷。从㐆，从殳。《易》曰：殷薦之上帝。〔於身切〕

【注釋】

引申為凡盛大之稱。商朝，也叫殷朝，商、殷皆大也。特指憂慮或情意深，如「殷憂」。「殷勤」謂熱情而周到。殷殷，憂愁貌，《詩經》：「出自北門，憂心殷殷。」

段注：「此殷之本義也，引申之為凡盛之稱，又引申之為大也，又引申之為眾也，又引申之為正也、中也。」

文二

衣部

衣 yī　　依也。上曰衣，下曰裳。象覆二人之形。凡衣之屬皆从衣。〔於稀切〕

【注釋】

聲訓也，衣得名於依，人所依靠的東西。衣者，人所倚以蔽體者也。

裁 cái　　制衣也。从衣，𢦏聲。〔昨哉切〕

【注釋】

本義是製作衣服。今「裁縫」保留本義，引申裁決義，決亦有此義，故「自裁」又謂「自決」，謂自殺也。有成就義，《荀子》：「故序四時，裁萬物，兼利天下。」有樣式、風格義，今有「體裁」，張衡《西京賦》：「取殊裁於八都。」

袞 gǔn　天子享先王，卷龍繡於下幅，一龍蟠阿上鄉。从衣，公聲。〔古本切〕

【注釋】

袞者，滾也，卷也。袞得名於其上所繡之龍翻滾。古者天子之服，又叫「袞服」，後作為帝王之稱。《詩經》：「袞職有闕，唯仲山甫補之。」「袞職」謂天子或三公之職。「袞袞」謂連續不斷貌，如「袞袞諸公」。

段注：「《禮記》袞衣字皆作卷，鄭於《王制》釋之曰：『卷，俗讀也，其通則曰袞。』蓋袞與卷古音同，故《記》假卷為袞也。」

襄 zhàn　丹縠衣。从衣，㠭聲。〔知扇切〕

【注釋】

紅色的細紗衣。《詩經》「展衣」之本字也。《鄘風》：「瑳兮瑳兮，其之展也。」毛傳：「禮有展衣者，以丹縠為衣。」

段注：「按《詩》《周禮》作展，叚借字也。《玉藻》《雜記》作襢，後鄭从之，許作襄，漢《禮》家文字不同如此。」

褕 yú　翟，羽飾衣。从衣，俞聲。一曰：直裾謂之襜褕。〔羊朱切〕

袗 zhěn　玄服。从衣，㐱聲。〔之忍切〕 裖，或从辰。

【注釋】

常用義是單衣。

表 biǎo（表）　上衣也。从衣，从毛。古者衣裘，以毛為表。〔陂嬌切〕 古文表，从麃。

【注釋】

隸定字形作表，隸變字形作表。

上衣者，穿在外面的衣服。古人穿裘，毛向外，裘外加裼衣，裼衣之外還要穿與裼衣同色的正服，這層外衣即表。引申外義，今「表兄」「表弟」者，表者，外也。外者，遠也，非同堂親屬也。「外甥」「外公」者，外亦遠也。古者穿裘，毛在外面，類似今之皮草。

常用有標杆義，《呂氏春秋》有「循表夜涉」。古有圭表測日影，圭是南北平放的尺子，表是直立與圭垂直的杆子。又引申出標準義，今有「表率」，如「女子以儒弱謙下為表」。又引申有表彰、表揚義，如「刻石表功」。

段注：「上衣者，衣之在外者也。《論語》：當暑，袗（單衣）絺綌，必表而出之。孔曰：加上衣也。皇云：『若在家則裘葛之上亦無別加衣，若出行接賓客皆加上衣。當暑絺綌可單，若出不可單，則必加上衣也。嫌暑熱不加，故特明之。』《玉藻》：表裘不入公門。鄭曰：『表裘，外裘也。』襌絺綌、外裘二者形且褻，皆當表之乃出。引申為凡外箸之稱。古者衣裘，謂未有麻絲，衣羽皮也，衣皮時毛在外，故裘之制毛在外，以衣、毛製為表字，示不忘古。」

裏 lǐ（里）　　衣內也。从衣，里聲。〔良止切〕

【注釋】

本義是衣服的裏層。古者里、裏有別。里者，古代之行政單位，二十五家為里，住一個街區，即里坊。今「里程」「一里地」用里字。裏者，裏外字。今簡化字歸併為一。

襁 qiǎng（繈）　　負兒衣。从衣，強聲。〔居兩切〕

【注釋】

段注：「按古繈緥字从糸不从衣，淺人不得其解，而增襁篆於此。叚令許有此字，當與褓篆為類矣。當刪。」

䙕 jí　　衣領也。从衣，棘聲。《詩》曰：要之䙕之。〔己力切〕

【注釋】

衣領也。段注：「領者，頸項也，因以為衣在頸之名。」

襮 bó　　黼領也。从衣，暴聲。《詩》曰：素衣朱襮。〔蒲沃切〕

【注釋】

繡有花紋的衣領。

衽 rèn　　衣襟也。从衣，壬聲。〔如甚切〕

【注釋】

古之衣服斜襟，有左衽、右衽之別。左衽者，右襟往左掩，左腋下繫扣，乃少數民族及死人之服飾。中原地區為右衽，《論語》：「微管仲，吾其披髮左衽矣。」又指衣袖、袖口義，《廣雅》：「衽，袖也。」相鄰引申也。

又床席謂之衽，即「衽席」，《管子》：「振衽掃席。」「衽席」指床席，又指宴會的座位，《禮記》：「衽席之上，讓而坐下。」席有席子義，也有座位義，同步引申也。段注：「假借為衽席。衽席者，今人所謂褥也，語之轉。」

褸 lǚ　　衽也。从衣，婁聲。〔力主切〕

【注釋】

本義是衣襟。引申為「衣衫襤褸」義。

段注：「《方言》曰：褸謂之衽。注：衣襟也。故引申之，衣被醜弊，或謂之褸裂，或謂之襤褸，或謂之緻。」

褽 wèi　　衽也。从衣，尉聲。〔於胃切〕

𧝋 qì　　裣緣也。从衣，疌聲。〔七入切〕

【注釋】

衣襟的邊緣。

段注：「《詩》：青青子衿。毛曰：青衿，青領也。正謂緣以青也。蓋古者深衣，右自領及衽，左自袼（袖子的腋縫處）亦及衽，皆緣之，故曰裣緣。」

裣 jīn（襟、衿）　　交衽也。从衣，金聲。〔居音切〕

【注釋】

今作襟，或作衿。段注：「按裣之字一變為衿，再變為襟，字一耳。」衣襟必打結，故引申出繫結義，楊雄《反離騷》：「衿芰茄之綠衣兮。」又指係衣的帶子。

古者學子所穿校服領子鑲成藍邊，故謂之「青領」。領與襟乃同幅布直裁而成，故「交領」亦謂之「交襟」。《詩經》：「青青子衿，悠悠我心。」毛傳：「青衿，青領也，學子之所服。」後「青衿」成為學子之代稱。今學生校服多為藍色，乃古制之遺留也。衣襟當胸，故有「胸襟」「襟懷」，謂胸懷也，故有「正襟危坐」。

褘 huī　　蔽膝也。从衣，韋聲。《周禮》曰：「王后之服褘衣。」謂畫袍。〔許歸切〕

【注釋】

段注：「《方言》曰：蔽膝，江淮之間謂之褘，或謂之袚。魏宋南楚之間謂之大巾，自關東西謂之蔽膝，齊魯之郊謂之袡。」

袂 fū　　襲袂也。从衣，夫聲。〔甫無切〕

【注釋】

衣服的前襟。

襲 xí　　左衽袍。从衣，龖省聲。〔似入切〕 籀文襲，不省。

【注釋】

本義是死者穿的左衽袍子。凡斂死者，左衽，不紐。

常用義是作為衣服的量詞，如「一襲衣」。常用有穿義，如「襲朝服」。穿衣必內外重疊，故引申出重疊、重複義，襲即重也。屈原《九章》：「重仁襲義兮。」《左傳》：「事不再令，卜不襲吉。」引申出合、合併義，《小爾雅》：「襲，合也。」《荀子》：「天地比，齊秦襲。」

段注：「小斂、大斂之前，衣死者謂之襲。《士喪禮》：乃襲三稱。注曰：『遷尸於襲上而衣之。凡衣死者，左衽，不紐。』左衽結絞不紐，襲亦左衽不紐也。襲字引申為凡揜襲之用。」

袍 páo　　襺也。从衣，包聲。《論語》曰：衣弊縕袍。〔薄褒切〕

【注釋】

袍與襺的區別在於絮在衣服裏子與面子之間的東西不同，絮新絲綿的叫襺（也寫作繭），絮亂麻和舊絲綿的叫袍。許書混言不別，故可互訓。古者窮人冬天穿袍，富人多穿裘。「袍笏登場」謂登臺演戲，比喻上臺做官。袍古代是棉長衣，今把長衣都叫袍，如「黃袍加身」「割袍斷義」。

段注：「古者袍必有表，後代為外衣之稱。《釋名》曰：『袍，丈夫箸，下至跗者也。袍，苞也，苞內衣也。婦人以絳作，義亦然也。』」

襺jiǎn　　**袍衣也。从衣，繭聲。以絮曰襺，以縕曰袍。《春秋傳》曰：盛夏重襺。〔古典切〕**

【注釋】

繭（襺）比較高級。絮是由繭抽繅而成的，所以把綿絮也叫繭，再進而把絮綿的袍子叫繭。

段注：「《玉藻》作繭者，字之叚借也。絮中往往有小繭，故絮得名繭。鄭注《玉藻》『縕』謂新綿及舊絮，故『纊』專為新綿。許『縕』謂紼（亂麻），故『纊』為絮，不分新舊。」

褋dié　　**南楚謂禪衣曰褋。从衣，枼聲。〔徒叶切〕**

【注釋】

從枼之字多有薄片義，見前「葉」字注。

段注：「關之東西謂之禪衣。枼聲，各本作枼，而篆體乃作褋，是改篆而未改說解也。枼者，薄也，禪衣故从枼。」

袤mào　　**衣帶以上。从衣，矛聲。一曰：南北曰袤，東西曰廣。𧛳籀文袤，从楙。〔莫候切〕**

【注釋】

衣帶以上，此古義也，今少例證。今則後義行而古義廢矣。今常用義是長，今「廣袤無垠」，廣謂東西之寬，袤謂南北之長。王念孫《廣雅疏證》：「對文則橫長謂之廣，从長謂之袤。散文則橫長亦謂之袤，周長亦謂之袤。」

襘guì　　**帶所結也。从衣，會聲。《春秋傳》：衣有襘。〔古外切〕**

【注釋】

或作袷。衣領交叉處，如「衣有襘，帶有結」。

褧jiǒng　　**褩也。《詩》曰：「衣錦褧衣。」示反古。从衣，耿聲。**

〔去穎切〕

【注釋】

古代用細麻布做的套在外面的罩衣。

段注：「績𦃇為衣，是為褧也。古者麻絲之作，蓋先麻而後絲，故衣錦尚褧，歸真反樸之意。」

祗 dī　祗裯，短衣。从衣，氐聲。〔都兮切〕

裯 dāo　衣袂，祗裯。从衣，周聲。〔都牢切〕

【注釋】

祗裯，短衣也。裯單用指單被，泛指衾被，如「裯衽」指被褥。一說為床帳。

襤 lán　裯謂之襤褸。襤，無緣也。从衣，監聲。〔魯甘切〕

【注釋】

今作為「衣衫襤褸」字。

褍 duò　無袂衣謂之褍。从衣，惰省聲。〔徒臥切〕

䙱 dú　衣躬縫。从衣，毒聲。讀若督。〔冬毒切〕

袪 qū　衣袂也。从衣，去聲。一曰：袪，褱也。褱者，抱也。袪，尺二寸。《春秋傳》曰：披斬其袪。〔去魚切〕

【注釋】

袪是袖口，袂者，衣袖也。二者有別，許蓋混言也。《詩經》：「羔裘豹袪。」袖口上用豹皮作裝飾，是古代卿大夫之服。

褎 xiù（袖）　袂也。从衣，采聲。〔似又切〕袖 俗褎，从由。

【注釋】

今通行重文袖。采，穗之異體。

古代袖長而寬，類今戲臺上之水袖。《禮記》：「袂之長短，反詘之及肘。」即袖子是手臂長的 1.5 倍。故袖子中不但可以藏小東西，還可以藏大件，《史記》載朱亥「袖四十斤鐵錘，錘殺晉鄙」。故有「多財善賈，長袖善舞」，又有「寂寞嫦娥舒廣袖」「翳修袖以延佇」。

袂 mèi　　袖也。从衣，夬聲。〔彌弊切〕

【注釋】

今有「聯袂演出」，保留本義，聯袂者，猶言拽著袖子。「分袂」謂分別也。

褢 huái　　袖也。一曰：藏也。从衣，鬼聲。〔戶乖切〕

【注釋】

本義是衣袖，不常用。常通「懷」，懷抱、揣著也。「一曰：藏也」，此義與褱近。

褱 huái　　俠也。从衣，眔聲。一曰：橐。〔臣鉉等曰：眔非聲，未詳。〕〔戶乖切〕

【注釋】

「懷抱」之本字也。《說文》：「懷，念思也。」本義是懷念。

段注：「古文多假懷為褱者。在衣曰褱，在手曰握。今人用懷挾字，古作褱夾。」

裒 bào（抱）　　褱也。从衣，包聲。〔臣鉉等曰：今俗作抱，非是。抱與捊同。〕〔薄保切〕

【注釋】

今「懷抱」之古字。《說文》無抱字，抱乃後起之俗字。

常用懷有義，如「常抱邊疆之憂」。又有胸懷義，如「區區丹抱，不負夙心」。懷亦有此二義，同步引申也。段注：「懷抱，即褱裒也。今字抱行而裒廢矣。」

襜 chān　　衣蔽前。从衣，詹聲。〔處占切〕

【注釋】

本義是繫在身前的圍裙，短的便衣也叫「襜」或「襜褕」。車上四周的帷帳叫

「襜幨」，代指車駕，《滕王閣序》：「宇文新州之懿範，襜幨暫住。」

段注：「《釋器》曰：『衣蔽前謂之襜。』此謂衣，非謂蔽膝也。引申之凡衣或曰襜褕，或曰襜襦，皆取蔽義。又引申之凡所用蔽謂之襜，巾車皆有容蓋。」

袥 tuō　衣衸。从衣，石聲。〔他各切〕

【注釋】

裙子中間開叉的地方，此「開拓」之本字也。《說文》：「拓，拾也。」本義是拾取，音 zhí，又寫作摭，非本字明矣。

段注：「謂之袥，言其開拓也。亦謂之衸，言其中分也。袥之引申為推廣之義，《玄・瑩》曰：天地開闢，宇宙袥坦。《廣雅・釋詁》曰：袥，大也。今字作開拓，拓行而袥廢矣。斥與袥音義同。」

衸 xiè　袥也。从衣，介聲。〔胡介切〕

【注釋】

裙子正中開衩的地方。

襗 zé　絝也。从衣，睪聲。〔徒各切〕

【注釋】

貼身穿的衣袍，《詩經》「與子同澤」之本字也。

袉 tuó　裾也。从衣，它聲。《論語》曰：朝服，袉紳。〔唐左切〕

【注釋】

衣服的大襟。

裾 jū　衣袌也。从衣，居聲。讀與居同。〔九魚切〕

【注釋】

衣服的後擺。《洛神賦》：「曳霧綃之輕裾。」裾能曳，說明是在衣服後。一般謂衣服的前後襟，常指衣服的後襟。《說文通訓定聲》：「衣服的大襟。裾，衣之前襟也，今蘇俗曰大襟。」

衧 yú　　諸衧也。从衣，于聲。〔羽俱切〕

【注釋】

諸衧，古代婦女穿的大袖外衣，亦作「諸于」。

段注：「諸于，大掖衣，如婦人之袿衣。于者，衧之假借字。按大掖謂大其裹（衣前襟）也。《方言》：袿謂之裾。」珪衣，古代婦女的上等長袍。

褰 qiān　　絝也。从衣，寒省聲。《春秋傳》曰：徵褰與襦。〔去虔切〕

【注釋】

絝者，套褲也。引申為提起衣服，泛指提起、撩起，如「褰竹簾」，後加手作「攐」，或寫作「搴」。

段注：「褰之本義謂絝，俗乃假為騫衣字。騫，虧也。古騫衣字作騫，今假褰而褰之本義廢矣。」

襱 lóng　　絝踦也。从衣，龍聲。〔丈冢切〕 襩，或从賣。

【注釋】

套褲，又指褲襠。

袑 shào　　絝上也。从衣，召聲。〔市沼切〕

【注釋】

褲襠。段注：「《漢·朱博傳》：功曹官屬多褒衣大袑，不中節度。絝上對上絝踦言，股所居也，大之則寬緩。」

襑 tǎn　　衣博大。从衣，尋聲。〔他感切〕

【注釋】

從尋之字多有長義，鱘魚，長魚也。潯，深水也。

褎 bāo（褒）　　衣博裾。从衣，保省聲。保，古文保。〔博毛切〕

【注釋】

今隸變作褒。本義是衣襟寬大，引申為廣大。《淮南子》：「一人被之而不褒，萬人蒙之而不徧。」對一個人之廣大，即褒揚之也。

段注：「博裾謂大其褎囊也。《漢書》：褒衣大祒。謂大其衣袴之上也，引申之為凡大之稱，為褒美。隸作褒、作裒。」

褅 𧝼 tì　　**緥也。从衣，啻聲。《詩》曰：載衣之褅。〔臣鉉等曰：緥即褓緥也。今俗別作褓，非是。〕〔他計切〕**

【注釋】

今《詩經》作「載衣之裼」。段注：「《小雅·斯干》曰：載衣之裼。傳曰：裼，褓也。此謂裼即褅之假借字也。」

褍 𧜒 duān　　**衣正幅。从衣，耑聲。〔多官切〕**

【注釋】

衣服的正幅。「玄端」之後起本字也。

段注：「凡衣及裳不衺殺之幅曰褍。《左傳》：端委。杜注：禮衣端正無殺，故曰端。《周禮》：士有玄端、素端。鄭云：端者，取其正也。按褍者，正幅之名，非衣名。」

褘 𧜤 wéi　　**重衣貌。从衣，圍聲。《爾雅》曰：褘褘襀襀。〔臣鉉等曰：《說文》無襀字，《爾雅》亦無此語，疑後人所加。〕〔羽非切〕**

複 𧝌 fù（复）　　**重衣皃。从衣，复聲。一曰：褚衣。〔方六切〕**

【注釋】

本義為夾衣，引申為重複。复、複、復三字有別，見前「復」字注。

段注改作「重衣也」，云：「也作皃者誤，凡古書也、皃二字互訛者多矣。引申為凡重之稱。複與復義近，故書多用複為復。」

禔 𧛬 tí　　**衣厚禔禔。从衣，是聲。〔杜兮切〕**

襛 𧝓 nóng　　**衣厚貌。从衣，農聲。《詩》曰：何彼襛矣。〔汝容切〕**

【注釋】

段注：「引申為凡多厚之稱。《召南》曰：何彼襛矣。《唐棣之華》傳曰：襛猶戎戎也。按《韓詩》作茙茙，即戎戎之俗字耳，戎取同聲得其義。」

裻 dú　新衣聲。一曰：背縫。从衣，叔聲。〔冬毒切〕

袳 chǐ　衣張也。从衣，多聲。《春秋傳》曰：公會齊侯於袳。〔尺氏切〕

【注釋】

衣服寬大也。從多之字多有張開義，見前「哆」字注。

裔 yì　衣裾也。从衣，㕯聲。〔臣鉉等曰：㕯非聲，疑象衣裾之形。〕〔余制切〕古文裔。

【注釋】

本義是衣服的邊緣，泛指邊，如「水裔」；引申為較遠的地方，如「四裔」。又引申出後代義，今有「後裔」。

段注改作「衣裙也」，云：「以子孫為苗裔者，取下垂義也。按帔曰裙，裳曰下裙，此衣裙謂下裙。故《方言》《離騷》注皆曰：裔，末也。《方言》又曰：裔，祖也。亦謂其遠也。《方言》又曰：裔，夷狄之總名。郭云：邊地為裔。」

衯 fēn　長衣貌。从衣，分聲。〔撫文切〕

【注釋】

從分之字、之音多有大義，見前「帉」字注。

袁 yuán　長衣貌。从衣，叀省聲。〔羽元切〕

【注釋】

此本義也，今作姓氏字。從袁之字、之音多有長、遠義，如遠、猿（臂長）、援（引也，引，長也）、瑗（大孔璧）等。

段注：「此字之本義，今只謂為姓，而本義廢矣。古與爰通用，如袁盎，《漢書》

作爰盎，是也。《王風》：有兔爰爰。傳曰：爰爰，緩意。遠、轅等字以袁為聲，亦取其意也。」

袻 diāo　　短衣也。从衣，鳥聲。《春秋傳》曰：有空袻。〔都僚切〕

【注釋】

段注：「今俗語尚呼短尾曰紹尾，許書無紹，當作袻，以短衣之義引申也。」

褺 diē　　重衣也。从衣，執聲。巴郡有褺虹縣。〔徒叶切〕

裵 péi（裴）　　長衣貌。从衣，非聲。〔臣鉉等案：《漢書》裵回用此。今俗作徘徊，非是。〕〔薄回切〕

【注釋】

隸定作裵，隸變作裴。本義是衣長的樣子，今作為姓氏字。

段注：「此即《子虛賦》裶字也，若《史記·子虛賦》：弭節裵回。《漢·郊祀志》：神裴回若留放。乃長衣引申之義。《後漢書·蘇竟傳》注云：裴回謂縈繞淹留是也。俗乃作俳佪、徘徊矣。」

襡 shǔ　　短衣也。从衣，蜀聲。讀若蜀。〔市玉切〕

【注釋】

蜀聲，聲兼義也，如獨、瀆（小水）、牘（小木片）等。《廣雅》：「乘、蜀、壹，一也。」

襵 zhuó　　衣至地也。从衣，斲聲。〔竹角切〕

襦 rú　　短衣也。从衣，需聲。一曰：㬈衣。〔人朱切〕

【注釋】

本義是短衣、短襖。襦有單、複，單襦近乎衫，複襦則近襖。《孔雀東南飛》：「妾有繡腰襦，葳蕤自生光。」

段注：「短衣曰襦，自膝以上。按襦若今襖之短者，袍若今襖之長者。一曰：㬈衣。一曰與一名同，非別一義也。《日部》曰：安㬈，溫也。然則㬈衣猶溫衣也。」

褊 biǎn　衣小也。从衣，扁聲。〔方沔切〕

【注釋】

本義是衣服小。泛指狹小，今有「褊小」。《三國志》:「卓性剛而褊。」此謂氣量狹小。

袷 jiá　衣無絮。从衣，合聲。〔古洽切〕

【注釋】

今夾衣之本字也。段注:「此對『以絮曰襺，以緼曰袍』言也，《小戴記》以為交領之字。」見前「襟」字注。

襌 dān　衣不重。从衣，單聲。〔都寒切〕

【注釋】

單衣也。段注:「此與『重衣曰複』為對。」

襄 xiāng　《漢令》:解衣耕謂之襄。从衣，𤿾聲。〔息良切〕 古文襄。

【注釋】

本義不常見，常用義是高、高舉，今有「襄舉」。《尚書》:「浩浩乎懷山襄陵。」另有幫助義，今有「襄助」「襄理」。助則成功，故引申出成義，《左傳》:「葬定公，雨，不克襄事。」假借為「攘」，除也，《詩經》:「牆有茨，不可襄也。」《爾雅》:「襄，除也。」

段注:「此襄字所以从衣之本義，惟見於《漢令》也，引申之為除去。《周書・謚法》云:辟地有德曰襄。凡云攘地、攘夷狄皆襄之假借字也。《釋言》又曰:襄，駕也。此驤之假借字，凡云『襄，上也』『襄，舉也』皆同。今人用襄為輔佐之義，古義未嘗有此。」

被 bèi　寢衣，長一身有半。从衣，皮聲。〔平義切〕

【注釋】

本義是被子，古代被子是身體的 1.5 倍。引申出覆蓋義，如「光被四表」「澤被後世」。又引申出遭受義，《戰國策》：「荊軻身被八創。」覆蓋與遭受，正反同辭。冒亦有此二義，同步引申也。

段注：「《論語·鄉黨篇》曰：必有寢衣，長一身有半。孔安國曰：今被也。鄭注曰：『今小臥被是也。』引申為橫被四表之被。」

衾 qīn　　大被。从衣，今聲。〔去音切〕

【注釋】

先秦被子的意義不用「被」字表示。小被稱為「寢衣」，大被稱為「衾」。後來，衾、被無別。

段注：「《釋名》曰：衾，廣也。其下廣大如廣受人也。寢衣為小被，則衾是大被。」

襐 xiàng　　飾也。从衣，象聲。〔徐兩切〕

【注釋】

《廣雅》：「襐，飾也。」後人多不知此義，故衍生出歇後語：豬鼻子插蔥——裝象。

衵 rì　　日日所常衣。从衣，从日，日亦聲。〔人質切〕

【注釋】

天天常穿的衣服，即貼身內衣，《玉篇》：「衵，近身衣。」

褻 xiè　　私服。从衣，埶聲。《詩》曰：是褻袢也。〔臣鉉等曰：从熱省，乃得聲。〕〔私列切〕

【注釋】

亵乃草書楷化字形。私服者，內衣、內褲之類，今有「褻衣」。褻瀆即親近而不莊重，引申為親近、熟悉義，《論語》：「見冕者與瞽者，雖褻，必以貌。」

段注：「引申為凡昵狎之稱，假借為媟字。」今褻瀆之本字當作媟，《說文》：「媟，嬻也。」段注：「今人以褻衣字為之，褻行而媟廢矣。」

衷 zhōng　　裏褻衣。从衣，中聲。《春秋傳》曰：皆衷其衵服。〔陟

弓切〕

【注釋】

本義是內衣、內褲之類。今「衷衣」即此，《紅樓夢》中襲人給寶玉換了一件衷衣。也寫作「中衣」。引申為泛內之稱，今有「言不由衷」。苦衷，內心也。引申為善義，《廣雅》:「衷，善也。」《尚書》:「降衷於下民。」今有「忠善」之言，本字或當作「衷」。中、忠、衷，同源詞也。

段注:「褻衣有在外者，衷則在內者也。引申為折衷，假借為中字。」

袾 shū　好佳也。从衣，朱聲。《詩》曰：靜女其袾。〔昌朱切〕

【注釋】

今作姝，美女也，《說文》:「姝，好也。」《天龍八部》有朱碧雙姝。袾、姝，同源詞也。

段注:「《廣韻》曰：朱衣也。按《廣韻》蓋用《說文》古本，故其字从朱、衣。所引《詩》則假袾為姝也，今《詩》袾作姝，《女部》引《詩》作殁。」

袓 jù　事好也。从衣，且聲。〔才與切〕

裨 bì　接、益也。从衣，卑聲。〔府移切〕

【注釋】

本義是古代祭祀時穿的次等禮服，《荀子》:「大夫裨冕。」引申出副的、補充的，今有「裨將」，謂副將也。裨販，小販也。裨有二常用義，一是補充，今有「裨補缺漏」；二是益處，今有「裨益」。

段注:「《覲禮》：侯氏裨冕。注曰：裨冕者，衣裨衣而冠冕也。裨之為言埤也。天子六服，大裘為上，其餘為裨。按本謂衣也，引申為凡埤益之稱。」

袢 bàn　無色也。从衣，半聲。《詩》曰：是紲袢也。讀若普。〔博幔切〕

【注釋】

夏天穿的白色內衣。《詩·君子偕老》:「蒙彼縐絺，是紲袢也。」朱駿聲曰:「袢當為裹衣之稱。裹衣素無色，當暑用絺袢，即縐絺也。」

雜𧝃zá（杂）　五彩相會。从衣，集聲。〔徂合切〕

【注釋】

本義是各種顏色交匯，故引申出雜亂義。

段注：「與辭字義略同，所謂五采彰施於五色作服也，引申為凡參錯之稱，亦借為聚集字。《詩》言雜佩，謂集玉與石為佩也。《漢書》凡言雜治之，猶今云會審也。此篆蓋本从衣、雧，故篆者以木移左衣下，久之改雥為隹，而仍作雜也。」

裕𧛕yù　衣物饒也。从衣，谷聲。《易》曰：有孚，裕无咎。〔羊孺切〕

【注釋】

本義是衣物豐富。泛指豐富，引申出寬、寬宏義，今有「寬裕」。段注：「引申為凡寬足之稱。《方言》：裕，道也。東齊曰裕。」

襞𧝓bì　韏衣也。从衣，辟聲。〔臣鉉等曰：韏，革中辨也。衣襞積如辨也。〕〔必益切〕

衦𧘝gǎn　摩展衣。从衣，干聲。〔古案切〕

【注釋】

用手把衣服的縐紋壓平展。

段注：「摩展者，摩其襵縐而展之也。《石部》硟下曰：以石衦繒也。衦之用與尉略同而異。」

裂𧚔liè　繒餘也。从衣，列聲。〔良薛切〕

【注釋】

裁剪後的絲綢殘餘。

段注：「《巾部》曰：帎，幓裂也。幓，殘帛也。㡡，繒端裂也。《內則》曰：衣裳綻裂。《方言》曰：南楚凡人貧衣被醜敝，或謂之褸裂。皆繒餘之意，引申為凡分散殘餘之稱。或假烈為之，《方言》曰：烈，餘也。晉衛之間曰烈。《齊語》：戎車待遊車之裂。韋注云：裂，殘也。古作裂，通作列。」

䘪𧙹ná　弊衣。从衣，奴聲。〔女加切〕

【注釋】

破舊的衣服。

袒 zhàn（綻）　衣縫解也。从衣，旦聲。〔丈莧切〕

【注釋】

此綻之本字也。今袒露本字作但，《說文》：「但，裼也。」

段注：「許書無綻字，此即綻字也。許書但裼字作但，不作袒。今人以袒為袒裼字，而但、袒二篆本義俱廢矣。」

挽外衣袖露裏衣，挽臂衣露肩臂肉體（肉袒）都叫袒。古有左袒、右袒，吉凶之禮袒左，受刑袒右。「廉頗聞之，肉袒負荊，因賓客至藺相如門謝罪」，當是右袒。

補 bǔ（补）　完衣也。从衣，甫聲。〔博古切〕

【注釋】

补乃另造之俗字。本義是修補衣服，泛指修補。

䘻 zhǐ　紩衣也。从衣、黹，黹亦聲。〔豬几切〕

褫 chǐ　奪衣也。从衣，虒聲。讀若池。〔直離切〕

【注釋】

本義是奪去衣帶。泛指奪去，今有「褫奪」，謂奪去也。「褫魂」猶奪魂。「褫爵」謂革除爵位。

段注：「《淮南書》曰：秦牛缺遇盜拕其衣。高注：拕，奪也。拕者，褫之假借字。」

蠃 luǒ（裸）　袒也。从衣，𦝠聲。〔郎果切〕 裸 蠃，或从果。

【注釋】

今通行重文裸。

段注：「按《人部》曰：但，裼也。謂免上衣，露裼衣。此裸、裎皆訓但者，裸、裎者，但之尤甚者也。」

裎𧝓chéng　　袒也。从衣，呈聲。〔丑郢切〕

【注釋】

露內衣，與「裸」連用表裸體。

段注：「裎之言呈也、逞也。《孟子》：袒裼裸裎。亦作程，《士喪禮》注：倮程。」

裼𧜹xī　　袒也。从衣，易聲。〔先擊切〕

【注釋】

本義是脫去外衣，露出身體的一部分，如「袒裼」。又指嬰兒的抱被，《詩經・斯干》假借為褅字。又指古代加在裘上面的罩衣，即裼衣。

「裼」又表示穿衣之法，與裘有關。古人穿裘，毛在外，但到了周代，人們感到裘毛在外易於磨損，於是規定穿裘時外加罩衣，此罩衣謂之「裼衣」，這種穿衣之法又謂之「裼」。但是為了顯露裘毛之美，一般是在領、袖等邊緣口，露出少許裘毛。通常裼衣之外還要穿與裼衣同色的正服（即外衣，又叫表），於是禮制又有「裼」「襲」穿法之別。

《禮記・玉藻》：「裘之裼也，見美也。服之襲也，充美也。」鄭玄曰：「裼者，免上衣（即《說文》所謂之「表」），見裼衣。凡當盛禮者以充美為敬，非盛禮者以見美為敬。」孔穎達疏：「裘之裼者，謂裘上加裼衣，裼衣上雖加他服，猶開露裼衣，見裼衣之美，以為敬也。」朱駿聲：「非盛禮，則以見美為敬，開其正服之前襟，見裼衣，謂之裼。當盛禮，則又以充美為敬，不露裼衣，謂之襲。」

簡言之：平時，為了「見美」，裼衣外面的正服襟帶袒開，於是可見內之裼衣及裘。當重大之典禮，為了「充美」，則正服必須將裼衣和裘全部罩住。前者稱為「裼」「裼裘」，後者稱為「襲」。上古對「裼」「襲」禮制區別甚嚴。參黃金貴《古代文化詞義集類辨考》。

段注：「考諸經傳，凡中衣之外上衣。裘則有裼衣，裼衣之外上衣。按覆裘之衣曰裼，行禮袒其上衣，見裼衣謂之裼，不露裼衣謂之襲。袒而有衣曰裼，以別於無衣曰袒也。經傳凡單言裼者，謂免上衣也。凡單言袒者，謂免衣肉袒也，肉袒或謂之袒裼，《釋言》毛傳皆曰：袒裼，肉袒也。許君肉袒字作膻，在《肉部》。而袒作但，與裼互訓。裼為無上衣之但，裸、裎為無衣之但。裸、裎亦肉膻也，字與鄭異而義同。」

衺 xié　　衺也。从衣，牙聲。〔似嗟切〕

【注釋】

「姦邪」之本字也。《說文》:「邪，琅邪郡。」本義是地名，非本字明矣。

衺，段注改作窶，云:「《交部》曰：窶者，衺也。二篆為互訓，窶今字作回，衺今字作邪。毛詩傳曰：回，邪也。」據段注，回的姦邪義本字當作窶。

襭 xié（擷）　　以衣衽扱物謂之襭。从衣，頡聲。〔胡結切〕 擷，襭，或从手。

【注釋】

把衣襟插在腰帶上盛東西。今通行重文擷。《詩經》:「薄言擷之。」

段注:「扱，收也。《周南》：采采芣苢，薄言襭之。《爾雅》曰：扱（插也）衽謂之襭。毛傳同。」扱，收也，插也。

袺 jié　　執衽謂之袺。从衣，吉聲。〔格八切〕

【注釋】

用手提著衣襟。

褿 cáo / cāo　　帴也。从衣，曹聲。〔昨牢切〕，又〔七刀切〕

裝 zhuāng　　裹也。从衣，壯聲。〔側羊切〕

【注釋】

古代裝字不當假裝講，假裝的意義用佯。段注:「束其外曰裝，故著絮於衣亦曰裝。」

裹 guǒ　　纏也。从衣，果聲。〔古火切〕

裛 yì　　書囊也。从衣，邑聲。〔於業切〕

【注釋】

書套也，即帙。《廣雅》:「裛謂之帙。」十卷為一裛。

段注：「《巾部》曰：帙，書衣也。帙亦作袠。《廣雅》：裹謂之袠。今本殆據《廣雅》改耳，若依今本則當云『帙也』。」

䘒 zī　　**緶也。从衣，齊聲。〔即夷切〕**

【注釋】

今「齊衰」之本字。緶，緝也，即縫邊。

裋 shù　　**豎使布長襦。从衣，豆聲。〔常句切〕**

【注釋】

古時童僕所穿的粗布衣服，也泛指粗布衣服。

段注：「豎與裋疊韻，豎使謂僮豎也，《淮南》高注曰：豎，小使也。顏注《貢禹傳》曰：裋褐謂僮豎所著布長襦也。《方言》曰：襜褕，其短者謂之裋褕。韋昭注《王命論》云：裋謂短襦也。」

䙔 yǔ / ōu　　**編枲衣。从衣，區聲。一曰：頭䙔。一曰：次裹衣。〔於武切〕，又〔於侯切〕**

褐 hè　　**編枲襪。一曰：粗衣。从衣，曷聲。〔胡葛切〕**

【注釋】

本義是編粗麻製成的襪子。段注：「取未績之麻編之為足衣，如今艸鞵之類。」

此義不多見，常用義是麻布製成的粗布衣服，常為窮人所穿，故窮人叫「褐夫」。《詩經》：「無衣無褐，何以卒歲。」唐代科舉考中後尚不授予官職，只有過了吏部組織的關試後才可授官，故關試又叫「釋褐試」，當官叫「釋褐」，意思是脫掉窮人穿的衣服當官去了。

褗 yǎn　　䙔領也。从衣，匽聲。〔於幰切〕

裺 yǎn　　褗謂之裺。从衣，奄聲。〔依檢切〕

衰 suō　　艸雨衣，秦謂之萆。从衣，象形。〔穌禾切〕古文衰。

【注釋】

本義是雨衣，後假借為衰退字，另加艸作蓑。見「痿」字注。雨衣是由草依次編成，故引申有次第、等級義，如「等衰」。雨衣是蓋人的，故引申出覆蓋義，《公羊傳》:「仲幾之罪何？不蓑城也。」「蓑蓑」謂下垂貌。

段注：「雨衣有不艸者，《左傳》：成子衣製杖戈。杜曰：製，雨衣。按言製則非艸為，若今油布衣。衰俗從艸作蓑，而衰遂專為等衰、衰絰字。衰絰本作縗，衰其假借字也。以草為雨衣，必層次編之，故引申為等衰。後世異其形、異其音，古義茫昧矣。」

卒 zú　　隸人給事者衣為卒。卒，衣有題識者。〔臧沒切〕

【注釋】

朱駿聲《說文通訓定聲》:「本訓當為衣名，因即命箸此衣之人為卒，古以染衣題識，若救火衣及亭長箸絳衣之類，亦謂之褚，今兵役民壯以絳緣衣，當胸與背有題字，即其遺制也。」古代兵卒罪犯穿赭色衣，今犯罪嫌疑人仍穿黃色之馬甲，乃遺制也。

段注：「隸人給事者為卒。俗本者下有衣字，宋本及《御覽》《韻會》《玉篇》皆無，此謂人也，非謂衣也。」

褚 chǔ　　卒也。从衣，者聲。一曰：製衣。〔丑呂切〕

【注釋】

常用義是袋子。「一曰：製衣」，謂在衣服裏鋪絲綿。古代稱兵卒，徐灝曰：「卒謂之褚者，因其著赭衣而名之也。」褚伍，泛指軍隊，行伍。段注：「《方言》云：卒或謂之褚。郭云：言衣赤褚，音赭。」

製 zhì（制）　　裁也。从衣，从制。〔徵例切〕

【注釋】

製的本義是制作衣服，乃專為製衣所造之後起本字。《說文》:「制，裁也。」本義是製作一切。

制、製用法有別，制度、法制字不能用製。今簡化漢字歸併為一。制、製表製作，又特指寫作，蔡琰《胡笳十八拍》:「制兹八拍兮擬俳優。」任昉《齊竟陵文宣王行狀》:「所製《山居四時序》言之已詳。」

祓 bō　　蠻夷衣。从衣，犮聲。一曰：蔽膝。〔北末切〕

【注釋】

段注:「蠻夷衣，左衽衣。《方言》曰：蔽膝，江淮之間謂之褘，或謂之祓。」

襚 suì　　衣死人也。从衣，遂聲。《春秋傳》曰：楚使公親襚。〔徐醉切〕

【注釋】

古者弔喪之禮，給死者穿衣，或給死者贈送衣衾。停柩前弔喪者為死者穿衣，或停柩後將送給死者之衣置於柩東，皆謂之襚。《公羊傳》:「車馬曰賵，貨財曰賻，衣被曰襚。」

段注:「襚猶遺也，遺是助死之禮，知生者賵賻，知死者贈襚。」

裑 diāo　　棺中縑裏。从衣、弔。讀若雕。〔都僚切〕

裞 shuì　　贈終者衣被曰裞。从衣，兌聲。〔輸芮切〕

【注釋】

贈送給死者的衣被。段注:「蓋襚之或字，淺人所增，非許本書所有也。」

褮 yīng　　鬼衣。从衣，熒省聲。讀若《詩》曰：葛藟縈之。一曰：若「靜女其袾」之袾。〔於營切〕

【注釋】

古代小殮時，在死者臉上覆蓋的巾帕，古人又稱鬼衣。段注:「鬼衣猶魂衣，明器之屬也。《鬼部》曰：魃，鬼服也。」

裶 shān　　車溫也。从衣，延聲。〔式連切〕

褭 niǎo（嫋、裊）　　以組帶馬也。从衣，从馬。〔奴鳥切〕

【注釋】

用絲帶繫馬。今作為嫋、褭之異體字。

段注：「《百官志》注曰：秦爵二十等，三曰簪褭，御駟馬者。按於本義引申之，因以為馬名。要褭，古之駿馬也。」

文一百一十六　重十一

袨 xuàn　盛服也。从衣，玄聲。〔黃絢切〕

【注釋】

華美、盛，如「袨服靚裝」。炫、袨同源詞也。

衫 shān　衣也。从衣，彡聲。〔所銜切〕

【注釋】

古代指無袖頭的開衩上衣。青衫，唐代文官品級最低的官服。見「紫」字注。

襖 ǎo（袄）　裘屬。从衣，奧聲。〔烏皓切〕

【注釋】

今簡化作袄，另造之俗字也。

文三　新附

裘部

裘 qiú　皮衣也。从衣，求聲。一曰：象形。與衰同意。凡裘之屬皆从裘。〔巨鳩切〕 古文，省衣。

【注釋】

裘、求本一字，後分化異用。裘即今之皮草，古者富人冬日穿裘，窮人穿袍。古人穿裘，毛皆外露。見「裼」字注。

甲骨文作，金文作、。古人以獸皮為衣，甲文象衣裘，毛在外。金文以象形字加聲符「又」為其聲，再省形從衣，變為形聲字，後又更「又」從「求」，小篆本此形。古文求，實乃多足蟲之古文，見後「蟊」字注。

段注：「古文求。此本古文裘字，後加衣為裘，而求專為干請之用。亦猶加艸為蓑，而衰為等差之用也。求之加衣，蓋不待小篆矣。」

䘥 kè　　**裘裏也。从裘，鬲聲。讀若擊。〔楷革切〕**

文二　重一

老部

老 lǎo　　**考也，七十曰老。从人、毛、匕，言須髮變白也。凡老之屬皆从老。〔盧皓切〕**

【注釋】

考者，老也。考、老甲文同形，作，像長髮老人拄杖之形。《禮記》：「古者人生十年曰幼，學；二十曰弱，冠；三十曰壯，有室；四十曰強，而仕；五十曰艾，服官政；六十曰耆，指使；七十曰老，致仕；八十曰耋；九十曰耄；百年曰期，頤。」

老之本義是七十歲的專稱，七十歲是退休年齡，叫「致仕之年」。亦叫「懸車之年」，謂把車懸掛起來無需乘坐上朝了；又叫「杖國之年」，謂年過七十可以拄拐杖在都城內行走，《禮記．王制》：「五十杖於家，六十杖於鄉，七十杖於國，八十杖於朝。」

泛指老，引申為衰竭、疲怠，《左傳》：「楚師老矣。」又有富有經驗義，今有「老練」，杜甫詩：「枚乘文章老。」古者公卿大夫皆可謂老，卿大夫的家臣亦謂老，《國語》：「單之老送叔向。」

段注：「《序》曰：五曰轉注：建類一首，同意相受，考老是也。學者多不解，戴先生曰：老下云：考也。考下云：老也。此許氏之恉，為異字同義舉例也。一其義類，皆謂建類一首也。互其訓詁，所謂同意相受也。考、老適於許書同部，凡許書異部而彼此二篆互相釋者視此。如『塞，窒也；窒，塞也。但，裼也；裼，但也』是也。老、考以疊韻為訓。」

耊 dié（耋）　　**年八十曰耊。从老省，从至。〔徒結切〕**

【注釋】

段注：「毛傳云：耊，老也。八十曰耊。按馬融注《易》、服虔注《左傳》皆云：七十曰耊。蓋耊訓老，故七十八十皆得稱也。」

耄 mào（耄）　　年九十曰耄。从老，从蒿省。〔莫報切〕

【注釋】

今常用耄字。今給人祝壽送一幅「貓蝶圖」，諧音「耄耋」也。

段注：「今作耄。从老省，毛聲。秏今音讀蒿去聲，蓋蒿聲、毛聲古可通用也。《曲禮》：八十九十曰耄。注云：耄惛忘。引《左傳》：老將知耄又及之。按其字亦作眊，亦作旄。」

耆 qí　　老也。从老省，旨聲。〔渠脂切〕

【注釋】

六十歲曰耆，泛指老。「耆艾」謂老也。

段注：「《曲禮》：六十曰耆。許不言者，許以耆為七十已上之通稱也。鄭注《射義》云：耆、耋皆老也。古多假借為嗜字。」

耇 gǒu　　老人面凍梨若垢。从老省，句聲。〔古厚切〕

【注釋】

耇，壽也。《爾雅》：「耇、老，壽也。」《詩經》：「酌以大斗，以祈黃耇。」

段注：「孫炎曰：耇，面凍黎色如浮垢，老人壽徵也。《儀禮》注曰：耇，凍梨也。《方言》曰：東齊曰眉，燕代之北郊曰梨，秦晉之郊陳兗之會曰耇鮐。按《方言》又曰：麋黎，老也。」

𦒸 diǎn　　老人面如點也。从老省，占聲。讀若耿介之耿。〔丁念切〕

【注釋】

老人面部的壽斑。

𦒷 shù　　老人行才相逮。从老省，易省，行象。讀若樹。〔常句切〕

【注釋】

老人走路遲緩。段注：「才，僅也。今字作纔。纔相逮者，兩足僅能相及，言其行遲步小也。」

壽 shòu（寿）　　久也。从老省，𠷎聲。〔殖酉切〕

【注釋】

寿乃草書楷化字形。本義是長壽，今裝殮死人的東西謂之壽，如「壽衣」「壽材」。

考 kǎo　　老也。从老省，丂聲。〔苦浩切〕

【注釋】

本義是老。特指七十曰考。今「壽考」連文，謂長壽也。父親謂之考，後專指死去的父親，今有「如喪考妣」。又有落成、完成義，《爾雅》：「考，成也。」《左傳》：「考仲子之宮。」以上義項「攷」字皆無。考作敲擊義，本字當作「攷」。見前「攷」字注。

段注：「凡言壽考者，此字之本義也。引申之為成也，又假借為攷字，《山有樞》：弗鼓弗考。傳曰：考，擊也。凡言考校、考問字，皆為攷之假借也。」

孝 xiào　　善事父母者。从老省，从子，子承老也。〔呼教切〕

【注釋】

為父母服喪亦謂之孝，今有「孝衣」「守孝」。喪服亦謂之孝，今有「披麻戴孝」。漢代重孝道，自漢惠帝後的歷代帝王謚號前皆加孝字，如孝文帝、孝武帝。

文十

毛部

毛 máo　　眉髮之屬及獸毛也。象形。凡毛之屬皆从毛。〔莫袍切〕

【注釋】

不毛之地，毛者，苗也。扁的叫羽，圓的叫毛。「扁毛畜生」謂鳥也。

𣯍 rǔn / rǒng　　毛盛也。从毛，隼聲。《虞書》曰：鳥獸𣯍髦。〔而尹切〕，又〔人勇切〕

【注釋】

今《尚書》作「鳥獸氄毛」。

𣪠 hàn　　獸豪也。从毛，倝聲。〔侯幹切〕

【注釋】

今「翰墨」之本字。「翰墨」者，筆墨也。《說文》:「翰，天雞赤羽也。」非本字明矣。

段注:「引申為毛之長者之稱。榦，古書多作翰。《尚書大傳》: 之西海之濱，取白狐青翰。鄭曰：翰，長毛也。《長楊賦》: 藉翰林以為主人。韋昭曰：翰，筆也。《曲禮》: 雞曰翰音。注：翰猶長也。其引申之義也。」

毨 xiǎn　仲秋，鳥獸毛盛，可選取以為器用。从毛，先聲。讀若選。〔穌典切〕

𣭏 mén　以毳為𦇧，色如虋，故謂之𣭏。虋，禾之赤苗也。从毛，㒼聲。《詩》曰：毳衣如𣭏。〔莫奔切〕

【注釋】

從㒼之字、之音多有紅色義。《說文》:「璊，玉䞓色也。」即玉紅色也。段注：「禾之赤苗謂之虋，璊玉色如之，是則𣭏與璊皆於虋得音義。」

氈 zhān（毡）　撚毛也。从毛，亶聲。〔諸延切〕

【注釋】

今作毡，新造之俗字也。

段注:「《手部》曰：撚者，蹂也。撚毛者，蹂毛成氈也。《周禮·掌皮》曰：共其毳毛為氈。古多假旃字。」

文六

毦 ěr　羽毛飾也。从毛，耳聲。〔仍吏切〕

氍 qú　氍毹、𣰆毲皆氈緂之屬，蓋方言也。从毛，瞿聲。〔其俱切〕

毹 yú　氍毹也。从毛，俞聲。〔羊朱切〕

𣰆 tà　𣰆毲也。从毛，㬰聲。〔土盍切〕

毲 dēng　　毾毲也。从毛，登聲。〔都滕切〕

毬 qiú（球）　　鞠丸也。从毛，求聲。〔巨鳩切〕

【注釋】

今「足球」「皮球」之本字。《說文》:「球，玉聲也。」本義是玉石發出的聲音，非本字明矣。

氅 chǎng　　析鳥羽為旗纛之屬。从毛，敞聲。〔昌兩切〕

【注釋】

本義是用鳥羽做的旗幟。用鳥羽做的外衣也叫氅，如「身披鶴氅」，隱士之服。今一般的外套大衣也叫氅，如「大氅」。

文七　新附

毳部

毳 cuì　　獸細毛也。从三毛。凡毳之屬皆从毳。〔此芮切〕

【注釋】

本義是鳥獸的細毛。又指獸毛皮，「毳裘」謂毛皮衣服。

𣰎 fēi　　毛紛紛也。从毳，非聲。〔甫微切〕

【注釋】

從非之字多有違背、相對義。見前「非」字注。

文二

尸部

尸 shī　　陳也。象臥之形。凡尸之屬皆从尸。〔式脂切〕

【注釋】

本義是祭祀時代替死者受祭的活人，甲文作，象人正坐之形。尸一般是讓死者的孫子輩擔任，《詩經》:「誰其尸之，有齊季女。」後來用木偶人，即俑，後來又用牌位，尸的制度就廢除了，故尸引申出牌位義。

又引申佔據、主持義，「尸盟」謂主持盟會。今有「尸位素餐」。《謚法》:「不尸其位曰隱。」李世民兄李建成謚隱太子，魯國有隱公，皆不佔據王位也。尸是坐著不動的，故引申出屍體義，後加死作屍。尸、屍古不相混，屍乃屍體字，今簡化漢字歸併為一。

段注:「《小雅·祈父》傳曰：尸，陳也。按凡祭祀之尸訓主。至於在床曰屍，其字从尸从死，別為一字，而經籍多借尸為之。」

屢 dìan　　倚也。从尸，奠聲。〔堂練切〕

【注釋】

今「奠定」之後起本字。《說文》:「奠，置祭也。」

居 jū（踞）　　蹲也。从尸、古者，居从古。〔臣鉉等曰：居从古者，言法古也。〕〔九魚切〕 俗居，从足。

【注釋】

居之本義為蹲。居、踞本一字之異體，後分別異用。居住字本作凥，《說文》:「凥，處也。」

常用坐義，《論語》:「居，吾語女。」處於義，《史記》:「(孫臏) 居輜車中。」今有「居中」。停留義，今有「歲月不居」「變動不居」。積蓄義，今有「囤積居奇」。今「居心不良」「宅心仁厚」「處心積慮」，居、宅、處義同也。處有停留義，今有「處暑」。有居住義，有處於義，同步引申也。

段注:「凡尸得几謂之凥，尸即人也。引申之為凡凥處之字，既又以蹲居之字代凥，別製踞為蹲居字，乃致居行而凥廢矣。凡今人蹲踞字古只作居。

但古人有坐、有跪、有蹲、有箕踞。跪與坐皆膝著於席，而跪聳其體，坐下其臀。《詩》所謂啟處，《四牡》傳曰：啟，跪也。處，居也。《四牡》: 不遑啟處，《采薇》《出車》作不遑啟居，居皆當作凥，許凥下云：處也。正本毛傳，引申之為凡凥處字也。

若蹲則足底著地，而下其臀，聳其膝曰蹲，其字亦作竣。『原壤夷俟』，謂蹲踞而待，不出迎也。若箕踞，則臀著席而伸其腳於前，是曰箕踞，『趙佗箕踞見陸賈，聞賈言乃蹷然起坐』是也。箕踞為大不敬，三代所無。居篆正謂蹲也。」

屆 xiè　臥息也。从尸、自。〔臣鉉等曰：自，古者以為鼻字，故从自。〕〔許介切〕

屑 xiè（屑）　動作切切也。从尸，㑛聲。〔私列切〕

【注釋】

隸變作屑。切切者，不安貌，小貌。屑為細小義，故今有「瑣屑」。屑屑者，瑣碎也，忙碌不安也，《方言》：「屑屑，不安也。」

展 zhǎn　轉也。从尸，㠭省聲。〔知衍切〕

【注釋】

常用施展義，今有「一籌莫展」。有陳列義，今有「展覽」「展出」。有視察、檢查義，《爾雅》：「展，適也。」《後漢書》：「展敬墳墓，觀省野物。」有放寬義，「展期」謂延期也，今有「延展」連文。《爾雅》：「展，信也。」「展如之人」謂誠實的人。展有誠信義，乃真之假借字。

段注：「毛傳曰：展，誠也。《方言》曰：展，信也。此因展與真音近假借。」

屆 jiè（屆）　行不便也。一曰：極也。从尸，凷聲。〔古拜切〕

【注釋】

「一曰：極也」，極，至也。《爾雅》：「屆，至也。」今有「屆時」，謂到時也，保留本義。凷，塊之異體。屆為隸定字形，屆為隸變字形。

段注：「行不便也，此與艐義相近。艐，船著沙不行也。《釋詁》《方言》皆曰：艐，至也。郭云：艐，古屆字。按謂古用艐，今用屆也。艐、屆雙聲。」

尻 kāo　脾也。从尸，九聲。〔苦刀切〕

【注釋】

本義是屁股，今有「尻尾」，謂屁股與尾巴。「尻骨」謂坐骨也。方言中屁股又叫「尻子」，引申出男子對女子發生性行為，詈語有「尻屄」，口語有「我 kào」。由屁股引申出生殖器、性交義，這是一種相鄰引申。

段注：「按《釋名》以尻與臀別為二。《漢書》：結股腳，連脽尻。每句皆合二物也。尻今俗云溝子是也，脽今俗云屁股是也。析言是二，統言是一。」

屍㞘tún（臀、脽）　髀也。从尸，下丌居几。〔臣鉉等曰：丌、几皆所以尻止也。〕〔徒魂切〕脽屍，或从肉、隼。臀屍，或从骨，殿聲。

【注釋】

俗字作臀。今「殿後」本字也。殿者，後也，最後面的軍隊叫殿軍。《說文》：「殿，擊聲也。」非本字明矣。今裁縫仍把臀圍叫殿圍，蓋二字通假之今證也。

段注：「髀者，股外也。此云髀者，專言股後。今《周易》《春秋》《考工記》皆作臀，从肉。軍後曰殿，即臀之假借字也。」

𡰯㞚qì　尻也。从尸，旨聲。〔詰利切〕

尼㞓ní　从後近之。从尸，匕聲。〔女夷切〕

【注釋】

引申為一般的接近。此親昵字之初文也。

段注：「尼訓近，故古以為親昵字。尼之本義从後近之，若尼山乃取於圩頂水潦所止，𡰥之假借字也。《孟子》：止或尼之。尼，止也。與『致遠恐泥』同，泥濘之假借字也。」

屆㞙chā　从後相臿也。从尸，从臿。〔楚洽切〕

屇㞗zhé　屆屇也。从尸，乏聲。〔直立切〕

㞋㞋niǎn　柔皮也。从叉申尸之後。尸或从又。〔臣鉉等曰：注似闕脫，未詳。〕〔人善切〕

【注釋】

鞣皮子，又柔弱義。

屒㞔zhěn　伏貌。从尸，辰聲。一曰：屋宇。〔珍忍切〕

屖 xī　　屖遲也。从尸，辛聲。〔先稽切〕

【注釋】

今《詩經》「衡門之下，可以棲遲」之本字也。棲（栖）遲，休息也。遟、稺從屖聲。

段注：「《玉篇》曰：屖今作棲。然則屖遟，即《陳風》之棲遟也。毛傳曰：棲遟，遊息也。」

屝 fèi　　履也。从尸，非聲。〔扶沸切〕

【注釋】

一般指草鞋。《玉篇》：「屝，草屩也。」

段注：「屨之麤者曰屝也。《方言》曰：屝，麤履也。《釋名》曰：齊人謂草履曰屝。按《喪服》傳：菅屨者，菅菲也。杜注《左傳》曰：屝，草屨也。菲者屝之假借字。」

屍 shī（尸）　　終主。从尸，从死。〔式脂切〕

【注釋】

此屍體字，簡化作尸。見上「屍」字注。終主者，人剛死後，以屍體為神主。

段注：「終主者，方死無所主，以屍為主也。《曲禮》曰：在床曰屍。今經傳字多作尸，同音假借也，亦尚有作屍者。」

屠 tú　　刳也。从尸，者聲。〔同都切〕

【注釋】

本義是宰殺牲畜。「屠伯」猶屠夫也，亦指酷吏或慣於殺人者。

屟 xiè　　履中薦也。从尸，枼聲。〔穌葉切〕

【注釋】

古同「屧」，古代鞋的木底。今「抽屜」之本字也。

段注：「履之薦也。之各本作中，今依玄應所引訂。此藉於履下，非同履中苴也。即今婦女鞋下所施高底，其字本音他頰切，轉為他計切。今奩匱有抽屜，本即屟字。」

屋 wū　居也。从尸，尸，所主也。一曰：尸，象屋形。从至，至，所至止。室、屋皆从至。〔烏谷切〕 籒文屋，从厂。 古文屋。

【注釋】

本義是屋頂，引申為整個屋子，相鄰引申也。俗語有「王莽禿，髮有屋」。髮上之屋，即帽子也。

段注：「屋者，室之覆也。引申之凡覆於上者皆曰屋，天子車有黃屋。《詩》箋：屋，小帳也。」

屏 bǐng　屏蔽也。从尸，并聲。〔必郢切〕

【注釋】

古者大門外對門的一堵小牆，也有在門內者。《荀子》：「天子外屏，諸侯內屏。」屏的作用是使臣子至此嚴肅恭敬，故亦叫蕭牆，蕭，肅也。屏是阻擋人的，故引申除去、排除義，今有「屏除」，後作「摒」。引申退、隱退義，《後漢書》：「歸鄉里屏居教授。」「屏營」謂惶恐貌也。

層 céng（层）　重屋也。从尸，曾聲。〔昨棱切〕

【注釋】

本義是樓房。

古代稱具有雙重椽、棟、軒版、垂簷等建築結構的屋宇為「複屋」，複屋不可居。重屋相當於今之樓房，可居。《說文》「樓」「層」字云「重屋者」，蓋戰國後之樓房也。戰國之前的樓上面是不可居的，實乃複屋。

段注：「曾之言重也，曾祖、曾孫皆是也，故从曾之層為重屋。《考工記》：四阿重屋。注曰：重屋，複笮也。後人因之作樓。《木部》曰：樓，重屋也。引申為凡重疊之稱。」

文二十三　重五

屢 lǚ　數也。案：今之婁字本是屢空字，此字後人所加。从尸，未詳。〔丘羽切〕

文一　新附